결국 이기는 힘

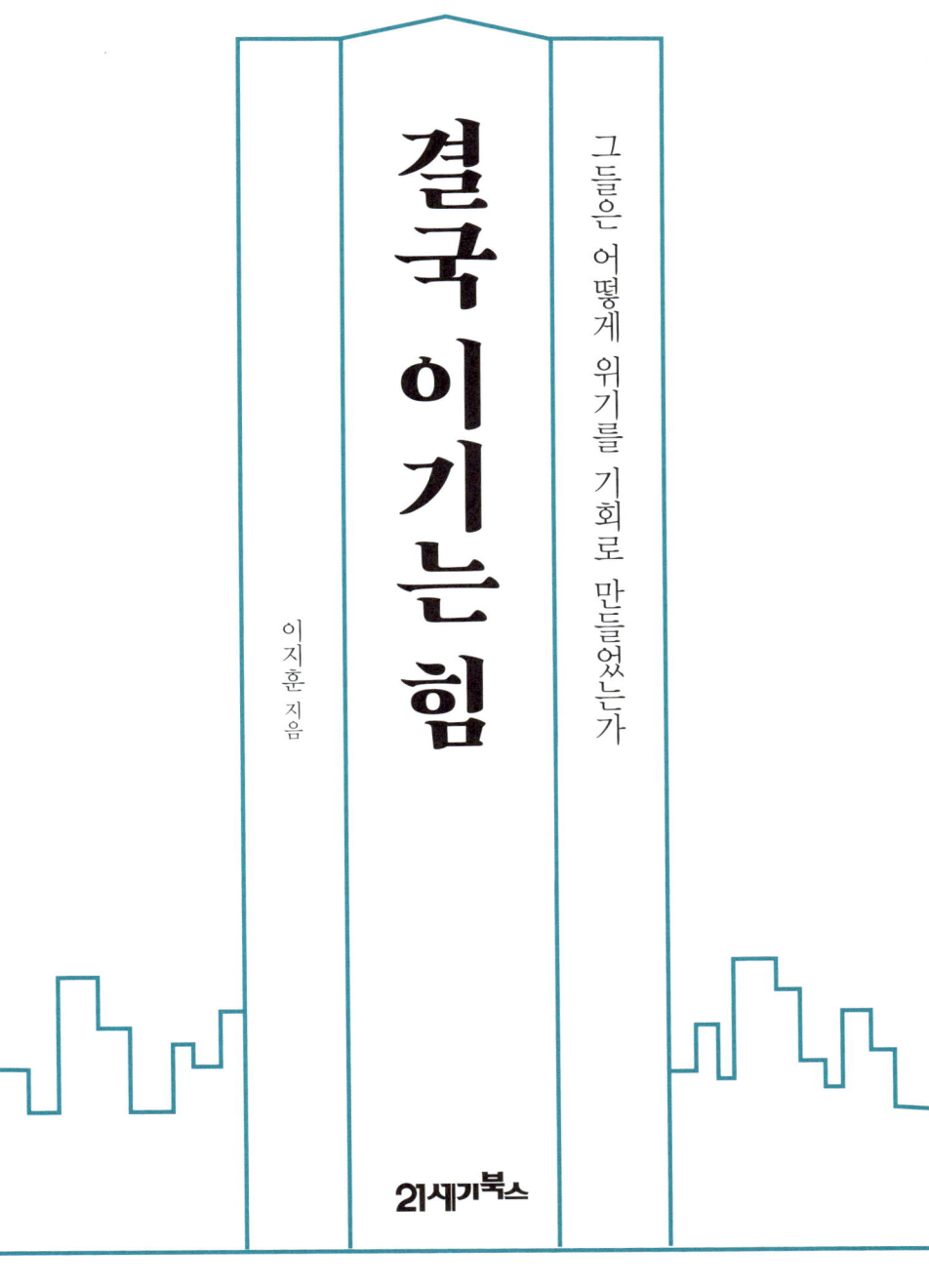

결국 이기는 힘

그들은 어떻게 위기를 기회로 만들었는가

이지훈 지음

21세기북스

저자 서문
오늘도 고된 세상을 헤쳐나가는 모든 히어로들에게

나는 오랫동안 기업에 관한 이야기를 취재하고 써왔다. 25년을 기자로 살았고, 그 대부분을 경제와 경영 분야에 종사했다. 특히 《조선일보》 '위클리비즈' 에디터 6년 동안 글로벌 기업의 다양한 사례를 취재했고, 교수가 되어서도 경영 분야에 몸담으며 기업의 사례를 다루고 있다.

스토리 컨설턴트인 크리스토퍼 보글러 Christopher Vogler 는 "작가는 다른 세계로 건너가서 스토리를 구해와 자기가 사는 세계의 사람들을 치료해주는 샤먼"이라고 했는데, 내 경우 그 스토리의 원천은 기업인 셈이다.

나는 경영의 교훈을 이론 대신 스토리로 전달해왔다. 그 편이 훨씬 효과적이라는 생각에서다. 스토리에는 힘이 있다. 설득력이 있다. 강의에 스토리를 담아 전달하면 사람들의 눈빛이 금세 반짝반짝 빛난다. 전달하려는 교훈을 굳이 이론으로 정리하지 않아도 사람들은 스토리에 담긴 의미와 맥락을 파악해낸다. 이론으로 설명하면 쉽게 잊어버리지만 스토리로 전달하면 오랫동안 기억한다. 스토리를 "영혼이 있는 데이터"[1]라고 부르는 이유다.

어떻게 보면 이론도 스토리의 일종이다. 자연의 운항과 사람들의 행위에서 어떤 일관성을 찾아내 불필요한 것을 추려내고 뼈대를 세우는 게 이론 아닌가. 이야기를 말이 아닌 정리定理나 수식, 그래프로 대신했을 뿐이다.

이 시대 많은 스토리 중에 기업의 스토리가 더욱 가치 있는 이유는 현대인들의 삶이 대부분 기업을 중심으로 이뤄지며, 도전과 성취, 좌절의 드라마가 벌어지기 때문이다. 『아라비안나이트』는 궁정에서 쓰였지만 현대의 『아라비안나이트』는 기업에서 쓰인다.

기업은 인생의 축소판이라고 볼 수 있다. 사마천의 『사기』나 『조선왕조실록』은 궁정에 관한 기록이지만 범부의 삶에도 많은 교훈을 준다. 마찬가지로 기업에서 일어난 일 역시 다른 분야의 사람들에게도 지혜를 줄 수 있다. 사람 사는 일은 다 비슷하기 때문이다. 기업은 이 시대에 가장 흔한 조직이므로 더 큰 보편성을 확보할 수 있다.

영웅 이야기에서 발견한 성공의 원형

나는 기업가 정신 강의를 준비하면서 이 책을 쓰기 시작했다. 경영 현장에서 가장 많이 맞닥뜨리는 위기가 무엇인지 그리고 그 고비마다 성공한 기업인과 선대의 리더들은 어떻게 대처했는지를 취재하고 다듬었다. 장차 경영 현장에서 일할 학생들에게 어떤 이론보다도 실제적으로 도움이 될 것이라 생각하면서, 또 기업 종사자는 물론 삶이라는 정글에서 분투하는 모든 이들이 좌절했을 때 위안을 주고, 두려울 때 힘이 되주기를 소망하면서.

기업가는 누구보다 드라마틱한 삶을 산다. 도전하는 삶을 선택한 이들이기에 그렇다. 그들의 도전과 모험은 현대 경제의 주춧돌이기도 하거니와 스토리의 구성요소^{motif}로서도 가치가 크다. 그들이 써내려가는 드라마는 마치 한 편의 영화처럼 보는 이의 흥미를 자극한다. 그 드라마는 지혜와 용기를 주기도 하지만, 때로는 사람들을 실망시키고 큰 피해를 주기도 한다.

그런데 책을 쓰는 과정에서 내가 채집한 기업 스토리들이 결국 하나의 원형^{原型}으로 귀결된다는 점을 깨달았다. 스토리의 구조가 신화나 전설의 그것과 매우 유사하다는 것이다.

세상에는 수많은 신화와 전설이 존재한다. 변화무쌍한 듯하지만 사실 스토리는 공통적인 패턴을 따른다. 신화학자 조지프 캠벨$^{Joseph\ Campbell}$은 『천의 얼굴을 가진 영웅』이라는 기념비적인 책에서 그 패턴을 풀어냈다. 그는 이를 '원질신화^{monomyth}'라고 불렀는데, 즉 스토리의 원형이다. 이 책의 제목은 영웅의 여정을 표현하는 방법은 수천 가지이지만 모두가 공통적인 구조를 공유한다는 의미다.

어느 시대, 어느 나라의 신화나 전설이든 그 안에는 영웅이 있고 모험이 있다. 안락한 일상에 젖어 있던 영웅은 전령을 통해 혹은 자신의 내면에서 소명^{召命}의 부름을 들은 뒤 모험에 나선다. 한번 나서면 다시는 돌아올 수 없는 모험이다. 영화 〈매트릭스〉에서 주인공 네오가 파란 알약 대신 빨간 알약을 삼키는 것처럼 말이다.

모험을 떠나면 영웅은 곧 시험에 들고, 협력자와 적대자들을 만나며, 동굴 가장 깊은 곳으로 들어가 최악의 위기를 맞는다. 영웅은 가까스로 적을 물리치고 보검寶劍을 손에 넣는다. 하지만 시련은 끝나지 않는다. 영웅은 죽음과 부활의 최후 고비에서 다시 태어나야 하고, 그제야 일상 세계로 귀환한다. 겉보기에 영웅은 모험을 떠나기 전과 다를 게 없다. 하지만 새로운 깨달음으로 그의 내면은 성숙해져 있다.

이런 패턴은 신화의 공식이라고도 할 수 있다. 이 공식은 현대의 영화나 소설에서도 끝없이 반복된다. 사실은 조지프 캠벨 이후 많은 시나리오 작가와 소설가들이 이런 신화의 공식을 의식적으로 차용하고 있다. 무수한 세월을 거치면서 검증된 흥행 공식이기 때문이다.

거기서 힌트를 얻어 내가 채집한 기업 스토리를 신화의 공식에 따라 재구성했다. 그러자 마치 한 편의 영화처럼 이야기의 전개가 자연스러워졌다. 내가 발굴한 스토리가 대부분 크게 성공했거나 본받을 만한 기업가의 이야기이고, 그들은 어떻게 보면 현대의 영웅이기에 자연스러운 결과였다.

당신도 영웅이다

기업가들만 영웅일까? 그렇지 않다. 사실은 이 세상을 살아가는 누구나 어떤 의미에서 모두 영웅이다. 진정한 자신을 찾아가는 길이 곧 영웅의 여정이기 때문이다. 내 영혼의 가장 깊은 곳에서 울려 퍼지는 생명의 노래를 듣고, 그 리듬에 발맞추고 춤추는 자, 그가 바로 영웅이다.

영웅이 사라져가는 시대다. 스스로 영웅이 되기를 포기하는 시대이기도 하다. 기업가 정신이 추락하고 있다고 하고, 모험 없는 안온한 삶이 새로운 로망이 되어가고 있다. 그러나 우리 모두에게는 언젠가 영웅이 되기를 요구받는 선택의 시간이 온다. 아무리 피하려 해도 도전은 닥쳐오기 마련이고, 스스로의 힘으로 극복해야 한다.

어찌 보면 이 힘든 시대를 버텨내는 것 자체가 영웅적이다. 우리의 일상은 매일이 작은 전쟁이다. 출근길에서부터 시작된 전쟁은 일터에서, 사람과의 관계에서 계속된다. 이리저리 부대끼며 하루를 버텨낸 뒤 마치 전쟁을 마친 영웅이 귀향하듯 집으로 돌아간다.

어느 날 서점에서 선 채로 정신없이 책을 읽고 있었다. 한 시간 정도 흘렀을까? 한 서점 직원이 다가오더니 서서 책을 읽는 게 힘들지 않냐며 앉아서 책을 읽을 수 있는 공간으로 나를 안내했다. 그 순간, 그 직원의 행위는 영웅적이었다. 그저 자신에게 주어진 일, 책을 정리하고 정돈하는 일만 해도 될 텐데 굳이 손님에게 다가와 도움을 준 것이다. 용기를 필요로 하는 행위였다. 그녀는 일상의 영웅이다. 이런 영웅들이 있어서 우리의 삶이 윤택하고 풍요로워진다.

우리의 삶을 영웅 신화의 관점에서 바라보면 더 의미 있는 삶을 살 수 있다. 무엇보다 더 넓은 관점에서 삶을 바라볼 수 있다. 남들 하는 대로 살아온 삶이 무의미하고 허무하게 느껴진다면, 한 번이라도 내가 하고 싶은 것을 이루며 살고 싶다는 생각이 든다면, 새로운 도전을 찾아 떠난 영웅들의 모습에서 용기를 얻을 수 있다.

큰 위기를 맞닥뜨린 기업인이라면 그것이 자신을 영웅으로 거듭나게 하고자 신이 만들어놓은 예정된 시련임을 깨닫고 위안과 용기를 얻을 수 있다.

크게 성공한 기업인이라면 보검을 얻은 영웅에 자기 자신을 비교할 수 있다. 주의할 것은 시련은 끝나지 않았고, 자신의 한계를 가르쳐줄 또 다른 적이 기다리고 있다는 점이다. 다음번 위험은 예전의 성공 경험 그 자체에서 잉태되는 경우가 많다. 오만해지거나 자신이 싸웠던 바로 그 악에 물드는 경우가 대표적이다.

물론 영웅의 여정을 걷기에는 우리의 어깨가 그 어느 때보다 무겁다. 과거 1만 년의 기술 진보를 합친 것보다 더 많은 진보가 21세기의 100년 동안 일어나고 있다지 않은가. 게다가 대외 환경은 또 얼마나 불투명한가.

그러나 우리의 고민은 개별적인 동시에 보편적이다. '나만 하는 고민일까?'라고 생각할 수 있다. 하지만 알고 보면 주변의 다른 이들이 이미 겪었거나 심지어 수천 년 전의 정치인이나 군인, 철학자들이 대부분 겪은 일이다.

물론 4차 산업혁명 시대의 고민이 수천 년 전의 고민과 같을 수는 없겠지만 본질은 크게 다르지 않다. 결국 사람에 대한 고민이며, 4차 산업혁명도 사람이 만들어가는 것이기 때문이다.

나는 경영 현장에서 가장 절실한 지식은 사람에 관한 것이라고 생각한다. 세계적인 경영 컨설턴트 톰 피터스$^{Tom\ Peters}$는 "MBA는 전략이나 재무회계에 치중하는 경향이 있는데, 그보다 사람에 대해 가르쳐야 한다"[2]고 했는데, 전적으로 동의한다. 이 책은 역사와 사례를 통해 그 간극을 메우는 시도이다.

고전과 사례에서 길어 올린 통찰

이 책에 등장하는 스토리의 출처는 크게 세 가지다.

첫 번째 스토리 출처는 독서다. 여러 책과 신문, 잡지를 통해 고금의 경영자와 리더들의 스토리를 발굴했다. 특히 2017년부터 경영 교육 동영상 사이트인 SERI CEO에 '브라보 CEO 라이프'라는 코너를 진행하고 있고, 《조선일보》에 '이코노 서가'라는 제목으로 경제경영서 서평을 쓰면서 공부한 내용들이 이 책에 많이 포함됐다. 또 같은 해 고전 공부 모임 '루첼라이 정원'에 참여해 그리스 로마 고전을 함께 읽었는데, 그때 공부한 내용들도 이 책에 함께 담겨 있다.

앞서 말한 대로 현대 리더의 고민은 그리스 로마 고전에 등장하는 영웅, 정치인, 군인 등의 고민과 크게 다르지 않다. 함께 공부하던 리더들이 수천 년 전의 이야기에 웃고 우는 모습을 보면서, 케케묵은 고전의 어떤 면면이 저들의 공감을 자아내는지 궁금했다. 공감의 코드를 풀어낸다면 다른 사람들에게도 도움이 될 것 같았다. 고금의 고민을 병렬하고 비교함으로써 리더의 덕목에 대한 지혜를 입체적으로 전달할 수 있다는 확신이 들었다.

책을 많이 읽는 독자라면 이 책의 내용이 그리 새롭지 않다고 느낄 수 있다. 이미 나온 책들이 주요 출처이니 당연하다. 책을 많이 읽고, 스스로 공부하는 독자들이라면 굳이 이 책을 읽지 않아도 된다. 물론 원전을 읽고 공부한다면 더욱 기쁘고 권장할 일이다. 이 책은 스스로 책을 읽을 여유가 없는 독자들, 수많은 책의 종류와 두께에 지레 주저하는 독자들을 위해 골라주고 씹어준다는 생각으로 썼다.

두 번째 스토리 출처는 취재다. 과거 기자 시절에 만나고 인터뷰했던 경영자와 석학들의 이야기 가운데 리더들에게 보탬이 될 만한 내용들을 추렸다. 나의 졸저 『혼창통』과 『단』에서 미처 다루지 못한 이야기들을 담았다.

세 번째 스토리 출처는 강의다. 나는 2015년부터 세종대학교에서 '혼창통 경영 아카데미'라는 이름의 경영자 교육과정을 운영하고 있다. 『혼창통』을 모티브로 만든 교육과정이다. 기업의 CEO나 고위 경영자를 대상으로 한 과정인 만큼 그들에게 도움이 될 만한 강의들을 엄선해 커리큘럼을 짰다.

특히 이론보다 경험에 중점을 두었다. 이를테면 배울 점이 있는 기업을 찾아가 견학하고 창업자의 강의를 듣거나, 각 분야에서 최고의 자리에 오른 고수들의 경험담을 듣는다. 이 과정에서 기업 경영자는 물론이고 나영석 PD 같은 고수들의 이야기도 들었다. 이 교육과정을 운영하면서 스스로도 많은 것을 배웠는데, 특히 감동했던 몇몇 강의 내용들을 이 책에 녹여 담았다.

경영자 교육과정에도 대학과 마찬가지로 매년 새로운 학생들이 들어온다. 입학식 때마다 나는 "이 과정을 여행으로 생각하라"고 말한다. 여행이란 새로운 장소에 가고, 새로운 사람들을 만나고, 새로운 생각을 갖는 일이다. 그러니 강의도 여행과 다를 바 없다.

이 책 역시 여행을 떠나는 기분으로 읽어주기를 바란다. 고금의 영웅들의 모험담으로 읽어도 좋다. 읽어가면서 내가 마치 영웅인 양 감정이입도 하고, 잠시 멈춰 '나라면 어떻게 했을까' 하는 생각도 해보았으면 좋겠다.

영웅의 여정과 혼창통은 통한다

영웅 신화와 기업 사례들을 연결시키는 일에 흠뻑 빠져 있던 어느 날, 머리에 섬광처럼 하나의 생각이 스쳤다. 영웅의 여정이 '혼창통'과 개념적으로 대응한다는 것이었다. 영웅의 여정은 조지프 캠벨의 오리지널 버전으로는 17단계, 크리스토퍼 보글러의 영화 시나리오용 압축 버전으로는 12단계다.

그런데 이를 크게 세 단계로 나눌 수 있다. 출발separation, 입문initiation, 귀환return이 그것이다. 나는 이 세 단계가 각각 혼·창·통의 개념에 대응한다는 것을 깨달았다.

'출발' 단계에서 영웅은 안온한 일상 속에서 소명의 부름을 듣고 모험에 나선다. 왜 일을 하는지 소명의식, 목적의식을 갖자는 '혼魂'과 일치한다. 우리는 단지 돈을 벌기 위해 일하지 않는다. 더 큰 목적, 다시 말해 대의大義를 위해 일한다. 대의가 없으면 사람의 마음을 얻을 수 없고, 자기 자신의 마음조차 움직일 수 없다.

'입문'은 영웅이 마침내 돌이킬 수 없는 모험에 발을 내딛고 수많은 시련과 마주하는 단계다. 영웅은 아주 어려운 임무를 부여받거나 무시무시한 적과 마주하기도 한다. 영웅은 스승이나 조력자, 여신의 도움을 받기도 하지만 궁극적으로는 자신의 힘으로 이 모든 시련을 극복해야 한다. 아무리 웅대한 소명을 품었어도 시련을 극복하고 목적(예를 들어 세계를 위기에서 구하거나 세계를 파괴하려는 악을 물리치는 것)을 달성하지 않으면 그것은 몽상에 불과하다.

출발이 씨를 뿌리는 단계라면 입문은 수확의 단계라고 할 수 있으며, 이는 '창創'의 정의와 직결된다. 창은 여러 의미를 담고 있지만 무엇보다 창조라는 의미가 크다. 다시 말해 만들어내는 것, 실행이라고도 할 수 있다. 창은 창의創意, 즉 날마다 새로워진다는 의미도 담고 있는데, 이 역시 영웅이 입문 단계에서 시련을 극복하기 위해 필요한 덕목이다. 기존의 방식으로는 극복할 수 없는 시련이기에 영웅은 때로 자기 자신을 죽여야 한다. 기업가 역시 창조적 파괴를 통해 옛것을 죽여야만 새것을 얻을 수 있다.

'귀환'은 영웅이 보검을 얻어 안온한 삶이 보장되었음에도 불구하고 거기에 머물지 않고 세상과 지혜를 나누기 위해 돌아오는 단계다. 다시 돌아오기로 결정함으로써 그는 예전의 위기보다 한층 힘들고 거대한 생사의 기로에 놓인다. 영웅은 결국 이 마지막 위기마저 뛰어넘어 부활하며, 그 깨달음을 갖고 세상으로 돌아온다.

이때의 깨달음은 인식이 확장되고 경계가 없어진다는 특징을 갖는다. 피아의 구별이 무의미하며, 큰 우주 속에 존재하는 한 몸임을 자각하게 된다. '거대한 공감, 거대한 소통'이라고도 표현할 수 있다. 영웅이 세상으로 다시 돌아오기로 결심한 이유도, 세상에 전하려는 깨달음의 메시지도 공감과 소통이라는 말로 압축할 수 있다. 다시 말해 '통通'이다.

혼창통은 많은 경영 대가들과의 만남에서 뽑아낸 성공의 인자다. 그런데 그것이 삶의 원질을 녹여낸 신화들의 구성과 궤를 같이한다. '세상의 이치는 이렇게 모두 하나로 통하는가?' 하는 생각이 들어 온몸에 전율이 느껴졌다. 우주의 비밀을 아주 조금이나마 엿본 기분이었다.

자, 이제 함께 여행을 떠나보자. 넓은 바다가 기다리고 있고, 배의 돛이 바람을 맞아 한껏 부풀어 있다.

차례

저자 서문 _ 오늘도 고된 세상을 헤쳐나가는 모든 히어로들에게   4
Intro _ 모험을 떠날 준비가 되었는가   18

1막 내 안의 영웅을 깨우는 힘

1장 소명 — 도저히 견딜 수 없으면 떠나라   27

'왜 이렇게 힘들게 일해야 하나' 하는 생각이 들 때가 있다. '이 일은 반드시 해내야 한다'는 직감이 들 때도 있다. 고된 일에 도전하게 만드는 힘, 그것이 바로 소명이다.

— 마음의 노래를 들어라, 교세라 회장 이나모리 가즈오   30
— 반란자의 사명의식, 건축계의 이단아 르 코르뷔지에   46

2장 거부 — 누구나 도망치고 싶을 때가 있다   57

구성원들 스스로 완벽을 추구하는 조직을 만들수 있을까? 혁신을 불러일으키려면 어떻게 해야 할까? 피하고 싶은 순간, 정면 승부를 벌인 이들을 소개한다.

— 전통과 혁신 사이의 선택, 전 국립극장장 안호상   62
— 만족을 경계하라, 오디오 장인 유국일   74

2막 한 차원 높이 도약하는 힘

3장 멘토 — 나를 이끌어줄 단 한 사람 91

고민은 나의 몫이다. 스스로 답을 찾아나서야 한다. 하지만 나의 능력 너머로 도전할 땐 타인의 도움이 필요하다. 특히 정신적 스승 혹은 멘토의 조력이 절실하다.

- 책방 주인이 된 카피라이터, 최인아의 생각법 94
- 평범함에서 특별함을 찾는 나영석 PD의 창조법 101

4장 통과 — 돌아올 수 없는 길에 서다 111

모두 반대하는 길을 가야 할 때가 있다. 남들이 가지 않은 길을 걸어야 하는 순간도 있다. 고된 여정을 떠날지 말지 선택해야 하는 순간, 결단을 내린 이들이 있다.

- 리더십은 결단이다, 알리바바그룹 회장 마윈 112
- 혁신의 시대 리더의 빅 픽처, 월트디즈니 회장 밥 아이거 114
- 반대를 뒤로한 외로운 결단, 오디세우스 모멘트 122

3막 위기를 기회로 만드는 힘

5장 시련—나약한 나와 대면하라 · 135

도저히 버티기 힘든 순간이 온다. 특히 믿었던 사람이 떠나갈 때, 내 고민에 공감해주는 이가 없을 때 외로움이 밀려온다. 이 시련의 시간을 극복한 이들을 소개한다.

— 버티는 힘, 에어비앤비 창업자 브라이언 체스키 · 138
— 적을 내 편으로 만드는 키루스 대왕의 리더십 · 150
— 전인으로 대하라, 마에스트로 레너드 번스타인 · 161
— 외로움이라는 리더의 숙명, 크세노폰과 알렉산드로스 · 180

6장 승전보—그러나 영웅의 여정은 쉽게 끝나지 않는다 · 189

순조로운 순간을 경계하라. 때로는 유혹에 굴복하기도, 권력에 도취되어 쉽게 분노에 휩싸이기도 한다. 마음이 흔들리는 순간, 현명하게 대처한 이들이 있다.

— 휴브리스를 경계하라, 크세르크세스와 아가멤논 · 192
— 유혹에 대처하는 두 가지 방법, GE와 듀폰의 경영진 · 201
— 자신의 감정과 싸워 이겨라, 세네카의 충고 · 209

4막 나를 뛰어넘어 결국 이기는 힘

7장 귀환 — 더 큰 사명에 눈떠라 227

시대의 변화를 놓치고 있다는 불안감에 휩싸일 때가 있다. 이유 없이 패배감에 젖을 때도 있다. 그런 때일수록 더 큰 사명에 눈뜨고, 세상 속으로 더 깊숙이 들어가라.

— 일은 사랑의 실천, 마이크로소프트 CEO 사티아 나델라 230
— 공감하는 자가 천하를 얻는다, 츠타야 대표 마스다 무네아키 244

8장 부활 — 결국 나는 나로 설 것이다 255

한 치 앞도 예측할 수 없을 때 그리고 경쟁자가 너무 강할 때 우리는 크게 좌절한다. 영원히 풀리지 않을 것만 같은 이 난제들을 극복한 이들의 지혜를 전한다.

— 강한 경쟁자를 마주한 순간, 발레리나 강수진 258
— 적에게서 이익을 얻는 법, 플루타르코스 「도덕론」 263
— 「일리아스」에서 발견한, 예측 불가능한 미래에 맞서는 법 270

9장 융합 — 모험의 끝에서 새로운 세상을 만나다 281

즐겁게 일하면서도 철저히 일하는 게 가능할까? 서로 다른 의견이 어우러져 시너지를 발휘할 수 있을까? 상극을 녹여 조화를 이뤄낸 이들의 이야기를 소개한다.

— 믿음의 경영이 현실이 되는 순간, 픽사 CFO 로런스 레비 284
— 자유와 질서의 조화, 아폴론과 디오니소스의 균형 306

Outro _ 진짜 여행은 지금부터다 314
주석 317

Intro

모험을 떠날 준비가 되었는가

영웅은 아직 모험을 떠나기 전이다. 그의 일상은 평온하기 짝이 없다. 그래서 앞으로 모험을 떠나려는 특별한 세계와의 비교는 더욱 강렬하다.

영화 〈반지의 제왕〉에서 주인공 프로도는 동화 같은 마을에서 동화처럼 살아간다. 내일도 모레도 해가 뜨고, 꽃이 피고, 새가 지저귈 것이다. 하지만 평화롭기만 한 일상은 따분하기도 하다. 〈쿵푸 팬더〉의 주인공 포는 아버지가 운영하는 국숫집에서 잔심부름을 한다. 하지만 일이 그리 재미있지만은 않다. 포는 쿵푸 고수들의 흉내를 내며 심심함을 달랜다.

영웅이 배라면 지금 그 배는 항구에 정박한 상태다. 그래서 안전하다. 하지만 그것이 배가 만들어진 목적은 아니지 않은가. 영웅은 곧 항해를 떠날 것이다. 풍랑이 아무리 거세더라도. 하지만 이 단계에서 영웅은 아직 자신이 항해를 떠날 운명임을 모른다.

영웅은 평범하고 불완전하다. 영웅 서사에 등장하는 영웅들은 흔히 무언가 결여된 인물로 그려진다. 영화 〈아이언맨〉의 토니 스타크는 알코올중독자고, 힙합 뮤지션 에미넴의 자전적 이야기를 담은 영화 〈8마일〉의 래빗은 공장 노동자다.

당신은 영웅이 나와는 무관한 인물이라고 여기는가? 그렇지 않다. 그들은 나와 다를 바 없다. 바로 이 점이 전설에서, 신화에서, 영화에서 공감을 자아내는 부분이다. 놀라운 힘을 가진 영웅들도 보이지 않는 상처를 안고 있다. 영화 〈리썰 웨폰〉의 주인공 형사는 아내를 잃은 슬픔을 못 이겨 여러 차례 자살을 시도한다. 그의 아픔을 공감하는 관객은 그가 벌이는 충동적이고 예측 불가능한 행동을 동정 어린 시선으로 바라본다.

영화사 마블 스튜디오의 캐릭터들은 한결같이 결함이 많은 인간들이다. 아이언맨, 헐크, 토르, 캡틴 아메리카…. 마블 스튜디오의 사장 케빈 파이기 Kevin Feige 는 이렇게 말한다. "관객이 열광하는 것은 캐릭터의 결점입니다. 결점을 가진 캐릭터가 내면에서 싸우는 것을 원합니다. 삶의 어두운 그림자를 만드는 것이죠. 그리고 캐릭터가 속죄하고 구원받는 과정을 거치게 하는 겁니다. 그 결점을 극복할 때 비로소 슈퍼 히어로가 됩니다."[3]

영웅이 전혀 영웅처럼 보이지 않는 영웅 스토리도 많다. 모세는 80세 노인에 불과하고, 〈쿵푸 팬더〉의 포는 쿵푸와는 전혀 어울리지 않아 보이는 배불뚝이 판다이며, 〈반지의 제왕〉의 프로도는 악의 군주 사우론의 상대로는 가장 어울리지 않아 보이는 난쟁이족이다.

약점을 지닌 영웅의 모습은 스토리를 더욱 흥미롭게 만드는 인위적 요소다. 하지만 그것이 곧 인간 본연의 모습이기도 하다. 영웅은 신이 아니다. 필멸必滅의 인간이다. 옛 전설과 신화는 영웅에게 한결같은 약점을 부여해 그가 신이 아님을 상기시킨다. 무적의 아킬레우스조차 요절할 운명을 타고났으며, 발뒤꿈치에 치명적인 약점을 갖고 있다. 사람은 누구나 불완전하고, 이 세상에 약점 없는 사람은 아무도 없다. 아프니까 청춘이고, 불완전하니까 사람이다. 그래서 우리는 용기를 얻는다.

우리 모두는 어떤 의미에서 영웅이다. 자신의 노래를 부르려는 자, 자신의 시를 쓰려는 자, 자신이 세상에 태어난 이유를 찾아나서는 자, 그들이 바로 영웅이다. 버티는 자, 그도 영웅이다. 아무리 안온한 삶을 원해도 삶은 내 뜻대로 흘러가지 않는다. 시련은 늘 닥쳐오기 마련이고, 도전은 종종 우리의 등을 떠민다. 버티고 뛰어넘어야 한다. 그때 우리는 영웅이 된다.

겁이 나는가? 아랫배에 힘을 주고 내 안에 잠들어 있는 용기를 끄집어내라. 태곳적부터 우리의 뼈와 근육에 아로새겨진 삶의 의지를 칼처럼 휘둘러라. 당신의 노래를 불러라.

나는 결코 영웅이 될 수 없다고 느끼는가? 악의 화신과 싸우러 나간 난쟁이를 떠올려라. 호랑이 전사와 싸우는 배불뚝이 판다를 떠올려라. 그리고 월터 휘트먼의 노래를 기억하라.

"어떤 미약한 물건도 우주 수레바퀴의 중심이 될 수 있다."

영웅의 여정 안내도

내가 스마트폰에서 가장 많이 사용하는 것은 '길 찾기' 앱이다. 승용차보다 대중교통을 선호해서 무척 유용하다. 영웅의 여정을 떠나는 당신에게도 길 찾기 앱 같은 것이 필요할 것이다. 바로 영웅이 어떤 길을 걸어가는지를 보여주는 안내도 말이다. 이 책에서는 영웅의 여정을 총 10단계로 나누었다. 본격적으로 모험을 떠나기에 앞서, 각 단계의 특징을 간략히 소개한다. 이야기의 바다를 항해할 여러분이 혹시나 길을 잃는 일이 없도록 말이다.

1단계는 영웅이 모험을 떠나기 전 단계다. 본격적인 이야기가 시작되기 전, 바로 여러분이 서 있는 지금의 단계라 할 수 있다. 영웅은 어떤 사람이고, 왜 모험을 떠나야 하는지 힌트를 얻는 단계다.

2단계는 소명의 부름을 받는 단계다(1장 '소명'). 영웅에게 소명을 전하는 전령이 나타나거나 영웅 자신의 내면에서 소명이 울려 퍼지기도 한다. 영웅은 공동체를 짓누르는 복잡한 문제를 해결하기 위해, 혹은 존재의 의미를 발견하기 위해 모험을 떠나겠다는 생각을 품는다.

3단계는 주어진 소명을 거부하는 단계다(2장 '거부'). 영웅은 두려움을 느끼고, 쉬이 결단을 내리지 못해 멈칫한다. 하지만 언제까지고 안온한 울타리 안에 머물 수 없다는 사실을 깨닫는다.

4단계에서 영웅은 정신적 스승과 조우한다(3장 '멘토'). 그의 도움을 받아 두려움을 극복하고 여행을 시작하는 데 필요한 지혜와 용기를 얻는다.

5단계는 항해를 떠나는 단계, 안전지대 밖으로 첫발을 내딛는 단계다(4장 '통과'). 한번 길을 나서면 다시는 돌아올 수 없음을 알면서도 나아가는 용기가 돋보이는 순간이다.

6단계는 영웅이 거듭 시련을 맞닥뜨리는 단계다(5장 '시련'). 시련은 여러 모습으로 영웅의 앞을 가로막는다. 도저히 뛰어넘을 수 없을 것 같은 장애물일 수도, 무시무시한 적일 수도, 아니면 영웅 자신의 내면에 있는 나약함일 수도 있다.

7단계는 거센 시련을 이기고 추구하던 바를 얻는 단계다(6장 '승전보'). 하지만 여기서 여정을 끝낸다면 진정한 영웅으로 거듭날 수 없다. 보물을 얻은 뒤 자만에 빠지는 경우, 이어질 모험에서 부메랑이 되어 돌아오기도 한다.

8단계는 보물을 얻은 영웅이 거기에 머물지 않고 좀 더 큰 사명에 눈을 떠 돌아오는 단계다(7장 '귀환'). 영웅은 보물을 세상과 나누기 위해 안온한 삶을 뿌리치고 다시 한번 모험을 떠난다.

9단계는 다시 모험을 떠난 영웅이 최후의 시련을 마주하는 단계다(8장 '부활'). 생사를 좌우하는 가장 위험한 싸움이다. 이 싸움을 이김으로써 주인공은 진정한 영웅으로 부활한다. 결국 영웅 여정의 목표는 자기 자신이다. 자기 자신을 찾는 것이다. 힘은 '저 바깥에' 있는 것이 아니라 '내 안에' 있음을 깨닫는다.

10단계에서 최후의 투쟁에서 승리한 영웅은 다시 일상세계로 돌아온다(9장 '융합'). 돌아온 영웅의 겉모습은 모험을 떠나기 전과 달라 보이지 않는다. 그러나 영웅은 결코 같은 사람이 아니다. 그는 세상에 영약(신비로운 약)을 가지고 돌아오는데, 그것은 유형적인 것일 수도 있지만 무형의 깨달음일 수도 있다.

이상이 영웅의 여정이다. 이제 영웅의 여정에 대해 조금은 감이 잡혔을 것이라고 생각한다. 이 책은 당신을 영웅으로 상정할 것이다. 우리는 크든 작든 늘 모험을 떠난다. '오늘 하루를 어떻게 버틸까' 하는 하루짜리 모험일 수도 있고, 회사의 장래를 좌우하는 6개월짜리 프로젝트의 모험일 수도 있다. 혹은 존재의 의미를 찾아 떠나는 일생에 걸친 모험일 수도 있다.

그 모험이 어떤 것이든 거기에는 단계가 있다. 이 책은 우리를 그 각각의 단계로 데려간다. 그리고 그 단계에서 우리가 부닥칠 전형적인 문제들을 제시할 것이다.

문제에 직면하면 당신은 어찌할 바 몰라 당황할 수도 있고, 그런 문제가 왜 유독 내게만 닥치는지 화를 낼 수도 있다. 그러나 그런 문제는 이미 앞서 살아간 수많은 사람들이 똑같이 겪은 일들이다. 그래서 이 책은 그런 문제들을 현명하게 풀어간 선배 영웅들의 사례를 제시할 것이다. 혹은 문제에 맞닥뜨려 뼈저린 실패를 한 이들의 사례를 반면교사로 제시할 것이다. 그들은 당신의 모험을 성공으로 이끌어줄 안내자이자 조력자, 멘토다.

문제에 부닥쳤다면, 그 문제가 영웅 여정의 어느 단계에 해당하는지 생각해보라. 그리고 이 책이 제시한 여러 문제 중 자신의 문제와 연관된 것을 찾아보라. 안내자의 사례에서 지혜와 용기를 얻어보라.

1막

내 안의 영웅을 깨우는 힘

나만의 노래,
이것이 바로 소명이다.
자신의 노래를 찾아나가는 것,
이것이 바로 영웅의 여정이다.
자신의 노래를 찾는 자,
당신은 바로 영웅이다.

1장
소명

도저히 견딜 수 없으면 떠나라

보아라. 너는 지금 잠든 땅에 있다. 깨어나라. 여행을 떠나라.

— 조지프 캠벨, 『신화와 인생』

 심연에서 나를 부르는 소리가 들린다. 귀를 막아도 소리는 끊임없이 메아리친다. "너는 할 일이 있어." "알을 깨고 나갈 때가 왔어." 소명에의 부름이다. 이제 여행을 떠날 때다. 일상 세계에 작별을 고할 때다. 영웅은 현상에 만족할 수도 있지만 깊은 내면에서 그보다 위대한 가능성을 발견한다.

 모세는 양을 키우며 조용히 살고 있었다. 이집트의 왕자로 살다가 살인 혐의를 받고 도망자로 전락한 지 40년. 이제 그는 두 아들과 넉넉한 재산으로 평화로운 여생을 보내고 있다. 그러나 조국에서 불행을 겪고 있을 동포에 대한 생각이 끊이지 않았다. 그 생각만 떨쳐버린다면 그의 삶은 지극히 평온할 터였다.

그는 호렙 산에 올라 떨기나무에서 하느님의 음성을 듣기 전에 이미 마음속에서 모험에의 소명을 들었다. 하느님의 음성은 그것을 재확인시킨 것뿐이다. "내가 너를 파라오에게 보낼 터이니 내 백성 이스라엘 자손들을 이집트에서 이끌어내어라."

달리기를 좋아하던 한 경영대학원생이 있었다. 그는 '기업가 정신' 과목 수업 과제로 신발 산업에 대한 보고서를 쓰면서 소명의 소리를 들었다. 그는 보고서를 작성하기 위해 모든 에너지를 쏟아부었다. 그는 그 이후로 보고서에 대한 생각을 결코 중단한 적이 없다. 신발에 미친 자, '슈독'이 그의 소명이었다. 그는 평생 돌아오지 않을 모험에 오른다. 나이키를 창업한 필 나이트 Phil Knight 이야기다.

그는 일본의 카메라가 독일이 지배하던 카메라 시장을 뒤흔든 것처럼, 일본의 러닝화가 운동화 시장을 장악할 것이라고 생각했다. 어찌 보면 뜬금없는 생각이었다. 하지만 그는 정말로 일본으로 떠났다. 그때 그는 이런 생각을 했다. '그곳에 가지 않고서 내가 어떻게 이 세상에 흔적을 남길 수 있겠는가?'

세상에 흔적을 남기겠다는 각오, 이것이 바로 소명이다. 지금까지의 삶에 의미를 부여하던 것들이 갑자기 무가치하게 느껴져 또 하나의 문턱을 넘어야겠다고 생각하는 것, 이것이 소명이다.

아프리카 토고에서는 아이가 태어날 때 마을의 여성들이 독특한 의식을 거행한다.[1] 그들은 아이를 둘러싸고 새롭게 태어난 영혼의 소리에 귀를 기울인다. 그 영혼은 누구와도 같지 않은 유일무이한 것이다. 얼마 있다가 여성 한 명이 노래를 부르기 시작하고,

다음 여성이, 또 다음 여성이 노래를 부른다. 이렇게 그들은 그 아이만을 위한 노래를 만든다. 아이의 영혼에 의해 촉발된 음악이다. 아이의 주제가라고 할 수 있다.

아이가 생일을 맞거나 결혼을 하거나 중대한 의식을 치를 때마다 여성들은 모여 그 노래를 부른다. 아이가 아프거나 큰 잘못을 저지를 때도 여성들은 모여 그 노래를 부른다. 아이에게 자신이 누구인지를 상기시키는 것이다. 아이가 죽으면 공동체는 마지막으로 그 노래를 부른다. 그런 뒤 그 노래는 다시 불리지 않는다.

나만의 노래, 이것이 바로 소명이다. 자신의 노래를 찾아가는 것, 이것이 바로 영웅의 여정이다. 자신의 노래를 찾는 자, 당신은 바로 영웅이다.

전설과 신화는 왜 존재하는가? 소명의 부름을 들려주기 위해서다. 그럼으로써 여행을 재촉하기 위해서다. 과거에 머물려는 인간의 끈질긴 속성에 대응해, 인간의 정신을 향상시키는 데 필요한 상징을 공급하기 위해서다. 조지프 캠벨은 이렇게 말한다. "현재의 형상에만 매달리면 우리는 다음의 형상을 지니지 못하게 된다. 계란을 깨뜨리지 않고서 오믈렛을 만들 수 있겠는가."[2]

고달픈 현실에 시달리다 보면 '무엇을 위해 이렇게까지 힘들게 이 일을 해야 하나' 하는 생각이 들 때가 있다. 반대로 주위의 만류에도 불구하고 '이 일은 반드시 해내야 한다'는 직감이 들 때도 있다. 그 힘든 일에 결국 도전하게 만드는 힘, 그것이 바로 소명이다.

이 장에서는 자신만의 소명을 발견하고 그것을 가로막는 문턱을 용기 있게 뛰어넘은 이들의 이야기를 소개한다.

마음의 노래를 들어라, 교세라 회장 이나모리 가즈오

얼마 전 대학 졸업반인 조카가 어느 기업 면접에 다녀온 이야기를 했다. 예상 문제를 달달 외워 갔는데 사장이 의외의 질문을 던졌다는 것이다. "왜 일을 하려고 하세요?" 조카는 생각지도 못한 질문에 말문이 막혔다. 뭐라고 대답을 하긴 했는데, 무슨 말을 했는지 기억이 나지 않았다. 다른 지원자들도 횡설수설하기는 마찬가지였다고 한다.

사실 그 사장의 질문은 '왜 사느냐' 못지않게 본원적이다. 수많은 선인들이, 그리고 지금도 많은 사람들이 왜 사느냐는 질문에 매달려 있지만 영원히 답을 찾기란 어려운 질문이다.

'왜 일하는가'는 '왜 사는가'라는 질문과 밀접하게 맞닿아 있다. 대부분의 사람들에게 있어서 일은 삶과 떼놓을 수 없기 때문이다. 일을 안 하고도 살 수 있는데 사람들은 왜 굳이 일을 하려고 할까. 먹고살기 위해서? 물론 그것도 중요한 이유다. 일을 해야 돈을 벌 수 있으니 말이다. 그런데 정말 그것뿐일까. 그렇다면 돈 많은 집 자녀들은 물려받은 돈으로 살면 되지 굳이 왜 일을 할까.

교수의 업무 중에 지도 학생 면담이란 게 있다. 20여 명의 지도 학생들을 한 학기에 한 번은 만나야 한다. 어느 날 한 학생과 면담을 하는데, 그가 사업을 하고 싶다고 했다. 고교 시절 봉사 활동도 많이 했고, 사업을 한다면 사회적 기업을 하고 싶다는 것이었다. 봉사를 하고 싶으면 기업이 아니라 NGO에서 일하는 게 맞지 않느냐고 하자 그 학생은 선뜻 대답하지 못했다. 그래서 왜 사업을 하려고 하느냐고 묻자 이번에도 대답하지 못했다.

이 학생처럼 뜻밖에도 사람들은 '무엇'을 할까에 집중해서 살다 보니 '왜'를 생각하지 않는 경우가 많다. 삶의 가장 중요한 구성 요소 중 하나인 일에 대해서도 그렇다. 경영자들도 마찬가지다. '무엇'을 해야 하느냐에 골몰하다 보니 정작 '왜' 이 일을 하고, '왜' 이 일을 시작했는지에 대해서는 생각하지 않는 경우가 많다. '왜'는 존재의 뿌리에 맞닿아 있고, 우리를 움직이는 동력인데도 말이다.

우리는 왜, 무엇을 위해 일하는가

앞서의 조카와 지도 학생에게 교세라 창업자이자 명예 회장인 이나모리 가즈오 稻盛和夫 의『왜 일하는가』라는 책을 권했다. 기자 시절, 인터뷰를 위해 두 번 그를 만난 적이 있다. 그는 경영자라기보다 철학자나 종교인에 가까운 인상이었다. 이국에서 온 기자의 치기 어린 질문도 허투루 넘기지 않고 성심성의껏 대답하려는 그의 모습에서 치열한 삶의 자세를 느꼈다.

그는 자신의 경험을 후배 경영자들에게 전하기 위해 '세이와주쿠'라는 경영 아카데미를 운영한다. 1년에 몇 차례 주요 도시에서 수천 명의 경영자들이 모여 이나모리 가즈오에게 한 수 배우는 중요한 행사다. 이때 수많은 사람들이 질문을 하는데도 이나모리 가즈오는 한 사람 한 사람에게 정성껏 대답해준다.

그는 위에 소개한 책의 서문에서 이렇게 말한다. "왜 일하는지, 무엇을 위해 일하는지 고민도 하지 않고 목표도 없이 사는 이들이 늘고 있어 걱정이 앞선다."

왜 일하는가에 대한 그의 답은 과연 무엇일까? 그는 "내면을 키우기 위해서"라고 말한다. 사람이 도를 얻는 데는 여러 방법이 있는데, 일상에서 열심히 일하는 것 자체로 내면을 단련하고 인격을 수양해 도를 얻을 수 있다는 것이다.

쉽게 받아들일 수 있는 답은 아니다. 이나모리 가즈오는 한때 머리를 깎고 스님이 되기도 했다. 그러다가 속세에 살면서도 도를 얻을 수 있다면서 다시 속세로 내려왔다. '일이 곧 수행'이라는 생각은 일본에서는 예로부터 전해오는 삶의 철학이기도 하다. 이나모리 가즈오의 이야기는 그런 경험의 깊이나 전통이 없는 일반인으로서는 선뜻 이해하기 어렵다.

그의 책을 읽다 보면 가슴에 와닿는 답이 있다. "일에서 기쁨과 보람, 긍지를 느낀다"는 부분이다. 일회용품을 만드는 별 볼 일 없는 기술자라도 자신의 기술을 갈고닦아 훌륭한 제품을 만든다는 자부심과 가치를 느낄 수 있다는 것이다. 기쁨, 보람, 긍지라는 아주 쉬운 말로 일의 의미를 잘 나타내고 있다.

아주 감명 깊게 읽은 터라 학생들에게도 많이 권하는 책이 있다. 세계적인 무용가 트와일라 타프$^{Twyla\ Tharp}$가 쓴 『천재들의 창조적 습관』이다. 새로운 아이디어를 어떻게 얻을 수 있는가에 대한 자신의 생생한 경험에서 우러난 충고로 가득한 책이다. 책에는 그녀의 지인인 버튼이라는 변호사 이야기가 나온다. 그 변호사가 한 친구에게 이렇게 말한다. "나는 매일 점심시간이 끝나면 사무실로 돌아가 문을 닫고, 책상에 앉아 한 시간 동안 한 가지 질문에 대해 조용히 생각한다네. 그 질문이란 바로 이거야. 버튼, 네가 이 일을 하는 이유가 뭐지?"

버튼은 젊은 나이에 변호사가 되었고 더 일을 하지 않아도 될 만큼 많은 돈을 벌었다. 그때부터 그는 돈을 버는 것 말고 일에 대한 새로운 정의가 필요했다. 그 새로운 정의가 무엇인지는 책에 나와 있지 않지만 아마도 기쁨, 보람, 긍지와 관련한 것이리라. 그리고 그 새로운 정의는 그를 열심히 일하게 하는 원동력인 동시에 홀가분하고 자유롭게 해주었을 것이다.

스기모토 다카시가 쓴 책 『손정의 300년 왕국의 야망』에는 일본의 전설적인 기업인 손정의의 부에 대한 생각의 변화 과정이 담겨 있다. 2000년 인터넷 버블 당시, 주식이 대부분이었던 그의 개인 자산이 일주일에 1조 엔씩 불어나자 그는 3일 정도 빌 게이츠를 제치고 세계 최대의 부자가 되기도 했다.

> 갑자기 돈이 인생에서 정말 중요한 것이었나? 별로 대단한 것도 아니지 않은가? 이런 생각이 들었습니다. 그렇게 되자 인생의 기쁨이라든가 가슴 뛰며 뜨겁게 살아 있다는 느낌이 사라져버렸습니다.[3]

공감하기 쉬운 이야기는 결코 아니다. 특히 최악의 취업난과 천정부지의 집값으로 미래가 회색빛으로 보이는 청년 세대에게는 더욱 그럴 것이다. 물론 돈은 중요하다. 가족의 생계를 꾸리고 인간다운 생활을 위해 돈은 꼭 필요하다. 하지만 손정의는 돈 만으로는 행복해질 수 없다고 이야기한다.

손정의가 삶에 대한 의지를 되찾은 것은, 인터넷 버블이 붕괴되어 그의 자산 가치가 100분의 1로 하락했을 때다. 한때 그를 영웅으로 추앙하던 사람들은 돌연 그를 외면하거나 범죄자 보듯 했다. 그런데 신기하게도 막상 그런 상황에 몰리자 그의 내면에 살아 있다는 감각이 돌아왔다고 그는 고백한다.

되살아난 그의 투쟁심은 일본의 거대 통신 회사 NTT를 향했다. 당시 일본 정부는 통신 사업 독점을 깨고 민간에 개방하기로 했고, 그는 고속 인터넷(브로드밴드) 회사를 창업하기로 결심한다. 그는 당시를 이렇게 회고한다. "이 일을 하면 잘못되어도 좋다. 망해도 만족한다. 그 결과 일본 인터넷이 발전하고, 브로드밴드가 활성화된다면 내 인생을 바쳐도 좋다. 정말 이런 순수한 기분이 들었습니다. 도전 의욕과 투지가 내 안에서 타오르는 것이 느껴졌습니다."[4]

당신도 일터에 나갈 때 마음속으로 이렇게 생각하면 어떻겠는가. '나는 어제 복권에 당첨됐다. 그러니 오늘 회사에 나가지 않아도 된다. 회사에 나가는 것은 덤이다. 보람을 찾고 즐겁기 위해서다. 회사에 가지 않으면 심심하지 않겠는가.'

어린아이들에게 아빠 어디 갔느냐고 물으면 대개 "회사에 갔다"고 대답한다. 회사에 왜 갔느냐고 물으면 "돈 벌러 갔다"고 말한다. 우리는 으레 회사는 돈을 벌기 위해 가는 곳으로 알고 자랐고, 그것이 우리의 잠재의식에 깊이 박혔다.

어느 기업인이 학교 교장들을 상대로 특강을 했는데, 기업이 무엇을 하는 곳이냐고 묻자 이구동성으로 "돈 버는 곳"이라고 대답했다. 순간 그 기업인은 많이 섭섭했다고 한다. 정말 우리는 회사에 돈을 벌기 위해 가는 것일까?

트와일라 타프의 책에 등장하는 변호사 버튼의 일화를 읽은 뒤 나는 왜 일하는가에 대해 생각해보았다. 평소에 깊이 생각하던 화두가 아니라 답을 찾기가 쉽지 않았다. 오랜 생각 끝에 정리된 나름의 대답들을 메모장에 기록했다.

삶의 보람을 찾기 위해서다.

최고의 즐거움은 일에서 얻을 수 있다.

공헌감을 얻기 위해서다.

쾌락은 오래 가지 않는다.

다른 사람의 삶에 긍정적인 영향을 미친다.

일은 나의 잠재력을 끄집어낸다.

물론 자신이 좋아하는 일을 하면서 돈도 벌 수 있다면 가장 이상적일 것이다.

홍창통 경영 아카데미에서 사진 퍼포머 니키 리의 강의를 청해 들은 적이 있다. 국내에는 잘 알려져 있지 않지만 구겐하임 미술관과 뉴욕 현대미술관에 작품이 소장될 정도로 해외에서는 유명세를 떨치는 작가다. 그녀를 사진 퍼포머라 부르는 이유는, 사진에 머물지 않고 미술과 영화와 사진을 뒤섞는 아이디어로 독창적인 작품을 내놓기 때문이다.

그녀의 유명한 연작 〈프로젝트〉를 보면, 사진에 작가 자신이 피사체로 등장하는 경우가 많다. 그녀는 머리 모양과 옷차림을 바꾸고 피부색까지 위장해 사람들 속으로 들어간다. 힙합걸이 되기도 하고 히스패닉 여인, 레즈비언, 뉴욕의 여피, 교복 차림의 한국 여고생이 되기도 한다. 그녀의 작품은 마치 현대인의 정체성을 묻는 듯하다. "너는 누구냐"고.

그녀는 어릴 때부터 예술가나 영화감독이 되고 싶었다. 그러나 그것으로는 먹고살기 힘들 것 같았고, 집에서도 반대가 심해 타협한 것이 상업 사진작가였다. 대학에서 사진을 전공한 뒤 그녀는 패션 사진을 찍기 위해 미국 패션 학교에 들어갔다. 그때 운 좋게 굉장히 잘나가는 패션 사진작가의 조수로 6개월간 일했다. 일을 잘한다고 인정받자 그녀는 패션 사진작가로 돈도 벌고 잘 살 수 있을 것 같았다.

그런데 어느 순간, 그녀에게 섬광처럼 한 생각이 스쳤다. 그녀는 한번이라도 하고 싶은 예술을 하지 않으면 후회할 것 같았다. "잠깐만, 한 몇 달만이라도 외도를 해보자. 내 청춘이 미련을 갖지 않게끔 내가 하고 싶은 것을 잠시 해보고 나서 패션 사진으로 되돌아가도 되지 않을까 하는 생각을 했어요. 그래서 이 프로젝트 작업을 시작한 거예요."

마침 졸업을 앞두고 졸업 과제도 해야 했기에 그녀는 겸사겸사 프로젝트를 시작했다. 그런데 막상 그 일을 하고 보니 다시 패션 사진으로 돌아갈 수 없을 것 같았다. 그녀는 이것이 진짜 자신이 하고 싶었던 일이며, 뉴욕에서 웨이트리스로 살더라도 하고 싶은 것을 하고 살아야겠다고 생각했다. 그렇지 않으면 평생 후회할 것 같았다. 그렇게 시작한 작업이 평단의 눈길을 끌고, 《뉴욕타임스》에 기사가 실리면서 그녀는 미술계의 신데렐라로 부상했다.

좋아하는 일을 찾기보다 주어진 일을 사랑하라

많은 분들이 이 대목에서 의문을 제기할 것이다. "내가 좋아하는 일을 해야 보람도 느끼고 기쁨도 느낄 텐데, 지금 하는 일이 좋아하지 않는 일이라면 어떻게 하지?" 또 젊은 학생들은 이런 질문도 할 것이다. "다들 자신이 좋아하는 일을 찾아서 하라고들 하는데, 사실 저는 제가 좋아하는 일이 뭔지 모르겠어요."

이런 질문에 이나모리 가즈오는 "처음부터 자신이 좋아하는 분야를 선택해 평생 자신의 직업으로 삼는 사람이 얼마나 될까? 애석하게도 그런 사람은 1000명 중 한 명이 될까 말까다"라고 대답한다. 이어 그는 이렇게 말한다. "자기가 좋아하는 일을 추구하기보다 자기에게 주어진 일을 좋아하는 것부터 시작하라."

무언가 시원한 대답을 기대했는데 맥이 빠질 수도 있을 것이다. 주어진 일이 무엇이든 일단 좋아하라니. 그러나 이나모리 가즈오 자신의 생애를 통틀어 쌓은 경험을 바탕으로 하는 말이니 괜한 소리는 아닐 것이다.

그는 젊은 시절 원하는 대학에 진학하지도 못했고, 원하는 직업을 얻지도 못했다. 교수의 소개로 어렵사리 취직한 회사는 도산 직전이었고, 일에도 재미를 붙일 수 없었다. 탈출구가 없던 그는 변명과 불평불만을 입에 달고 지내던 자신을 버리고, 눈앞에 놓인 일에만 집중하기로 마음먹었다.

당시 그는 회사 연구소에서 파인세라믹이라는 신소재를 연구하고 있었다. 그날부터 그는 연구소 한쪽에 냄비와 솥을 갖다 놓고 밤낮없이 연구에 몰두했다. 자신의 전공과는 분야도 달랐고, 경쟁 대기업에는 그 분야에 능통한 전문가도 많았기에 사실 무모한 도전이었다.

그런데 일에 몰두하면서 놀라운 일이 벌어졌다. 그 자신도 놀랄 만한 실험 결과가 연이어 나왔다. 그와 동시에 자신을 괴롭히던 앞날에 대한 의구심과 방황이 거짓말처럼 사라지면서 일이 재미있어졌다. 그는 그 순간에 대해 "내 인생 최초의 가장 큰 성공이 다가왔다"라고 말한다.

그는 TV 브라운관에 쓰이는 절연 재료를 개발하고 있었다. 그 원료인 포스테라이트라는 분말을 성형하는 과정이 만만치 않았다. 그 분말은 너무 부드러워서 모양을 만들기가 어려웠다. 여느 때처럼 분말 문제를 고민하면서 연구소 안을 서성거리는데 발끝에 무언가 끈끈한 게 느껴졌다. 실험에 사용하는 파라핀 왁스가 바닥에 묻어 있던 것이다. "누가 이런 걸 흘린 거야?"라며 소리치는 순간 그의 머릿속에서 무언가가 반짝했다. 그는 그 자리에서 분말에 파라핀 왁스를 넣고 열을 가해 잘 섞은 뒤 틀에 넣었다. 그러자 놀랍게도 모양이 잡혔다. "신의 계시라고밖에 말할 수 없는" 그 기술로 회사는 기사회생했고, 그 일은 이나모리 가즈오가 독립해 교세라를 창업하는 밑거름이 됐다.

기자 시절에 대가들을 만나 인터뷰를 하고 나면 우리 아이들에게 도움이 될 만한 이야기 한마디를 부탁하곤 했다. 그 한마디가 뜻밖의 큰 울림을 주는 경우가 많아 여러모로 도움이 되어서였다. 2012년, 두 번째로 이나모리 가즈오를 만났을 때도 당시 고등학생이던 나의 첫째아이에게 도움이 될 말을 부탁했다. 그는 여느 때처럼 아주 신중하게 대답했다.

미소를 잃지 말고 부모와 주변의 모든 것, 삼라만상에 감사해야 합니다. 여러 가지로 힘들고 불만이 있어서 감사할 수 없다고 생각할 수도 있지만 속았다고 생각하고 항상 감사하며 살아가면 좋겠습니다.

특히 "속았다고 생각하고 감사하라"는 부분은 아이에게는 물론 내게도 많은 것을 생각하게 하는 말이었다.

"내 기준은 내가 세운다"

이나모리 가즈오의 신기술 개발 이야기에 대해 당신은 어떤 생각이 드는가? 그런 이야기는 자기계발서에나 등장하는 성공 사례이지 현실에서는 드문 일 아니냐고 반문할 수도 있다. 하지만 나 역시 비슷한 경험을 했기에 이나모리 가즈오의 이야기가 결코 남의 일 같지만은 않다.

25년간 기자 생활을 하면서 늘 행복했던 것은 아니다. 남들보다 좀 더 다이내믹한 일을 하고 싶어 기자라는 직업을 선택했으나 그만두고 싶었던 때가 더 많았다. 신문사는 일반 회사와 다르긴 하지만 그래도 엄연한 하나의 조직이며, 군대처럼 규율이 강한 곳이었다. 일에 대한 요구 기준도 높았고, 그렇다 보니 선배들은 자주 야단을 쳤다. 여느 월급쟁이처럼 월급날을 기다리고, 인사 평가나 인사 발령이 있을 때는 전전긍긍했다. 삶이 하루살이처럼 느껴졌다.

그때 나를 열심히 일하게 만든 것은 가족을 부양해야 한다는 의무감과 밀려나지 않아야 한다는 절박함, 선배에게 깨지지 않겠다는 생각들이었는지도 모른다. 그러다가 어떤 계기로 마음에 변화가 찾아왔다. 주말 섹션 중 하나인 '위클리비즈'의 편집장을 맡게 된 게 결정적이었다.

편집장이라고는 해도 사내에서 선망받는 자리는 아니었다. 신문사에서는 뜨거운 뉴스를 다루는 일이 훨씬 더 중요하게 여겨지고, 그런 일을 해야 승진에 유리하기 때문이다. 뉴스와는 거리가 좀 있는, 경영 잡지에 가까운 것을 만드는 일은 출세를 바라는 기자에게 환영받을 일은 아니다.

나 역시 자의반 타의반으로 그 일을 맡았으나 그 자리가 내게 새로운 생각과 삶을 가져다주었다. 위클리비즈에서 가장 인기 있던 코너는 세계적인 경영자와 석학들을 만나는 심층 인터뷰였다. 그 코너를 위해 나와 후배들은 매주 한 명의 대가를 인터뷰했다. 그들과의 인터뷰는 매순간이 감동이었고, 그 과정 속에서 나는 점차 나 자신을 들여다보기 시작했다.

그들에게는 몇 가지 공통점이 있었다. 그중 하나는 그들에게는 저마다의 향기가 있다는 점이었다. 한 가지 일을 오래 한 사람에게는 그만의 향기가 있다. 스스로 향기를 가진 사람만이 그 향기를 맡을 수 있다. 나는 그들을 접하며 생각했다. '향기가 있는 사람이 되어야겠다.'

대가들의 또 다른 공통점은 그들이 아주 높은 기준을 갖고 있다는 점이었고, 또 하나는 그 기준을 스스로 세웠다는 점이었다. 그들의 삶을 들여다보면서 문득, 내가 목메고 있는 월급, 승진, 평가는 내가 세운 기준이 아니지 않은가? 나도 나 스스로 기준을 세워야 하지 않을까? 언제까지 남의 기준에 따라 살 수는 없는 일 아닌가? 하는 생각이 들었다.

그때부터 내 머릿속에는 이런 생각들로 가득 찼다. '내가 하는 일 자체를 기준으로 삼자. 탁월함을 기준으로 삼자. 세계 최고의 경영 잡지를 만들어보자. 뛰어난 후배들과 신문사의 오랜 전통과 시스템이 있지 않나?'

일 자체를 위해 열심히 노력할 뿐, 나는 더 이상 윗사람에게 칭찬을 받고, 상을 받고, 좋은 평가를 받고, 승진을 하는 것 등에 신경 쓰지 않았다.

그렇게 생각하니 어느 순간부터 일이 즐거워졌다. 쉬고 있을 때도, 주말에 어디를 가도 일에 대한 아이디어가 마구 떠올랐다. 당연히 퍼포먼스도 좋아졌다. 신문이란 매일 독자의 피드백으로 성과를 즉각 측정할 수 있는 상품이다. 많은 지인과 독자들이 "정말 좋은 지면"이라고 칭찬을 아끼지 않았다.

 어느 날 광고회사의 임원이 SNS에 이런 글을 올렸다. "편집장님, 위클리비즈 면을 더 늘려주세요. 제가 광고주들에게 더 많은 광고를 하도록 설득하겠습니다." 어느 독자는 이런 글도 올렸다. "위클리비즈를 아이폰으로 볼 수 있는 날은 언제 오는 걸까요? 유료라도 좋으니 보고 싶답니다." 당시만 해도 아직 신문 지면이 스마트폰으로 서비스되지 않던 때였다.

 한편으로는 지면의 수준이 높아져서 함께 일하는 후배들이 힘들었을 거라는 생각도 든다. 그렇더라도 그들 역시 내가 평가나 승진을 위해서가 아니라 사심 없이 지면 자체를 잘 만들기 위해서였다는 것을 어느 정도는 공감했으리라 믿는다. 후배 한 명은 어렵사리 진행한 인터뷰 기사를 내게 보내면서 이런 메모를 첨부했다. "내용을 다시 꼼꼼하게 읽으니 새삼 가슴에 와 닿는 내용이 참 많습니다. 부장님 이하 저희가 이런 인터뷰를 해서 기사를 썼다는 게 자못 장하게 느껴집니다." 그 순간은 내 인생의 가장 행복한 날 중 하루였다.

 스티브 잡스도 "내 하루 최고의 낙은 모르는 사람에게서 아이패드가 얼마나 멋진 물건인지를 이야기하는 이메일을 받는 것입니다. 그게 제 삶의 원동력입니다"라고 말하지 않았던가.

내 꽃밭이라 여기고 가꿔라

우리가 얻는 삶의 보람은 대개가 비슷하다. 그래서 좋아하는 일을 찾기보다 지금 하는 일을 좋아하려고 노력하는 것이 우선이다. 그러기 위해서는 남의 기준에 얽매이지 않고 스스로 기준을 세워야 한다. 이나모리 가즈오는 이렇게 말한다. "지시하는 대로만 일하지 마라. 끌려 다녀서는 절대 아무 일도 제대로 해내지 못하며, 설령 일을 마무리했다 해도 만족감을 느끼지 못한다."

그러면서 일의 중심에서 주위 사람들을 이끌고 감싸 안을 때 비로소 일의 참맛을 느끼고, 그 일에 전력을 다할 수 있다고 말한다. 비슷한 말을 선병원의 선승훈 원장에게서 들었다. 이 병원의 간부들은 '리더십 100계명'이라는 것을 공유하는데, 촌철살인의 내용이 많다. 그중 하나는 '내 꽃밭이라 생각하며 꽃을 가꾼다'이다. 일터가 남의 꽃밭이라 생각하면 재미가 없다. 잡초를 뽑고 퇴비를 줘도 마음이 시들하다. 그러나 내 꽃밭이라 생각하면 즐거워진다는 의미다.

또 하나 중요한 것은 지금 하는 일을 좋아하려면 공짜로는 안 된다는 점이다. 산악인 엄홍길은 "인간은 최선을 다하고, 신이 허락하면 정상을 잠깐 빌린다"라고 말한다. 정상을 오르는 과정, 그리고 그곳을 잠시 만끽하는 과정에서 기쁨이 찾아온다.

나는 예술가들의 글을 즐겨 읽는다. 예술을 보다 깊이 이해할 수 있기도 하고, 그들의 치열한 삶의 자세를 들여다보며 신선한 시각을 얻을 수도 있다. 피아니스트 손열음의 책 『하노버에서 온 음악편지』도 그런 경우다.

내용 중에 '나는 왜 음악을 하는가'라는 대목이 있다. 음악가들은 힘든 삶을 산다. 심지어 재능이 뛰어나다고 평가받는 피아니스트조차 무대에 오르는 순간이 마치 스스로 무덤 속을 향해 걸어 들어가는 것만 같다고 고백한다. 그러면서까지 왜 음악을 지속할까? 대부분은 어린 시절 부모나 선생님으로부터 재능을 '발견당해' 음악을 시작하고, 그저 그것만이 전부인 줄 알고 그 길을 걷는다. 그렇다면 기쁨은 없을까?

 손열음은 어느 날 콩쿠르에 나가는 친구가 리허설을 한다고 해서 밤 12시가 넘은 시각에 학교 소강당에서 다른 친구와 함께 그의 연주를 감상했다. 1시간이 넘는 연주가 끝나고 듣고 있던 두 사람이 내뱉은 말은 "아, 정말 너무 좋다. 좀만 더 쳐 주면 안 돼?"였다. 멋지게 세팅된 무대도, 완벽한 연주도 아니었지만 그들은 그 순간 음악이 얼마나 좋은지, 음악을 하는 일이 얼마나 감사한지 깨달았다. 이런 느낌이 바로 우리가 일을 하는 기쁨이자 의미 아니겠는가.

마음이 부르는 나만의 노래

우리의 마음속 깊은 곳에 노래가 있다. 그 노래는 과거에도 있었고, 지금도 있고, 앞으로도 있을 것이다. 그러나 지금은 들리지 않는다. 때로 무언가를 하고 싶은 욕구가 고개를 쳐드는 순간이 있다. 생각이 무르익고, 피부에 각인되고, 심장에 파고들 때다. 그러면 비로소 마음속 깊은 곳의 노래가 되살아나 울려 퍼진다. "네 노래를 다시 불러라."

 이나모리 가즈오는 그 노래를 파인세라믹을 굽는 화로 앞에서 들었고, 니키 리는 패션스쿨 졸업 과제를 하면서 들었다. 그 노래들은 모두 웅혼하고 강렬했다. 마음을 뒤흔드는 힘이 있었다. 두 사람의 인생을 바꿀 정도로. 그 노래를 경영학에서는 '야성적 충동 animal spirit'이라고 한다. 아무리 치밀한 비즈니스 모델도 이런 마음속 노래가 없으면 실현되지 않는다.

우리는 마음의 노래를 잃고 살아간다. 어릴 때는 누구나 예술가였고, 누가 시키지 않아도 하고 싶은 일들이 많았다. 그림을 그리는 일이든, 글을 쓰는 일이든 무엇이든 상관없었다. 그러나 커가면서 우리 마음의 노래는 다른 사람들의 시선과 관점에 위축되어 갔다. 점차 시들고 힘을 잃어 마음속 깊은 곳으로 숨어버렸다.

소설가 김영하가 초등학교 시절 그림을 그리러 경복궁에 갔을 때의 이야기다. 경회루를 그리는 과제였다. 선생님이 소년 김영하에게 다가왔다. 김영하는 도화지를 검은색으로 칠하고 있었다. 선생님이 물었다. "뭐 하는 거니?" 김영하는 "깊은 밤중에 나무 위에 앉아 있는 까마귀를 그립니다"라고 했다. 그때 선생님이 "그림은 별로지만 이야기 짓는 재주는 좋구나"라고 말해주었을까? 선생님은 "너, 이리 나와!" 하고는 그를 앞으로 불러내 벌을 주었다. 김영하의 마음의 노래는 '세상에 고개를 내밀려다가 그만 쑥 들어가'버렸다.[5]

김영하 작가는 지금 당장 자신의 노래를 시작하라고 말한다. 만약 글을 쓰는 것이 당신의 노래라면 이렇게 시작하라고 권한다. "잘 쓰려고 하지 말고 자기 즐거움을 위해 써라. 글쓰기가 즐겁다면 그것은 글쓰기가 우리를 해방시키기 때문이다. 중요한 것은 자기를 억압하고 있는 것들에 대해 자유롭게 발언하는 것이다." 마음의 노래를 찾기 위해서는 남의 시선에서 보다 자유로울 필요가 있다. 그러나 그 남의 시선은 얼마나 끈질기게 나의 머릿속을 따라다니는가. 우리 사회에는 자기 스스로 느끼기보다 남이 어떻게 생각하는지에 더 관심이 많은 사람들이 대부분이다.[6]

오죽하면 토크쇼의 여왕 오프라 윈프리도 자신이 "노!"라고 하면 다른 사람들이 자신을 거부할까 봐 늘 두려웠다고 고백할까. 그럴 때마다 그녀는 종교 작가 닉 도널드 월시의 말에서 용기를 얻었다고 한다. "다른 사람들이 당신에 대해 어떻게 생각하는지를 걱정하는 한, 당신은 그들에게 소유된 셈이다. 외부의 승인을 필요로 하지 않을 때 비로소 당신은 스스로의 주인이 될 수 있다."[7]

나 역시 이 책을 집필하면서 여러 번 망설였다. '내가 이런 책을 쓸 자격이 있을까?' 그래도 용기를 내 마음의 노래를 풀어놓기로 했다. 이 책으로 인해 그래도 세상이 조금이나마 나아질 것이라고 나 스스로를 다독였다. 그때 내게 용기를 준 시구가 있다.

> 신이여, 나로 하여금 나의 생명을
> 당신께서 내게 원하시는 대로 사용하게 도와주소서.
> 나의 능력을 다른 사람을 위해 쓰게 하심으로
> 남을 행복하게 하고 세상을 유익케 하옵소서.
> ─ 윌리엄 버클레이, 「내게 있는 것을 잘 사용하게 하소서」

인생에서 가장 중요한 선택은 무엇일까. 스토아학파 철학자 에픽테토스는 이렇게 반문한다. "외부의 시선과 내면의 목소리, 어느 쪽에 중점을 둘 것인가?"

반란자의 사명의식, 건축계의 이단아 르 코르뷔지에

창조가는 마음의 노래를 따라 나선 자다. 그들의 마음에는 어떤 노래가 메아리쳤고, 그 노래는 그들의 삶을 어떻게 변화시켰을까? 이번에 소개할 우리 여정의 안내자는 건축가 르 코르뷔지에 Le Corbusier다. 2017년 예술의전당 한가람미술관에서 르 코르뷔지에의 전시가 있었다. 전시를 본 뒤 르 코르뷔지에 연구가인 이관석 교수의 강의도 들었다. 건축도 미술도 문외한인 나를 잡아끈 것은 한 인간의 '거스르는' 용기였다. 가수 강산에의 「거꾸로 강을 거슬러 오르는 저 힘찬 연어들처럼」이라는 노래가 있다. 르 코르뷔지에의 삶이 바로 그랬다.

타성과 상식의 강을 거스른 반역의 예술가

혹시 프랑스 롱샹 성당에 가본 적이 있는가. 국내 최고 건축가이자 도시 설계가 고 김석철 선생은 그곳을 방문한 뒤 이렇게 말했다. "롱샹은 눈이 부셨다. 감동이 내 온 전신을 물결치듯 휩싸고 돌았다. 그것은 건축적 감동을 넘어 창조에 대한 환희 같은 것이었다." 예술의전당을 설계하고 여의도와 한강을 기본 계획한 거장의 찬사이기에 더욱 남다르게 느껴진다.

롱샹 성당은 20세기 가장 뛰어난 건축물로 꼽힌다. 그러나 그 성당을 건축한 르 코르뷔지에의 삶은 그리 평탄하지 않았다. 1965년 그가 세상을 떠났을 때 앙드레 말로는 이렇게 말했다. "그토록 오랫동안, 그토록 끈질기게 사람들에게 모욕을 당한 사람은 없었다."

근대 3대 건축가 중 한 명으로 꼽히는 르 코르뷔지에에게 도대체 무슨 일이 있었던 것일까?

그는 반역의 예술가였다. 그는 78년의 삶을 시종 타성과 상식, 편견의 강을 거스르며 살았다. 그의 반역의 역사는 그가 젊은 시절 "집은 살기 위한 기계다"라고 선언하는 순간 이미 시작됐다. 가족의 보금자리인 집을 기계와 연관 짓는 것에 사람들은 불쾌감을 드러냈다.

하지만 그가 지칭한 기계는 사실 기계적이기보다는 인간적이었다. 그는 당시의 건축이 사람이 사는 집인데도 사람의 편리함보다 전통과 장식을 중시하는 것을 못마땅하게 여겼다. 그는 산업사회의 상징인 자동차처럼 표준화되고 편리한 집을 지어야 한다고 생각했다. 근대에 들어 기계를 부정적인 의미로 받아들였지만 그 당시에는 기계를 일부 특권 지배계급을 대신해 대중이 주인공이 될 수 있게 하는 매개체로 받아들였다. 당시 시대정신의 뿌리는 합리성과 논리성이었고, 그 모델이 바로 기능, 구조, 보편성을 상징하는 기계라는 메커니즘이었다.

르 코르뷔지에는 가난한 사람들도 집에서 안전하게 빛과 바람과 자연을 누리며 살 권리가 있다고 생각했다. 그러고는 그것들을 저렴하게 실현해줄 방법을 연구했다. 그는 콘크리트와 기둥을 활용해 건축함으로써 시간도 돈도 절약할 수 있는 획기적인 건축 이론을 창안했다. 그러나 그의 혁신은 당시 기득권층으로부터 외면당했다. 1924년, 그가 지은 어느 주택에 대해 시의회는 "자연을 거스르는 범죄를 저질렀다"며 모방을 금지하는 이례적인 조치를 취했다.

그의 반역의 삶은 '유니테 다비타시옹'이라는 고층 아파트에서 정점에 달한다. 1952년, 프랑스 마르세유에 이재민들을 위해 지어진 337가구의 이 고층 빌딩은 오늘날 현대식 아파트의 효시로 불린다. 우리나라 최초의 대단지 아파트인 마포아파트도 르 코르뷔지에의 아파트 개념을 원용한 것으로 알려진다.

건축이 장식의 동의어이던 시절, 콘크리트로 지어진 대규모 공동주택이 어떤 취급을 받았을지는 지금도 충분히 짐작이 간다. "벽에 머리를 박게 하는 빈민굴이자 정신병을 일으키게 하는 돼지우리"라는 혹평이 쏟아졌고, 정부 관련 부처는 건축 과정에서 위생법을 어겼다고 철거 소송을 벌였다. 요즘 한국의 아파트와 달리 녹지 공간이 80%가 넘고, 평면 설계도 20개가 넘을 정도로 다양했으나 당시로서는 그조차도 파격이었다. 유니테 다비타시옹은 도시로 인구가 집중됨에 따라 좁고 열악한 집에서 인간다운 삶을 살지 못하는 대중을 위한 인간애의 발로였다.

그의 노력은 훗날에 이르러서야 재평가됐다. 그는 수백만 서민의 거주지를 해결한 아파트를 창안해 집이 없는 이들의 삶을 바꾸고, 획기적인 아이디어를 제시해 도시 설계에서도 20세기적 삶에 필요한 토대를 만들었다는 평가를 받았다. 그는 주거 혁신을 가져왔다는 점에서 이동 혁신을 일으킨 헨리 포드와 정보 혁신을 일으킨 빌 게이츠에 비견된다.

용기 있는 선언

세계적 컨설팅 회사인 베인앤컴퍼니의 분석 결과, 10년 이상 높은 성장을 유지하는 기업의 공통점은 창업가 정신을 유지한다는 데 있다. 창업가 정신에서 가장 중요한 것은 '반란자의 사명의식'이다.

창업가는 기업들로부터 제대로 대접받지 못한 소비자들을 위해 기존 산업의 관행에 반기를 든다는 점에서 반란자와 닮아 있다. 우리가 따라가고 있는 영웅의 여정 중 '소명'에 해당한다. 스티브 잡스가 종교 지도자에 가까운 팬덤을 불러일으킨 이유도 그가 가진 반란자의 사명의식에 많은 사람이 공감했기 때문이다.

르 코르뷔지에는 반란자의 사명의식을 가진 건축가였다. 그는 기존 건축가에게 제대로 대접받지 못한 사람들을 위해 기존 건축의 관행에 반기를 들었다. 그는 '사람을 위한 건축'이라는 신조 하에 사물을 보는 방법도, 일하는 방법도 기존 법칙이나 관습에 구애받지 않았다. 그는 건축 학교를 다니지 않았다. 그의 학교는 바로 사람들의 삶 그 자체였고, 그래서 많은 건축가들을 노예로 만든 생각에 감염되지 않았다.

일본의 세계적 건축가 안도 다다오는 르 코르뷔지에가 남긴 최대의 유산으로 "건축이 인간의 마음을 울려 사람들의 일상생활을 바꿀 수 있다"라며 건축의 가능성을 강조한 '용기 있는 선언'을 꼽았다. 르 코르뷔지에가 평생 간직했던 반란자의 사명의식이 그대로 표현되어 있다.

진정한 예술가는 누구나 반란자다. 그들은 결코 현상에 안주하는 법이 없다. 영화 〈왕의 남자〉, 〈사도〉로 유명한 이준익 감독에게 영화 평론가 이승재가 예술가를 어떻게 정의하는지 물었다. 이준익 감독은 이렇게 대답했다. "지금 있는 자리에서 가장 멀리 달아날 수 있는 용기를 가진 사람입니다."

피카소는 "나에게 예술은 파괴의 모음이다. 나는 그린다. 그리고 파괴한다. 화가가 틀에 갇힐 때 그것은 곧 죽음을 의미한다"는 말을 남겼고, 벨기에의 초현실주의 화가 르네 마그리트도 비슷한 말을 했다. "내게 세상은 상식에 대한 도전이다."

지금 우리는 신화 속 영웅의 여정을 따라가고 있다. 그런데 신화는 누구에 의해 창조된 것일까? 조지프 캠벨은 '샤먼이나 예술가'라고 말한다. 그들은 미지의 세계를 경험하고 돌아와 그것을 신화라는 은유로 표현한다. 가시적인 측면의 배후에 있는 실제성을 은유로 표현함으로써 우리의 인식을 확장시키고 한 단계 도약하게 한다.[8] 현대에 이르러 은유로 말하는 이는 바로 시인이요, 화가요, 예술가다. 예술가가 부르는 자유의 노래, 반란자의 사명의식이 소중한 이유다.

반란자 르 코르뷔지에는 한자리에 머물지 않았다. 그의 건축은 전쟁의 참화를 겪고, 문명의 부작용을 경험하면서 바뀌어갔다. 정형의 현대적 아파트를 건축한 그가 신비주의적인 롱샹 성당을 건축한 것은 일대 사건이었다.

현대적인 직선, 기능성, 효율성으로 대표되는 그의 건축 스타일은 롱샹 성당에서 곡선형, 현실을 초월한 감성적 숭고함으로 선회한다. 조개껍데기를 모방했다는 이 건축물은 20세기 가장 위대한 건축물로 꼽히지만 그를 모더니즘의 교조로 추종한 기존 추종자들에게 이는 반역적인 변신이었다. 그것은 그가 세운 교리를 스스로 부수며 새 길로 나아가 얻은 위대한 창조였다. 르 코르뷔지에는 이렇게 말한다. "나는 이 예배당을 건축함에 있어 침묵의, 기도자의, 평화의 그리고 영적 기쁨의 장소를 창조해내기를 원했다."

르 코르뷔지에는 어릴 적부터 기존의 것을 그대로 받아들이지 않고 늘 의문을 품었다. 어린 시절 그는 부모에게 질문 세례를 퍼부었고, 감당하기 어려워진 부모는 네 살밖에 되지 않은 그를 학교에 보냈다. 그는 존경하는 스승의 생각도 무조건 받아들이지는 않았다.

그는 자신을 건축에 입문하게 한 스승 레플라트니에게, 더 이상 선생님의 의견에 동의하지 않겠다는 편지를 쓴 적이 있다. 편지에는 이런 내용이 담겨 있었다. "과연 건축이 아름다운 형태만을 만들어내는 것일까요? 선생님의 가르침처럼 건축이 오로지 순수하게 아름다운 형태만을 만드는 것은 아닌 것 같습니다."

프랑스의 건축가 장 루이 코헨Jean-Louis Cohen 은 이렇게 말한다. "60여 년 동안의 건축적 해법에 있어서 르 코르뷔지에는 그 어떤 반복도 하지 않았기에 그의 가장 충실한 제자들마저도 계속 놀라게 만들었다."

르 코르뷔지에 스스로 한 선택이었지만 결코 편안한 삶은 아니었다. 그는 반란자로서의 삶의 지난함을 이렇게 표현한 적이 있다. "항상 장벽이 나를 가로막습니다. 그들은 나에게 언제든지 안 된다고 말할 준비가 되어 있기 때문입니다."

그가 제시한 건축물과 도시 계획안은 60%도 지어지지 못했다. 제1차 세계대전 후 프랑스를 복구하기 위한 그의 여러 계획안도 정중히 거절됐다. 그의 대작들은 대부분 해외에서 지어졌다. 그럼에도 그는 평생 기성 체계와 싸우며 새로운 길을 개척해나갔다. 반란자로서의 그의 사명의식이 사람에 대한 깊은 애정에서 비롯되었기 때문이다. 그는 자신의 사명에 대해 이렇게 말한다. "내가 스스로에게 부여한 의무와 연구 과제는 사람들을 불행과 재난으로부터 막아주고 그들에게 행복과 일상의 기쁨을 가져다주는 것입니다."

르 코르뷔지에는 지중해 바닷가에 집을 짓고 죽기 전까지 그곳에서 살았다. 통나무로 지은 그 집은 고작 4평에 불과했다. 누구도 넘보지 못하는 세기의 건축가였으며, 세상의 모든 건축을 섭렵한 세계적 거장이었지만 그는 4평 집으로 만족했다. 그는 그 집 앞의 바닷가에서 수영을 하다 반역의 생을 마감했다.

요리의 신 마시모 보투라의 사명의식

얼마 전 〈셰프의 테이블〉이라는 미국 다큐멘터리에서 이탈리아 셰프 마시모 보투라 Massimo Bottura 의 이야기를 보았다. 그는 이탈리아 요리를 창의적으로 재해석해 '요리의 신'이라는 별명을 얻었고, 그의 식당은 미슐랭가이드로부터 별 3개를 받았다. 그런데 그 다큐멘터리에서 '반역'이니 '반란'이니 하는 말이 여러 번 나와 놀랐다. 르 코르뷔지에를 연상하게 했기 때문이다.

마시모 보투라의 어떤 점이 파격적이라는 것일까. 그는 요리를 예술로 격상시켰다는 평가를 받는다. 요리를 미술, 음악, 철학과 연결시켜 사람의 오감을 건드린다는 것이다. 그의 대표 메뉴 중에 '으악! 레몬 타르트를 떨어뜨렸다'라는 디저트가 있다. 이름부터 장난스러운데, 모습도 파격적이다. 만드는 방식부터 기존 레시피의 정반대다. 과자 위에 크림과 과일을 얹는 대신, 크림부터 접시에 뿌린 뒤 그 위에 과자를 얹는다. 노란 레몬 크림을 마치 물감을 뿌리듯 내키는 대로 뿌리고 과자를 망치로 부순 뒤 그 위에 얹는다. 완성된 모습이 마치 잭슨 폴락의 그림을 보는 듯하다.

어느 날 직원이 손님에게 레몬 타르트를 내어주다 실수로 떨어뜨렸는데 그 모습이 오히려 너무 멋져서 만든 요리라고 한다. 마시모 보투라는 그 디저트를 두고, 아주 완벽한 방법으로 만들어낸 불완전한 모습의 요리이며 파괴를 통한 창조를 나타냈다고 말한다. 그는 전통의 족쇄에 갇히는 것을 혐오한다. 그는 전통을 현대화하는 것이 그 전통을 더 오래도록 보존하는 길이라는 신념을 갖고 있다.

북이탈리아에 볼리토 미스토 bollito misto 라는 전통 요리가 있다. 다양한 고기를 큰 냄비에 넣고 푹 삶아낸 요리로 우리나라의 모둠 수육과 비슷하다. 마시모 보투라는 이 요리의 전통 레시피가 고기의 맛과 색깔, 비타민을 없애 고기를 맛없는 직물 조각으로 만든다고 혹독하게 비판했다. 그는 많은 실험 끝에 수비드 조리법을 응용해 이 요리를 21세기 버전으로 재탄생시켰다. 수비드는 비닐봉지에 식재료를 넣어 밀봉한 뒤 저온의 물에서 오랜 시간 요리하는 조리법이다.

매사에 이런 식이었으니 미움을 사는 것도 당연하다. 그가 지금은 이탈리아의 아이콘이지만 처음부터 그런 것은 아니었다. 그는 '요리의 파괴자'로 불렸다. 10년 전만 해도 비평가들은 전통을 망친다며 혹독하게 비판했다. 이탈리아인들은 최고의 요리사가 엄마나 할머니라고 생각하는데, 마시모 보투라는 "할머니의 음식을 병들게 한다"는 것이었다. 그는 식당에 손님이 너무 없어서 문을 닫을까 고민한 적도 있다.

어느 날 그는 스페인의 건축가 산티아고 칼라트라바가 건축한 다리에 대해 생각하다 갑자기 엉뚱한 상상을 했다. '다리엔 띠 모양으로 안개가 끼어 있어. 그런데 다리를 지나는 사람이 안개가 아

니라 파마산 치즈를 흡입한다면 어떨까?'

그는 실제로 치즈를 흡입할 수 있는 분무기를 제작했다. 장치에 물을 붓고 그 안에 최고급 파마산 치즈 덩어리를 떨어뜨린다. 장치에서는 향기로운 증기가 피어오르고, 사람들은 장치와 연결된 유리관을 통해 그것을 흡입한다. 여러 부작용 때문에 상용화되지는 못했지만 그의 치열한 도전 정신을 엿볼 수 있는 대목이다.[9] 그는 요리사가 '부엌에서 나와 세상으로 나가야 한다'고 믿는다. 그는 젊은 요리사들에게 책을 읽고, 미술관에 가고, 공연을 관람하고, 여행을 떠나고, 세상을 보라고 조언한다.

2018년 3월, 그가 벌이는 새로운 도전이 전 세계에 뉴스로 전해졌다. 프랑스 파리에 노숙인과 가난한 이들을 위한 식당을 연 것이다. 이탈리아 밀라노, 영국 런던 등에 이어 여섯 번째 무료 급식소다. 그의 무료 식당 운영 철학은 환경과 존엄으로 요약된다. 일반 음식점에서 쓰고 남은 재료를 활용해 음식물 쓰레기를 최소화하고, 노숙인이 인간 존엄성을 유지할 수 있는 방식으로 음식을 제공하겠다는 것이다. 음식물 낭비 문제에 대처하는 혁명적인 방식이라는 평가다. 그는 이 식당을 찾는 사람들이 차가운 도시락이나 기계적으로 퍼 담은 음식이 아니라 셰프가 아름답게 요리한 따뜻한 음식을 즐기게 될 것이라고 말한다.[10]

마시모 보투라는 재즈를 좋아하며 특히 전설적인 재즈 피아니스트 셀로니어스 멍크Thelonious Monk를 좋아한다. 그의 대표 요리 중 하나가 '셀로니어스 멍크에 바치는 헌사'일 정도다. 그가 셀로니어스 멍크를 좋아하는 이유는 "대단한 실력을 갖췄지만 동시에 모든 규칙을 부수는 인물"이기 때문이다.[11]

당신은 어떤 반란자의 사명의식을 갖고 있는가? 당신은 기존 업계의 당연시되는 관행들을 보면서 분노한 적이 있는가? 그리고 그 때문에 소비자가 부당한 대우를 받는다고 안타까워한 적이 있는가? 그래서 내가 한번 고쳐보겠다고 마음먹은 적이 있는가?

당신이 그런 마음을 품고 구성원들과 공유할 때 당신의 회사는 이미 반란자다. 반란자의 사명의식은 어떤 어려움이 닥쳐도 구성원들의 마음을 하나로 묶고, 도전을 기회로 바꾸어나가는 가장 큰 자산이 될 것이다. 반역의 건축가 르 코르뷔지에와 반역의 요리사 마시모 보투라가 당신에게 주는 교훈이다.

안전한 삶만을 추구하다가
뒤늦게 후회하는 사람을 많이 보았다.
안전만 추구하다가는 정반대의 결과,
즉 가장 위험한 순간이 닥친다.
지금 위험하게 살아야
미래가 덜 위험하다.

2장

거부

누구나
도망치고 싶을 때가 있다

이렇게 멈춰 있으니, 끝나 있으니, 윤을 내지 않아 녹슬어 있으니,
쓰지 않아 빛나지 않고 있으니, 얼마나 지루한가!
숨쉬는 것이 어디 사는 것인가! 그저 삶 위에 삶을 쌓아가는 것은
모두 너무나 쓸데없는 짓이다.

―알프레드 테니슨, 「율리시스」

영웅의 여정을 주제로 이 책을 쓴다고 했을 때 출판사 측의 첫 반응은 "요즘 젊은 사람들은 영웅을 좋아하지 않는다"는 것이었다. 자기가 영웅이라고 생각하지도 않거니와 설사 영웅으로 살 수 있는 선택지가 있다 해도 사양하고 싶다는 것이다.

요즘 젊은이들은 태어날 때부터 불황을 배운 세대고, 단군 이후

'어떤 세대든 부모보다 부자가 된다'는 명제를 깬 최초의 세대다.[12] 출구가 보이지 않는 세대. 대학을 나와도 취업은 하늘의 별 따기이고, 직장이 있어도 내 집 한 채 장만할 수 있다는 보장이 없다. 그럼에도 사람들은 그들에게 열심히 살라고만 한다.

그들이 고안해낸 생존 카드는 현실 타협적인 행복 추구권이다.[13] 적게 벌고 적게 쓴다. 덜어내고 줄인다. 화려하기보다 소소한 행복을 원한다. 굵고 짧게 사는 인생보다 가늘고 길게 사는 인생을 택한다. 결혼과 출산, 출세가 장벽이라면 아예 피하는 쪽을 택한다. 창업 대신 공무원 시험을 택한다.

어느 교수가, 학자로 키울 만한 훌륭한 제자가 있었는데 어느 날 공부를 그만두고 대학 교직원이 되었다고 한탄하는 말을 들은 적이 있다. 평생 공부하는 삶보다 무사안일하고 칼퇴근하는 삶을 택한 것이다. 교직원이 중요하지 않다거나 그런 일을 하지 말라는 이야기가 아니다. 어떤 일을 하든 왜 그 일을 하는지 동기가 중요하다.

또한 젊은 세대는 위로받고 싶어 한다. 드라마에서 어느 여대생은 말한다. "내 잘못이 아니라고 토닥여줬으면 좋겠다." 서점에는 아무것도 하지 않아도 괜찮고, 당신 잘못이 아니고, 당신을 안아주겠다는 책들이 넘쳐난다. 충분히 이해가 간다. 얼마나 힘들게 살았는가. 그런데 다시 모험을 떠나라고? 고생길이 뻔하고, 성공의 보장도 없는데?

심지어 영웅도 거침없이 여행길에 오르지는 못한다. 그들도 때로는 피하고 싶고, 도망치고 싶다. 오디세우스는 트로이 전쟁에 참전하라는 제안을 받았을 때 전쟁에 가지 않기 위해 일부러 미친

척을 했다. 사신 팔라메데스가 도착할 즈음 황소와 나귀에 쟁기를 맨 뒤 씨앗 대신 소금을 뿌리며 밭을 갈았다.[14] 예수조차 십자가에 못 박히기 전날 겟세마네 동산에서 "이 잔을 제게서 거두어주소서"라고 기도했다.

나이키 창업자 필 나이트도 신발이라는 소명의 부름을 듣고 일본 여행길에 오르지만 중간 기착지인 하와이에서 여행을 지속해야 할지 고민에 빠진다. 하와이의 삶이 무척이나 즐거웠던 것이다. 그의 내면의 목소리가 속삭였다. '그냥 집으로 가. 평범한 직업을 구해서 평범한 사람으로 살아.' 그가 그 목소리의 유혹을 뿌리친 것은 또 다른, 희미하지만 단호한 목소리가 들려왔기 때문이다. '안 돼. 지금 돌아가선 안 돼. 계획했던 대로 밀어붙여. 지금 이대로 멈춰서는 안 돼.'[15]

영원히 보금자리에 머물 수 있다면 얼마나 좋을까? 영원히 위험에서 도망칠 수 있다면 얼마나 좋을까? 그러나 결코 그럴 수도 없거니와 설사 그럴 수 있다 해도 그것이 행복한 삶을 보장해주지는 않는다. 어느 순간 원인 모를 외로움이 엄습한다.

전재영의 『직장인을 위한 고민 처방전』에서 어느 직장인은 취직도 하고 결혼도 하고 아이도 낳았지만 어느 순간 모든 것이 "무의미하고 허무하게" 느껴지면서 "무언가를 해야한다는 생각"이 들었다고 한다. 다른 사람들이 요구하는 삶을 나의 삶인 양 살아온 것은 아닌지 고민하게 된 것이다. 나의 노래를 찾아 부르지 않은 데서 오는 원초적인 공허감을 느끼는 순간이다. T. S. 엘리엇은 그런 삶을 사는 사람을 "텅 빈 인간"이라고 표현한다.

반려견을 다루는 한 TV 프로그램에서 '시골개 1미터의 삶'이라는 이야기를 본 적이 있다. 16세 된 시골개 한 마리가 있는데, 그 개는 1미터 정도 되는 목줄에서 한 번도 벗어난 적이 없다. 우리의 인생인들 그 시골개와 뭐가 다르겠는가.

우리도 1미터 공간이 세상의 전부라고 생각하고 사는 것은 아닐까? 사람은 그 개와 달리 1미터 밖의 세상으로 나갈 수 있는데도 스스로 포기하고 사는 것은 아닐까?

자유 의지 없는 파라다이스는 악몽이다.[16] 신화학자 조지프 캠벨은 소명의 목소리를 좇을 때 비로소 천복天福을 누릴 수 있다고 말한다. 그는 저널리스트 빌 모이어스와의 대담에서 이렇게 말한다. "천복 같은 것과는 상관없이 성공을 거두는 사람도 있겠지요. 하지만 그런 성공으로 사는 삶이 어떤 삶일까 한번 생각해보세요. 평생 하고 싶은 일은 하나도 못해보고 사는 그 따분한 인생을 한번 생각해보세요."[17]

안전한 삶만을 추구하다가 뒤늦게 후회하는 사람을 많이 보았다. 조직도 마찬가지다. 안전만 추구하다가는 의도하던 것과는 정반대의 결과, 즉 가장 위험한 순간이 닥친다. 지금 위험하게 살아야 미래가 덜 위험하다.

"살아남으려면 바뀌어야 한다"는 말이 요즘처럼 절실한 때가 없다. 인간의 적응 능력이 따라가기 힘들 정도로 기술이 기하급수적으로 발전하고 있다. 인공지능이 조만간 전기처럼 보편화될 것이라는 예측도 나온다.

체스 챔피언 얀 하인 도너Jan Hein Donner는 IBM의 컴퓨터 딥블루와 체스 대결을 한다면 어떻게 준비할 것인가라는 질문에 "망치를 가져올 것"이라고 대답했다. 그와 비슷하게 소프트웨어나 인공지능을 박살내고 싶은 사람도 많을 것이다. 그러나 망치는 해답이 될 수 없다. 새로운 변화를 익히고 적응하는 수밖에 다른 도리가 없다. 한 카약 올림픽 메달리스트가 말했다. "급류에서 안정을 유지하려면 계속 노를 저어라."[18]

문제는 과거에 안주하려는 조직의 관성이다. 이대로 죽을 수는 없기에 변화가 불가피한데도 구성원이 주저하고 따르지 않는 경우가 있다. 변화란 조직 구성원들이 기존에 해오던 익숙하고 편리한 방식과의 결별을 의미하며, 생소하고 불편한 방식으로의 이동을 의미한다.

그런 만큼 스트레스와 불안감이 생기고, 가능하면 과거의 익숙하고 편한 방식으로 회귀하려는 욕구가 강해진다. 어떻게 하면 조직에 변화의 바람을 불러일으킬 수 있을까?

'적당주의'는 조직의 또 다른 적이다. 미치지 않으면 미치지 못한다. 하물며 세계 1등만이 살아남는 초경쟁의 시대임에야 오죽하겠는가.

그러나 편한 것을 좋아함이 인지상정이라 무엇인가 부족한데도 "이만하면 됐다"고 현재에 안주하고 싶을 때가 많다. 어떻게 하면 구성원 모두 자발적으로 아레테(탁월함)를 추구하는 조직을 만들 수 있을까?

이런 고민을 안고 있는 조직을, 영웅이 소명을 거부하는 단계와 견줄 수 있다. 이번 장에서는 그런 도망치고 싶은 순간에도 정면 승부를 벌인 이들의 이야기를 소개한다.

전통과 혁신 사이의 선택, 전 국립극장장 안호상

흔히 "바꿔야 산다"고들 말한다. 특히 요즘처럼 환경이 격변하는 시대에는 더욱 그렇다. 하지만 변화란 참으로 힘든 일이다. 마키아벨리의 『군주론』에 이런 대목이 있다. "새로운 질서를 도입하는 것보다 더 어렵고, 위험하며, 성공하기 힘든 일은 없다는 점을 깨달을 필요가 있습니다."

그는 변화가 어려운 이유를, 개혁이 이뤄지면 구질서로부터 이익을 누리던 사람들이 적대적이 되는 반면, 새로운 질서로부터 이익을 누리게 될 사람들은 기껏해야 미온적인 지지자로 남기 때문이라고 설명한다. 그 결과 변화에 반대하는 세력들은 기회만 있으면 언제든 혁신자를 공격하는 데 반해, 지지자들은 반신반의하며 행동할 뿐이라는 것이다.

이 말에서도 드러나듯이 변화의 가장 큰 걸림돌 중 하나는 기득권이다. 누구나 말로는 변화를 원한다고 하지만 자신이 그 변화의 대상이 되기를 바라지는 않는다.

나 역시 조직에 변화를 도입한다는 게 얼마나 어렵고 무서운 일인지 뼈저리게 느낀 적이 있다. 신문사에서 주말 섹션을 책임지고 있을 때였다. 나는 무엇보다 신문 지면이 타성에 빠지는 게 두렵고 싫었다. 아무리 좋은 밥상도 다음 날 또 나오면 물리기 마련이다. 이번 주나 다음 주나 신문에 비슷한 포맷의 비슷비슷한 이야기가 계속해서 다뤄진다면 독자들은 곧 식상할 것이다.

내가 시도한 변화 중 하나는 콜라보레이션이었다. '왜 모든 걸 우리 내부에서 다 하려고 하지?'라는 게 나의 의문이었다. 요즘 예술이나 패션, 나아가 가전이나 자동차 같은 산업계에서도 콜라보레이션이 유행인데, 신문사에서도 해볼 만하다고 생각했다. 그래서 시도한 게 지면 디자인의 콜라보레이션, 즉 지면 디자인과 편집을 외부에 맡겨보자는 것이었다.

당시 한창 뜨고 있는 브랜드 잡지의 디자인팀을 어렵게 섭외해 특정한 날짜의 커버스토리 지면을 맡기기로 했다. 따로 대가를 지불하지 않고 순수하게 서로 협업하는 데서 의미를 찾자는 데 합의했다. 신문사 내부에서 편집을 담당하는 부서의 동의가 필요했기에 편집부장의 동의도 미리 받아두었다. 우리는 잡지사에 기사를 넘겨주었고, 그들이 그것으로 디자인을 잡고 제목도 달았다. 이제 그들이 신문사에 와서 신문 지면에 작업물을 넣기만 하면 되는 일이었다.

그런데 뜻밖의 상황이 벌어졌다. 신문사 편집 기자들이 협조하지 않고 자리를 뜨는 일이 발생했다. 그들은 자신들의 일자리가 위협받는다고 생각했던 것이다. 마치 과거에 신문 제작이 전산화되면서 식자공이 일자리를 잃었던 것처럼 말이다. 아무리 이번 콜라보레이션은 일회적인 것일 뿐이며, 새로운 시도를 하자는 그 이상도 그 이하도 아니라고 설득해도 통하지 않았다. 평소 친하게 지내던 후배 편집 기자들도 표정이 냉랭하긴 마찬가지였다. 기자가 아닌 다른 직원들의 도움을 받아 어렵사리 작업을 마쳤지만 참으로 길고도 긴 하루였다.

돌이켜보니 외부 사람이 와서 나의 일을 대신해주겠다고 한다면 나라도 기분이 씁쓸할 것 같았다. 미리 그런 점을 헤아려 사전에 충분히 소통하지 않은 것이 불찰이었다.

이처럼 작은 변화를 시도하는 것도 어려운데 하물며 큰 변화라면 어떻겠는가. 그 일 이후로 어떤 조직에서든 성공적으로 변화와 개혁을 이룬 경우를 보면, 어떻게 조직의 저항을 극복하고 얼마나 힘들었을까 하는 생각이 든다.

악순환의 고리를 끊은 과감한 개혁

나를 감탄하게 한 인물 중 한 사람은 안호상 전 국립극장장이다. 그는 30년간 공연 기획을 해온 문화행정가다. 예술의전당에서 조용필 콘서트를 열어 세상을 놀라게 하고, 오늘날 오페라를 유행 장르로 변화시킨 인물이기도 하다. 그렇게 베테랑인 그가 국립극장장으로 부임한 지 며칠 만에 후회를 했다고 한다. 국립극장을 바꿔보겠다던 다짐이 너무 어려운 일이라는 것을 깨달았기 때문이다.

국립극장은 단순히 공연이 열리는 장소가 아니라 국립창극단, 국립무용단, 국립국악관현악단 같은 전속 예술 단체를 둔 기관이다. 남이 만든 제품에 공간을 내주는 백화점 같은 공간이 아니라 내 스스로 제품을 만드는 '제작 극장'인 것이다.

문제는 창극, 무용, 국악이 모두 비인기 장르라는 데 있었다. 오페라와 뮤지컬은 지난 20년간 시장이 10배 이상 급성장했지만 창극, 무용, 국악은 20년 전에 비해 40% 정도밖에 늘지 않았다. 물가를 감안하면 오히려 퇴보했다고 볼 수 있다.

공연을 해도 관객이 오지 않아 봄, 가을에 한 차례씩 2회 공연이 전부였다. 자체 공연이 별로 없으니 공연장은 대부분 외부에 대관했다. 문제는 공연을 하든 안 하든 늘 많은 단원을 유지해야 한다는 것이다. 게다가 단원들은 저마다 각종 대회에서 입상을 한 대단한 기량의 전문가들이었다. 그런 단원들이 놀고 있거나 외부 기관에서 공연이나 강습을 했다.

국립극장은 성과를 평가받기에 연간 일정 수준 이상의 관객을 유치해야 하는 목표치가 있었다. 그런데 목표를 채우기가 어려워 수치를 부풀리기 쉬운 야외 무료 공연을 여는 등의 편법이 동원됐다. 조직 내부도 어수선했다. 세 개의 노조가 있었는데 노사 갈등 못지않게 노노勞勞 갈등도 심각했다. 국립극장은 그 나라 문화의 자존심이다. 그런데 우리나라를 대표하는 국립극장이 유명무실해졌다. 국립이라는 명칭에 어울리지 않게 외국 작품에 자리만 내주는 극장으로 전락하고 만 것이다. 더불어 훌륭한 인재들의 재능이 썩고 있었다.

안호상 전 극장장은 부끄러움과 사명감을 동시에 느꼈다. 그는 정면 돌파를 선택했다. 그것은 창작 DNA를 회복하는 것이었다. 칼을 쓰지 않으면 녹스는 것처럼 재능도 지속적으로 사용해야 연마된다. 관객이 들지 않으니 작품을 안 만들고, 재능은 더 녹슬고, 작품은 신선하지 않고, 그러니 관객은 더욱 외면하는 악순환의 고리를 끊어야만 했다.

국립극장이 제작 극장으로서의 위상을 되찾아야 한다고 생각한 그는, 대관을 하지 않고 국립극장의 창작품으로만 무대를 채우기로 했다. 무대를 채우려면 먼저 작품 레퍼토리가 많아야 한다. 그는 세 개의 단체에 각각 7~10개의 작품을 새로 만들자고 제안했다. 처음 반응은 싸늘했다. 1년에 겨우 두 작품 정도 만들어온 사람들로서는 놀랄 일이었다.

새로운 작품을 7개씩이나 만들어내려면 하루 종일 연습을 해도 부족했다. 외부 활동을 할 수 없게 되자 스타 단원들이 사표를 들고 찾아왔다. 작품을 만들기 싫어서라기보다 외부 약속을 지킬 수 없게 되어서였다. 안호상 전 극장장은 사표를 모두 수리했다. 만약 그들의 편의를 봐주면 다른 단원들에게 일을 하라고 말할 수 없기 때문이었다.

스타 단원들의 사표를 수리하자 단원들은 밤 10시까지 연습에 매달렸다. 그렇게 해서 나온 창극 〈장화홍련전〉이 매진되자, 그 뒤에 예정되어 있던 〈배비장전〉 출연진도 자발적으로 연습 시간을 연장했다. 사실 〈배비장전〉의 출연진은 〈장화홍련전〉 제작에 참여를 거부했던 실력 있는 단원들이 많았다. 이제 그들도 자발적으로 참여하게 된 것이다. 〈장화홍련전〉이 흥행에 성공하자 창극단뿐만 아니라 무용단도 긴장하기 시작했다. 내부 경쟁이 시작된 것이다.

공연 작품이 늘어나면서 단원들의 출연 기회도 확대됐다. 주연을 못 했던 단원들이 주연을 맡게 되고, 각 단체마다 10명 정도의 단원을 추가로 뽑기도 했다. 새로 만드는 작품이 늘어나다 보니 내부 인력만으로는 진행이 어려웠다. 자연스럽게 콜라보레이션을 도입했다. 외국 연출가에게 창극 연출을, 패션 디자이너에게 무용 연출을 맡겼다. 그러자 작품성이 높아지면서 외국에 수출까지 하게 됐다.

패션 디자이너 정구호가 연출한 〈향연〉이라는 전통무용 공연을 보면 '우리 춤이 이렇게 현대적인가' 하는 감탄사가 절로 나온다. 절제되고 정리된 색과 무대는 춤을 더욱 돋보이게 하고 무대를 더욱 풍성하게 만들며, 미니멀하고 현대적이다. 정구호는 "비우고 정리하는 데서 모더니즘이 완성된다. 춤 이외의 모든 요소를 덜어

내려 노력했다"고 말한다.[19] 전통을 내세웠지만 젊은 층에 특히 인기를 끈 이유다. 2016년 관객 10명 중 6명이 20~30대였다고 한다.

〈트로이의 여인들〉이라는 창극은 트로이 신화를 배경으로 한 연극을 판소리 기반의 창극으로 바꾸었고, 연출은 싱가포르 연출가가 맡았다. 2017년에 싱가포르 공연 당시 3일간 전석이 매진되면서 1500명의 관객을 모았다. 그들에게는 낯설기만 한 창(唱)으로, 그것도 영어가 아닌 한국어로 부른 노래가 그들의 심장을 후려친 것이다.

이렇게 해서 30개 정도의 새로운 작품이 만들어졌고, 이 중 12개는 언제 내놓아도 흥행에 문제가 없는 고정 레퍼토리가 됐다. 그러면서 늘어난 레퍼토리를 바탕으로 다음 시즌의 공연 일정을 미리 구성해 관객들과 공유하는 '레퍼토리 시즌제'도 도입했다.

개혁의 결과는 놀라웠다. 2011년만 해도 연간 12편에 그쳤던 국립극장 전속 단체의 공연 편수가 2015~2016년에는 23편으로 늘어났고, 전속 단체 공연을 관람한 관객 수도 연간 4만 명에서 7만 3000명으로 약 80% 늘어났다. 1년에 300일 이상 쉼 없이 공연이 열리는 극장으로 변한 것이다.

안호상 전 국립극장장의 혼창통

기적 같은 스토리다. 물론 이 과정이 순탄했을 리 없다. 처음 〈장화홍련전〉을 준비할 때는 몸이 아프다며 오디션에 참석하지 않는 단원이 여럿이었다. 연출가가 워낙 엄격한데다 연습량도 많았기 때문이다. 면전에서 반발하는가 하면, 다른 직원이 극장장에게 결재 받는 것을 방해하는 직원까지 있었다.

하지만 그는 진정성을 갖고 단원들을 설득해나갔다. 그는 단원들에게, 여러분이 원치 않으면 안 하겠다. 자리에는 욕심이 없다. 그러나 다른 대안이 없다. 내가 30년 경험한 바로는 그렇다. 더 좋은 대안이 있으면 이야기해보라고 단도직입적으로 말했다. 식당 아주머니와 비정규직부터 시작해 직원 모두를 면담했다. 20년 넘게 근무했지만 극장장 방에는 처음 와본다며 A5 용지 다섯 장에 건의 사항을 빼곡히 적어온 사람도 있었다. 그런데 국립극장이 이제 극장장이 바뀌어도 레퍼토리 시즌제는 계속해야 하고, 이를 노사규약에 넣자고 주장하는 곳으로 바뀌었다.

안호상 전 극장장의 이야기는 혼, 창, 통 모두를 잘 보여주는 사례다. 무엇보다 그에게는 남다른 소명 의식이 있었다. 국립극장이 제작 극장으로서의 기본을 회복해 국립이라는 이름에 부끄럽지 않은 수준에 도달해야 한다는 목표가 그것이었다. 그의 '혼'이었다.

또한 그는 늘 새로워지고자 했다는 점에서 '창'을 잘 보여준다. 그는 "전통은 보존하고 전승하는 것 못지않게 창조적으로 계승하는 것이 중요하다"고 말한다. 그는 국립극장을 '엄밀한 의미에서 보면 현대 예술을 하는 극장'으로 재정의했다. 전통을 창조적으로 재해석한다는 의미에서 현대 예술이라는 것이다. 그는 전통 예술을 박물관에만 넣어두어서는 안 된다며 "전통에 기반을 두되 동시대 관객과 소통하려는 노력이 필요하다"고 말한다. 예전 방식을 답습하면 편하긴 하지만 변화하지 않으면 대중에게 무시당할 수밖에 없다는 것이다.

안호상 전 극장장은 파리 오페라 예술 감독을 지낸 브리지트 르페브르 Brigitte Lefevre 의 말을 인용한다. "관객을 만족시키는 일은 참으로 힘든 일이다. 더구나 호기심과 경탄 그리고 위험을 감수하는 도전 없이 그들을 만족시키는 일은 더욱 불가능하다."

그는 안전한 길보다는 위험한 길이 자신을 흥분시킨다고 말한다. 이런 도전 정신도 '창'을 잘 보여주는 대목이다.

그의 '통'은 국립극장의 자존심을 회복하자는 소명 의식을 진정성 있게 단원들과 소통한 데서 발휘됐다. 그는 결코 강압적으로 지시하지 않았다. 한편으로는 설득하고, 한편으로는 시스템을 만들어 단원들이 자발적으로 변화에 동참하게 했다.*

일상의 혁신, 우아한형제들 대표 김봉진

'배달의 민족'이라는 어플리케이션으로 음식을 주문해본 적이 있는가? 주문 건수가 월 평균 1700만 건에 이르는 앱이다. 이 앱을 개발하고 운용하는 회사인 '우아한형제들'은 유니콘 기업(기업 가치가 1조 원이 넘는 비상장사) 유력 후보로 거론될 정도다. 이 회사의 독특한 기업 문화는 사옥만 봐도 알 수 있다.

이색적인 사무실 인테리어와 곳곳에 배치된 캐치프레이즈에는 이 회사의 독특한 철학과 문화가 고스란히 반영되어 있다. 가장 눈에 띈 점은 곳곳에 있는 탕비실이다. 요즘 IT 회사들은 탕비실을 직원들이 커피와 다과를 즐기며 대화할 수 있는 문화 공간으로 꾸민다. 사람이 모인 곳에서 아이디어가 샘솟고, 부서 간 벽도 낮출 수 있다는 발상에서다.

우아한형제들의 탕비실은 야구나 육상 같은 올림픽 경기 테마로 꾸민 점이 남다르다. 예를 들어 야구를 테마로 한 곳은 야구 사상 최초로 커브볼을 개발한 캔디 커밍스$^{Candy\ Cummings}$의 이야기로 꾸몄다. 입구 유리문에는 '동일한 규칙 안에서도 반복적인 숙련을 통해 창의성을 발휘해 혁신을 이룬 스포츠인'으로 커밍스를 묘사했다. 내셔널리그 투수였던 캔디 커밍스는 1867년, 슬럼프를 겪고 있던 와중에 날아가는 조개껍데기에서 영감을 얻어 커브볼을 개발했다고 한다. 공을 던지는 법이 직구밖에 없었던 당시에 눈앞에서 휘어 들어오는 공을 보고 타자는 얼마나 당황했을까.

다른 층에 가보니 이번에는 육상에서 최초로 크라우칭 스타트(두 손을 땅에 짚은 채 엉덩이를 치켜드는 출발 방식)를 도입한 토마스 버크$^{Thomas\ Burke}$를 주제로 꾸며놓았다. 1896년 제1회 아테네 올림픽 100미터 육상 경기 결승전의 일이었다. 긴장감이 감도는 순간, 관중들은 물론 선수들까지 수근거리기 시작했다. 양손을 땅에 짚고 엉덩이를 높게 치켜든, 우스꽝스러운 자세를 한 선수 때문이었다. 바로 토마스 버크였다. 당시에는 조롱받았지만 지금은 너무나 당연한 자세가 됐다.

우아한형제들의 김봉진 대표는 올림픽 공원 근처로 사옥을 이전하면서 탕비실을 올림픽 테마로 꾸몄다고 한다. 그러나 더 큰 목적은 새로운 기술을 개발한 스포츠 선수들처럼 늘 변화와 혁신을 시도하자는 메시지를 공유하는 데 있다.

상식을 파괴하라, 라쿠텐의 미키타니 히로시

이번에는 큰 변화를 도입한 사례로 일본의 한 회사를 살펴보자. 먼저, 만일 당신이 근무하는 회사에서 어느 날 갑자기 "내년부터 회사 전 부서에서 모든 직원이 영어만 써야 한다"고 공지한다면 어떤 기분이 들겠는가? 토익 점수 800점 미달 사원은 승진이 안 된다면 어떻겠는가? 수십 명의 벤처기업도 아니고 1만 명이 넘는 대기업에서 말이다.

이는 7년 전 일본의 라쿠텐이라는 회사에서 실제로 벌어졌던 일이다. 이 실험은 지금도 계속되고 있다. 라쿠텐은 인터넷 쇼핑을 시작으로 금융, 여행 등 다양한 사업을 영위하는 종합 인터넷 회사다. 창업자인 미키타니 히로시三木谷浩史 사장이 영어 공용화를 떠올린 데는 몇 가지 이유가 있다.

첫째, 사업을 전 세계로 확대하면서 세계 최고의 두뇌들을 모을 필요가 있었는데 언어 문제가 발목을 잡았다. 둘째, 영어 공용화를 통해 수직적인 조직 문화를 개선하는 효과를 노렸다.

영어 공용화는 사원들에게 엄청난 스트레스를 가져왔고, 아직도 불만을 토로하는 사람이 적지 않다. 하지만 조직 문화에 획기적인 변화를 가져온 것은 사실이다. 직접적으로는 2011년 이후 라쿠텐이 고용한 엔지니어의 80%가 외국인일 정도로 세계의 인재들이 모이게 되었고, 미국과 프랑스 등 세계 시장에 뛰어드는 데 영어 공용화가 중요한 역할을 했다. 하지만 간접적인 효과가 더 컸다. 일본의 전통적인 상하관계가 깨진 것이 대표적인 효과다. 영어를 사용하자 일본어의 문법적 애매모호함을 피할 수 있어서 소통이 원활해지고, 관계성이 수평화 됐다.

그러면서 '40대 상급 관리직이 20~30대 젊은 사원을 이끈다'는 구도가 뒤집히고, 능력주의 문화가 자리 잡게 됐다. 직원들의 업무 자세도 바뀌었다. 더 이상 국내 시장에만 머물지 말고 적극적으로 세계 시장에 뛰어들어야 한다는 마인드가 자리 잡았다.

혼창통 경영 아카데미에서 실리콘밸리에서 활약하는 한국의 젊은 창업가 세 명을 강사로 초청한 적이 있다. 그중 한 명인, 미띵스Methinks의 윤정섭 대표는 "영어를 모국어로 쓰는 사람들은 시장을 보는 생각이 다르다"고 말한다. 그들은 영어를 사용하는 전 세계를 자연스럽게 자신의 시장으로 생각한다는 것이다. 아주 제한된 기능의 제품과 서비스라도 그것을 세계 시장 규모로 생각하기 때문에 자신 있게 내놓을 뿐만 아니라 받아들이는 사람들도 그렇게 받아들인다고 한다.

하지만 다른 언어를 쓰는 사람들은 아무래도 사고에 제한이 있다. 그 언어를 사용하는 사람의 수를 자연스레 시장의 크기로 받아들인다. 영어가 중요하다거나 영어를 공용어로 쓰자는 의미가 아니다. 좋든 싫든 언어가 은연중에 개인의 사고에 영향을 미친다는 뜻이다. 그것을 극복하기 위해서는 의식적인 노력을 기울여야 한다는 게 윤정섭 대표의 말이다. 처음부터 영어를 쓰는 세계 시장을 대상으로 비즈니스를 하겠다는 마음가짐이 필요하다. 아마 미키타니 히로시도 비슷한 생각이 아니었을까.

최근 방탄소년단BTS의 앨범이 한국 가수 최초로 빌보드 차트 1위에 올랐다. 이 아이돌 그룹의 대성공은 기존의 방식과 달리 처음부터 글로벌 시장을 두드린 영향이 크다. 한국에서 성공한 뒤 해외에 진출하는 대신, 국내 데뷔와 거의 동시에 해외 각국에 진출한 것이다.

세계 어디서나 두루 통하는 힙합을 주 레퍼토리로 선택해 기존 K-POP 마니아층을 넘어 팬층을 확대했고, 소셜미디어를 적극 활용하여 전 세계 팬들과 소통했다. 또한 사랑 일변도의 가사 내용에서 벗어나 젊은이들의 고민을 다루어 폭넓은 공감을 이끌어내기도 했다. 외국인이나 교포 멤버 한 명 없는 토종 그룹이기에 더욱 값진 성취다. 내수 시장의 한계에 대해 고민하는 기업들에게 자극이 되고 용기를 주는 뉴스다.

4차 산업혁명이라는 격변의 시대를 맞아 우리는 끊임없이 변화의 요구에 내몰린다. 그러나 변화는 힘들기 그지없다. 왜일까? 변화를 위해서는 그동안의 익숙했던 생각에서 벗어나야 하기 때문이다. 사람의 두뇌는 많은 에너지를 소비하기에 가능한 한 에너지 소모를 줄이는 방향으로 진화한다. 바로 생각의 지름길, 다시 말해 상식에 의존하는 것이다.

이런 상식을 파괴하는 자는 불확실성이 두렵고, 대중의 조롱이 두려워도 생각의 지름길에서 벗어날 줄 아는 사람이다. 그래서 그들은 사물을 다르게 볼 수 있다. 미키타니 히로시는 상식 파괴자의 전형이다. 그는 자신의 자서전 『라쿠텐 스타일』에서 "기존의 규칙을 재검토해 필요하다고 느낄 경우 완전히 다시 썼다"고 말한다. 기존의 방식을 하나하나 분해해 장애가 되는 규칙이나 습관은 없는지, 의심 없이 무작정 따라가는 프로세스는 아닌지 끊임없이 자문했다는 것이다.

그의 상식 파괴적인 면모는 2011년 일본의 전경련 격인 게이단렌을 탈퇴할 때 다시 드러난다. 미키타니 히로시는 여기에 대해 "에너지 정책을 둘러싸고 게이단렌이 지향하는 방향성과 달랐기 때문"이라고 설명한다. 이례적이었던 것은 그가 게이단렌 탈퇴를 공표한 매체가 트위터였다는 점이다. 기자회견이나 주요 미디어를 통해 발표하는 관행에서 벗어나 SNS를 통해 직접 공표한 것은 보수적인 일본 재계에서 혁명적인 사례다.

라쿠텐은 지금 도전에 직면해 있다. 2015년과 2016년 이익이 연이어 전년 대비 감소했다. 일본 전자상거래 시장이 포화 상태에 이른 데다 해외 진출 성과가 예상보다 부진하기 때문이다. 그러나 2017년 이익이 전년의 2.9배로 급증하며 가능성을 보여주고 있다. 라쿠텐은 최근 명문 축구 구단인 FC바르셀로나와 메인 스폰서 계약을 체결하면서 글로벌 CI를 재구축하는 등의 새로운 변화를 모색 중이다.

당신은 혹시 변화의 필요성을 절감하면서도 막상 시행을 두려워하지는 않는가? 그럴 때마다 1만 명의 직원에게 영어 공용화를 시행한 미키타니 히로시의 사례를 음미하며 상식 파괴의 의지를 가다듬기 바란다. 다음과 같은 그의 말이 도움이 될 것이다.

"기존 방식을 그대로 따르다 보면 어느 정도의 성공을 거둘 수는 있다. 하지만 상식에 대한 맹목적인 추종이 비즈니스의 발전에 족쇄가 될 수도 있다. 다른 이보다 앞서 나가고, 더 큰 성공을 거머쥐고 싶다면 기존의 상식을 한번쯤은 깨고 나가야 한다."

만족을 경계하라, 오디오 장인 유국일

일이 너무 힘들면 도망치고 싶을 때가 있다. 어느 정도 성취를 이룬 뒤 '이 정도면 됐다'고 만족하고 싶을 때도 있다. 영웅의 여정에서 이는 소명의 '거부'에 해당한다. 그러나 이 단계에 머물면 결코 위대함을 성취할 수 없다. 여기서 주저앉은 잠재적인 영웅들이 얼마나 많은가.

신화와 전설은 이 단계에 머문 이들을 안타까운 상징으로 묘사한다. '소돔과 고모라' 이야기에서 천사들은 악의 도시 소돔을 멸하기 전 롯에게 소돔을 떠나라고 말한다. 천사들은 롯의 가족에게 절대로 뒤를 돌아보지 말라고 이른다. 그러나 롯의 아내가 뒤를 돌아보았고, 그녀는 소금기둥이 되고 만다. 새로운 세계의 문턱에서 엉거주춤 머물다 삶을 격상시킬 기회를 놓치는 모습을 상징한다. 새로운 길은 생명과 부활이 기약된 변혁의 길이지만 동시에 낯설고 두려운 길이기도 하다.

영웅은 떨치는 자다. '머물고 싶다'는 유아고착적 생각과 '이 정도면 됐다'는 섣부른 자기만족을 떨쳐버린다. 이런 면모는 흔히 예술가와 장인들에게서 많이 발견된다.

혼창통 경영 아카데미에서는 각 분야의 예술가와 장인들을 초청해 강의를 듣는다. 이 시대 기업들이 벤치마킹해야 할 대상이 바로 예술가들이라고 생각하기 때문이다. 20세기가 산업사회였다면 21세기는 창조사회다. 연세대학교 신동엽 교수는 "산업사회를 효율성과 규모의 경제로 특징짓는다면, 창조사회는 존재하지 않던 새 가치를 찾아 끊임없이 혁신하는 사회"라고 정의한다.

두 사회는 작동 원리와 게임의 규칙이 다를 수밖에 없다. 그런데도 우리의 사고는 과거의 그것에 얽매여 있다. 그렇다면 새로운 작동 원리와 게임의 규칙을 어디서 배울 수 있을까? 신동엽 교수는 예술이라고 말한다. 나 또한 같은 생각이다. 창조사회는 창조적 혁신을 추구한다. 아주 먼 옛날부터 창조적 혁신을 업의 본질로 삼아온 사람들이 바로 예술가다. 그러니 그들에게서 배우는 게 당연하다.

우리가 예술가에게서 배워야 할 첫 번째는 탁월함을 추구하는 정신이다. 예술가들은 결코 '이 정도면 됐다'고 만족하는 법이 없다. 바로 그런 치열함에서 명작이 탄생한다.

〈곡성〉과 〈도둑들〉의 성공 비결, 완벽주의

영화 〈곡성〉은 음울하고 기괴한 영화다. 취향에 따라 호불호가 갈리겠지만 한국 영화의 폭과 깊이를 보여준 특색 있는 영화라고 생각한다. 이 영화는 〈황해〉와 〈추격자들〉을 만든 나홍진 감독의 작품이다. 그는 천재 감독 중 한 명으로 꼽힌다. 영화평론가 이승재는 그를 두고 완벽주의자의 표본이라고 표현할 정도다. 작품의 완성도에 관한 한 타협이 없다는 의미다.

리얼리티를 중시하는 그는 〈곡성〉에서 비가 오는 장면을 찍기 위해 원하는 양의 큰 비가 올 때까지 며칠을 기다리는가 하면, 아침에 운무가 끼는 것을 찍기 위해 역시 몇 날 며칠을 기다렸다고 한다. 가짜 비를 만드는 일 따위는 그의 사전에 없다.

그는 시나리오도 직접 쓰는데 창작법이 남다르다. 자신을 일부러 악몽 같은 극한 상황으로 몰아넣어 환상을 경험하고 그 느낌을 도화지에 그린다. 그리고 영화에서 그 장면을 최대한 재현해낸다. 완벽을 요구하다 보니 배우나 제작진들이 일하기 수월할 리 없다. 그러나 나홍진보다 더 깊이 생각하고 공부하는 사람은 없다는 것을 모두 알기에 묵묵히 그를 따른다. 이승재의 표현처럼 "모든 것에 목숨을 걸기에 설득할 수 있다"는 것이다.

영화 이야기가 나왔으니 좀 더 해보자. 영화감독 최동훈은 투자자들이 제일 좋아하는 감독이다. 승률이 10할이기 때문이다. 〈범죄의 재구성〉, 〈타짜〉, 〈전우치〉, 〈도둑들〉, 〈암살〉을 떠올리면 금방 이해될 것이다.

최동훈 감독의 영화적 상상력의 원천은 취재와 독서다. 그 역시 시나리오를 직접 쓰는데 구성이 짜임새 있기로 유명하다. 철저한 취재를 바탕으로 하기 때문이다. 〈범죄의 재구성〉은 5년, 〈타짜〉는 3년에 걸쳐 썼다. 전국의 도박꾼과 형사들을 찾아다니고, 초고를 쓰고 나서도 수십 번을 수정했다고 한다. 그는 또 활자 중독이라 할 만큼 책을 많이 읽는다. 책을 읽느라 화장실에 1~2시간 앉아 있는 경우가 다반사다.

세계적인 패션 디자이너 조르지오 아르마니는 "뭔가 비범한 것을 이루기 위해서는 집요할 정도로 작은 디테일에 매달리고 또 매달려야 한다"고 말한다. 두 감독은 그 경지를 잘 보여주는 인물들이다.

비단 예술만 그럴까? 모든 일에 있어서 탁월함의 경지에 이르려면 그런 미친 정신이 필요하다. 부하 직원이 보고서를 써오면 첫 페이지의 반만 읽어도 금방 파악이 된다. 자신의 모든 것을 쏟아붓는다는 각오로 쓴 보고서인지, '이 정도면 되겠지' 하며 적당히 쓴 보고서인지 말이다.

내가 일하던 신문사도 어찌 보면 그런 미친 사람들이 모인 곳이다. 대개 결코 만족하는 법이 없다. 지방에 보내질 신문 초판은 보통 오후 6시 무렵이 마감이고, 서울 시내에 배달될 최종판은 자정 무렵이 마감이다. 그 시간 동안 하나의 기사가 끝없이 수정된다. "이거 확인된 거야?" "이 부분을 보완하면 좋지 않아?" "제목이 좀 이상하지 않아?" 기사를 송고한다고 해서 끝이 아니다. 데스크라 불리는 선배 기자들과 편집 기자들 그리고 부장과 국장들이 그 기사를 놓고 토론하고 새로 지시하며, 때로는 언성을 높이기도 한다. 그래서 최종판이 초판과 다른 경우는 허다하다. 주니어 기자 시절에는 그런 과정에 질릴 정도였다. '이 사람들은 도대체 언제 집에 가나? 집에 가고 싶은 생각이 들기라도 하나?' 하는 생각이 수시로 들었다.

그런데 신문사에 따라서는 이른바 '데스킹'이라고 하는 수정 과정이 별로 없는 곳도 있다. 기자가 기사를 보내면 거의 수정 없이 지면에 싣는다. 두 시스템 모두 나름의 장단점이 있다. 하지만 나의 경험상 두 지면의 질은 확실히 다르다. 야근을 시키고 직원을 들들 볶아야 옳다는 이야기가 아니다. 마이크로 매니지먼트는 오히려 성과를 저해할 수도 있다. 요점은 진정성에서 우러나온 자발적인 몰입과 헌신이 있어야만 위대한 작품이 나올 수 있다는 이야기다.

선배들은 '신문쟁이'라는 말을 자주 썼고, 줄여서 그냥 '쟁이'라고도 했다. 쟁이라는 표현이 왠지 자기비하적인 것 같아 젊은 시절에는 달갑지 않았다. 시간이 지나고 보니 이 표현에는 자부심이 담겨 있었다. 거기에는 일이 힘들어도, 월급이 적어도 나는 내 길을 간다는 직업의식과 전문가 정신이 스며 있었다. 요즘 말로 '덕후' 정신이라고나 할까.

영화 〈서편제〉에서 왜 소리를 하느냐고 묻는 딸에게 소리에 미친 아버지는 이렇게 말한다. "제 소리에 제가 미쳐 득음을 하면 부귀보다도 좋고, 황금보다도 좋은 것이 이 소리판인 것이여."

이처럼 '자기 일에 제가 미쳐' 재미있게 일하는 일터를 만드는 것이야말로 리더의 가장 중요한 사명일 것이다.

좋은 것은 위대한 것의 적이다

경영도 다를 바 없다. 경영 사상가 짐 콜린스Jim Collins의 책 『좋은 기업을 넘어 위대한 기업으로』는 이런 문장으로 시작한다. "좋은 것은 위대한 것의 적이다." 많은 경영자들의 마음을 휘어잡는 문장이다. 짐 콜린스는 이어 이렇게 말한다.

> 위대한 것이 별로 없는 주된 이유도 바로 그 때문이다. 우리는 대개의 경우 좋은 학교를 가지고 있기 때문에 위대한 학교가 없다. (…) 위대한 삶을 사는 사람은 아주 드물다. 대개의 경우 좋은 삶을 사는 것으로 만족하기 때문이다. 대다수의 회사들은 위대해지지 않는다. 바로 대부분의 회사들이 제법 좋기 때문이다.[20]

내가 짐 콜린스를 만난 것은 볼더Boulder라는 소도시에 있는 그의 개인 연구소에서다. 그가 미국 로키 산 국립공원에서 차로 1시간 거리에 있는 소도시 볼더에 사는 이유는 그곳이 고향이어서만은 아니다. 거기에 산이 있기 때문이다. 그는 14세에 암벽 등반을 시작했고, 요즘도 일주일에 세 차례 암벽을 탄다. 요세미티 국립공원에는 수직 고도 약 1100미터의 '엘 캐피탄El Capitan'이라는 화강암이 있다. 세계에서 가장 큰 바위로 기네스북에도 올라 있는 곳이다. 그중에서도 가장 어려운 코스가 사람의 코를 닮았다고 해서 '노즈Nose'라고 불리는 곳이다. 보통 3박 4일이 걸리는 코스다.

몇 년 전, 짐 콜린스는 이 코스를 20시간 만에 주파했다. 50세가 되는 해를 기념하기 위해서였다고 한다. 누구는 생일을 기념하기 위해 파티를 하고, 누구는 여행을 떠난다. 짐 콜린스는 생일을 기넘해 목숨을 걸고 암벽을 등반했다. 그는 '24시간 이내 주파'를 위해 최고의 전문가로부터 2년간 훈련을 받았다. 그는 산은 자신에게 귀중한 강의실이라고 말한다.

"암벽을 좋아하는 이유는 그것이 극도로 실제적real이기 때문입니다. 중력은 평계에 철저히 무관심합니다. 중력은 당신이 "죄송해요. 아직 숙제가 덜 되었어요"라고 말하도록 내버려두지 않습니다. 실수를 하든 말든, 발을 헛디디든 말든 중력은 상관하지 않습니다."

그의 말에서 삶에 대한 치열한 자세를 엿볼 수 있다. 내게 누군가 "왜 일하세요?"라고 묻는다면 나는 "아레테를 추구하기 위해서"라고 대답할 것이다. 아레테arete는 그리스어로 완벽에 가까운 탁월함을 의미한다. 제품의 탁월함일 수도 있고, 예술적 탁월함일 수도 있고, 인격적 탁월함일 수도 있다.

인간이 다른 동물과 차별되는 이유 중 하나는 인간만이 탁월함을 추구하기 때문이다. 아무런 외적 보상이 없더라도 인간은 완벽한 것, 탁월한 것을 추구한다. 우리가 하늘로부터 받은 달란트와 잠재력을 최대한 구현해 신이 아주 잠깐만 허용하는 최고의 경지에 도달하는 것, 그보다 더 아름다운 것이 또 있을까.

오디오 장인 유국일의 아레테

'소리'의 영역에서 아레테를 추구한 인물을 소개한다. 오디오 디자이너 유국일은 극상의 소리를 찾기 위해 베토벤의 황제 교황곡을 오디오 기기를 바꿔가며 1000번 이상 들었다. 소리에 극도로 민감해진 그는 잠잘 때 결혼 선물로 받은 롤렉스 손목시계 소리마저 귀에 거슬려 장롱에 넣고 거실에서 잤을 정도다. 그는 1dB, 2dB의 차이도 그냥 넘기지 못했다.

왜 그렇게까지 하는지 납득하지 못하는 기술자를 설득하기 위해 스시 장인에게 데려가 최고의 스시를 맛보게 했다. 그리고 그에게 물었다. "1만 원짜리 스시도 있지만 20만 원짜리 스시도 있지. 그 차이가 뭘까?" 최고의 와인도 맛보게 하며 또 물었다. "편의점에 가면 1만 원짜리 와인도 있는데 여기 와인은 200만 원이야. 그 차이가 뭘까?" 스트레스를 받은 그 기술자는 일주일 만에 몸무게가 4kg이나 빠졌단다.

그의 강의를 들으면서 '불광불급 不狂不及'이라는 말이 떠올랐다. 미치지 않으면 미치지 못한다는 말이다. 남이 미치지 못할 경지에 도달하려면 미치지 않고서는 안 된다. 미치려면[及], 미쳐라[狂]. 『미쳐야 미친다』라는 제목의 책이 있다. 조선시대의 미친 사람들 이야기다. 이 책의 저자 정민 교수는 "세상은 만만하지 않다"고 말한다. 대충해서 이룰 수 있는 일은 어디에도 없다는 것이다. 타인에게 광기라고 보일 만큼 "정신의 뼈대를 하얗게 세우고, 미친 듯이 몰두하지 않고" 남들보다 두드러지는 보람을 느낄 수 없다고 말한다.

한 분야에 일가를 이룬 장인들은 '벽'을 가지고 있다. 무엇 한 가지에 미치는 것을 한자로 벽癖이라고 한다. 벽을 가진 이들은 보상이나 타인의 평가 때문에 일하지 않는다. 진정성과 몰입으로 일한다. 또한 그들은 광적으로 높은 기대 수준을 갖고 있다.

조선시대 학자 박제가는 "홀로 걸어가는 정신을 갖추고 전문의 기예를 익히는 것은 왕왕 벽 있는 자만이 능히 할 수 있다"고 말한다. 정민 교수의 해석을 빌리자면, 홀로 걸어가는 정신이란 남들이 손가락질을 하든 말든, 출세에 보탬이 되든 말든 혼자 뚜벅뚜벅 걸어가는 정신이다. 이리 재고 저리 재고, 이것저것 따지기만 해서는 특출한 전문가가 될 수 없다. 그냥 무조건 좋아서, 하지 않을 수 없어서 해야 한다.

조선시대의 유명 서예가 최흥효는 과거를 보러 가서 답안지를 쓰는데, 한 글자가 자신이 그렇게 닮고 싶어 하던 왕희지의 체와 비슷하게 쓰였다고 한다. 그는 그 글자를 뚫어지게 바라보다가 차마 제출하지 못하고 품에 안고 돌아왔다. 과거에 합격하는 것보다 글씨가 더 중요했던 것이다. 오디오 디자이너 유국일도 수제 오디오를 만드느라 집을 두 채나 날렸다. 그는 이렇게 말한다. "집에 쌀이 떨어져도 상관없다. 할 짓은 해야 한다."

예술가 중에는 벽을 가진 이들이 많다. 예술에는 비용 대비 이익이라는 개념이 없다. 예술 그 자체에 대한 진정한 몰입과 헌신이 곧 원동력이다.

앞서 살펴본 사진 퍼포머 니키 리는 이렇게 말한다. "평단이나 콜렉터들이 좋아할 것 같다고 시도한 작품은 결코 창조적일 수 없어요. 설사 잘 팔리더라도 그건 쓰레기에요. 반드시 예술가 자신의 진심으로 느낀 진정성에서 나와야 해요. 그 작품이 진정한 예술인지 쓰레기인지 예술가 자신은 알아요."

"내 몸이 나도 모르는 일을 했다"

내가 소명의 삶을 살고 있는지 판단하는 방법이 있다. 온전하게 현재에 존재하는 느낌이 든다면 그렇다고 판단해도 좋다. 어떤 일에 미치면 거기에 빠져들어 무아의 경지에서 자신도 모르게 일을 하게 된다. 그렇다면 그 일이 바로 소명이다.

소설가이자 전기 작가인 슈테판 츠바이크 Stefan Zweig 는 『어제의 세계』라는 책에서 위대한 조각가 로댕과의 기묘한 만남에 대해 술회한다. 슈테판 츠바이크가 로댕의 집을 방문했을 때 로댕은 그를 자신이 만들고 있던 부인 상像으로 데려갔다. 슈테판 츠바이크가 "멋진데요"라고 말하자 로댕은 "그럴까요?"라고 반문했다.

그러다 그는 갑자기 무언가 떠올랐는지 다시 작품에 매달렸다. 그는 "저 어깨 있는 데가… 잠깐만 기다려주시오!"라고 중얼거리더니 주걱을 손에 쥐고 작품을 만지기 시작했다. 여자의 어깨 언저리 살결을 터치해 매끄럽게 하더니 이번에는 "그리고 또 여기가…"라고 중얼거렸다. 앞으로 나서기도 하고, 뒤로 물러서기도 하고, 거울로 조각을 바라보기도 하고, 알아들을 수 없는 혼잣말을 하기도 했다. 슈테판 츠바이크는 당시의 로댕을 이렇게 묘사한다.

> 그는 일하고 또 일했다. 그러나 그는 아무 것도 듣지 못했다. 그는 나를 완전히 잊고 있었다. 나는 그에게는 없는 것이나 마찬가지였다. 다만 그 조각, 그 작품만이, 그리고 그 배후에 눈에 보이지는 않지만 절대적인 완성의 비전이 그를 사로잡고 있었다.[21]

반시간쯤 지났을까, 로댕은 슈테판 츠바이크가 옆에 있다는 걸 비로소 깨닫고 화가 난 듯이 그를 쳐다보았다. 이 사람이 누구이기에 내 작업실에 와 있느냐는 표정이었다. 좀 있다가 로댕은 그에 대해 기억해내고는 부끄러워하면서 "미안해요"라고 말했다. 그 순간을 슈테판 츠바이크는 이렇게 말한다.

> 그때 나는 모든 위대한 예술의, 아니 모든 지상의 성취의 영원한 비밀이 열려 있는 것을 보았던 것이다. 즉 집중, 모든 힘과 모든 감각의 응집, 그 무아지경, 모든 예술가가 행하는 자기의 바깥에 있는 것, 세계의 바깥에 존재하는 것이 그것이다.[22]

이 이야기는 『장자』에 나오는 포정이라는 이름을 가진 소 잡는 백정 이야기를 연상시킨다. 하루는 포정이 임금 문혜군을 위해 소를 잡았는데, 그 모습이 마치 음악에 맞춰 춤추는 것 같았다. 문혜군이 감탄하며 어떻게 그런 경지에 올랐는지 묻자 포정이 답했다.

> 제가 따르는 것은 도(道)입니다. 기술을 넘어선 것입니다. 제가 처음 소를 잡을 때 눈에 보이는 것은 소뿐이었습니다. 그런데 3년이 지나자 소가 보이지 않았습니다. 지금은 정신으로 소를 대할 뿐 눈으로 보지 않습니다. 감각 기관은 쉬고 신(神)이 원하는 대로 움직입니다. 하늘이 낸 결을 따라 결 사이에 칼을 대고 있습니다.[23]

자기를 완전히 잊은 망아忘我, 무아無我, 허심虛心의 상태가 되니 하늘이 낸 결이 훤히 보였다는 것이다. 톨스토이의 소설 『안나 카레니나』에서 지주 레빈은 농부들과 함께 풀베기를 하면서 이와 같은 몰입을 체험한다.

그가 하는 일에는 지금 그에게 커다란 기쁨을 가져다주는 변화가 일기 시작하고 있었다. 그 시간 동안은 자기가 하는 일을 잊어버렸다. 일이 쉬워졌다. 일종의 무아지경에 빠진 것이다. 낫이 저절로 풀을 베었다. 그것은 행복한 순간이었다.[24]

스포츠 선수들도 비슷한 경험을 한다. 골프 선수에게 홀컵이 물통처럼 크게 보인다든지, 축구 선수에게 상대 선수들의 모습이 슬로모션처럼 보이는 경우다. 권투 선수 조한슨은 1959년 《라이프》와의 인터뷰에서 몰입의 경험에 대해 "내 오른손에 이상한 일이, 도저히 설명하기 어려운 일이 생겼다. 내 손이 전혀 내 몸의 일부 같지 않은 기분이었다. 그것은 나도 모르게 튀어나왔다. 저절로 움직이는 것 같았다. 움직임이 빨라서 눈으로 볼 수 없을 지경이었다. 나도 모르게 오른손이 나가서 명중할 때 흐뭇한 감정이 팔을 타고 내려가 전신으로 흘렀다"라고 말한다.[25] 그 순간 그들은 소명의 도정에 있는 것이다.

레이 크록이 완벽한 프렌치프라이를 만들기까지

맥도널드 체인의 창업자인 레이 크록이 맥도널드 형제로부터 프랜차이즈권을 따낸 뒤 첫 매장을 열었을 때다. 그들로부터 음식 레시피를 충분히 익혔다고 생각했는데 유독 한 가지가 뜻대로 되지 않았다. 프렌치프라이였다.

껍질을 벗기고, 길게 썰어 차가운 물에 넣고, 비벼 씻고, 천천히 휘저은 다음, 깨끗이 씻어내고, 철제 바구니에 담아 튀겨낸다. 금빛이 도는 외양은 그럴싸했지만 맛은 곤죽 같았다. 맥도널드 형제에게 물어도 이유를 알아내지 못했다.

그는 감자양파전문가협회의 연구원 한 명에게서 결정적인 도움을 받았다. 연구원은 감자를 사오는 데서부터 모든 과정을 이야기해달라고 했다. 연구원은 감자를 철망으로 된 통에 넣어 그늘에 보관한다는 부분에서 문제를 찾아냈다. 감자는 땅에서 캘 때 수분 함량이 매우 높으며, 건조 과정에서 당이 전분으로 바뀌면서 식감과 맛이 향상된다. 맥도널드 형제는 이 사실을 모른 채 감자를 튀겼지만 매장이 사막에 있던 터라 자연스럽게 사막의 바람이 감자의 수분을 건조시켰던 것이다.

레이 크록은 독자적인 건조 시스템을 고안했다. 감자를 지하실에 보관하되 거기에 대형 환풍기를 설치해 감자가 지속적으로 바람을 맞도록 했다. 점주는 이런 시스템이 신기하기만 했다. "우리 감자가 세계에서 가장 애지중지 보살핌을 받는 감자일걸요. 요리하는 데 죄책감을 느낄 정도라고요." 그러자 레이 크록이 대답했다. "그렇지. 최고 대우를 해줘야 해. 그래서 더 신경을 써줄 작정이네. 이제 두 번씩 튀기자고."

레이 크록은 감자 전문가들에게서 배운 새로운 튀김법을 일러주었다. 감자가 담긴 튀김통을 먼저 뜨거운 기름에 담갔다가 빼서 한 번 식힌 뒤 두 번째에 완전히 익히는 방법이다. 이렇게 매장 문을 열고 3개월을 보낸 뒤에야 레이 크록은 기대에 부응하는 프렌치프라이를 내놓을 수 있었다.

그는 모든 체인의 점주들도 자신과 마찬가지로 완벽하기를 요구했다. 맥도널드 고기 패티의 지방 함량은 19%로 정해져 있고, 이 규정을 엄격하게 지킨다. 레이 크록은 자신의 자서전에서 "육즙

이 가장 풍부하고 맛있는 고기 조각을 만들기 위해서 얼마나 다양한 분쇄 방법과 냉동 기법을 실험하고 패티의 표면을 연구했는지 이야기하려면 밤을 새도 모자랄 것"이라고 말한다.

패티를 쌓는 데도 과학이 필요했다. 너무 높이 쌓으면 밑에 있는 패티의 모양이 엉망이 되고 말라버린다. 그래서 레이 크록은 패티를 쌓는 최적의 높이를 알아냈다.

그는 이렇게 말한다. "완벽이란 이르기 힘든 기준이다. 하지만 내가 맥도널드에서 원한 게 바로 그런 완벽함이었다. 그밖에 다른 모든 것은 부차적인 일일 뿐이었다."

'이 정도면 됐다'고 만족하고 싶을 때가 있다. 그때 처음으로 페르시아 제국을 통일한 키루스 대왕의 취임 연설을 음미해보기 바란다.

> 한때 용감했던 사람일지라도 끝까지 용감하려고 헌신하지 않는다면 계속해서 용감하리라고 장담할 수 없습니다. 마찬가지로 한때 신체적으로 강인했다 할지라도 게을러지는 순간, 신체 조건은 나빠집니다. 절제와 인내도 그것을 고양하는 노력을 중단하는 순간 퇴보할 것입니다. 따라서 우리는 나태한 사람이 되거나 현재의 즐거움을 위해 자신을 버려서는 안 됩니다.[26]

2막

한 차원 높이
도약하는 힘

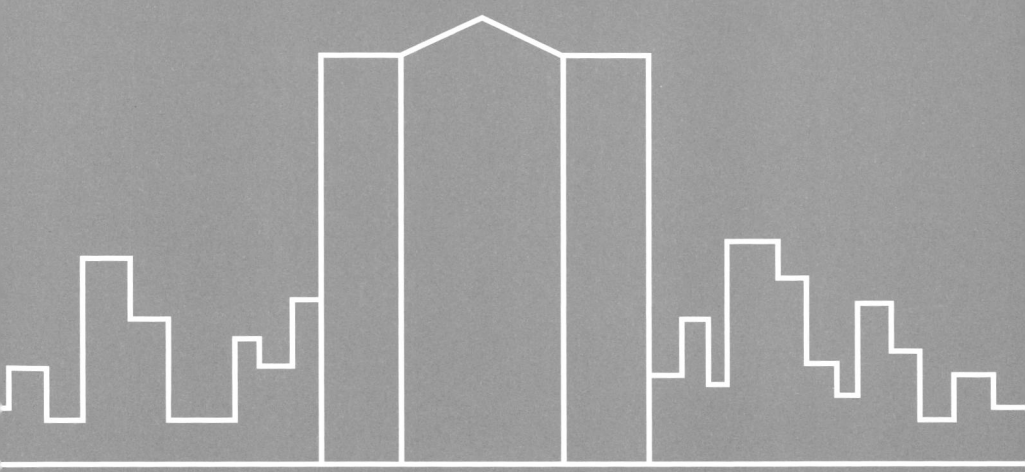

스승은 보다 큰 눈으로 나를 일깨운다.
영웅 스스로 험난한 여정을
완수할 수 있도록 힘을 북돋워주고,
영웅 내면에 그 힘이 잠재해
있다는 것을 상기시켜준다.

3장

멘토

나를 이끌어줄
단 한 사람

> 스승은 내 손을 잡아 그 위에 자신의 손을 얹고, 환한 표정으로 힘을 북돋워주며, 나와 함께 비밀의 장소로 들어섰다.
>
> ― 단테, 『신곡』 지옥편 3곡 19~21행

영웅의 여행은 스스로 해야 하는, 누구도 대신할 수 없는 여행이다. 하지만 또 혼자서 할 수 있는 여행도 아니다. 영웅이 현재 갖고 있는 능력 너머로 도전하는 여정이기에 누군가의 도움이 필요하다. 영웅의 여정에는 여러 조력자가 등장한다. 특히 정신적 스승 혹은 멘토의 조력이 절대적으로 필요하다.

    그렇더라도 스승이 직접 문제를 해결해주지는 않는다. 하지만 스승은 보다 큰 눈으로 나를 둘러싼 세상과 내게 닥쳐오는 도전을 볼 수 있도록 나를 일깨운다. 나아가 스승은 영웅이 험난한 여정을 완수할 수 있도록 힘을 북돋워주고, 영웅 내면에 그 힘이 잠재해 있다는 것을 상기시켜준다.

〈쿵푸 팬더〉에는 거북이인 우그웨이 대사부가 정신적 스승으로 등장한다. 주인공 포는 힘든 수련과 동료들의 멸시를 힘겨워했다. 결국 그는 "다시 면발이나 뽑을래요"라며 용의 전사가 되기를 포기하려 한다. 그러자 우그웨이 대사부가 한마디 던진다. "어제는 역사요, 내일은 미스테리, 하지만 오늘은 선물^{gift}이네. 그래서 오늘을 현재^{present} 라고 부르는 걸세."

힘든 오늘을 선물로 알고 살아가라는 이야기다. 많은 것을 생각하게 하는 장면이다.

세계적인 기업가들도 성공을 이루는 데 멘토의 도움을 받는 경우가 많다. 페이스북 창업자 마크 저커버그와 구글 창업자 래리 페이지에게는 같은 멘토가 있었다. 바로 스티브 잡스다. 스티브 잡스는 마크 저커버그가 사업 초기 어려움을 겪자 "사업의 근본을 생각하라"고 조언했다. 마크 저커버그는 한 달간 인도의 사원에 머물며 답을 찾았다.

스티브 잡스는 래리 페이지에게 "검색에 집중하라"고 조언했다. 또 빌 게이츠의 멘토는 워런 버핏이고, 트위터 창업자 잭 도시의 멘토는 디즈니의 밥 아이거 회장이다.

맥킨지 회장 도미니크 바튼$^{Dominic\ Barton}$이 한국에 왔을 때 젊은 이들에게 몇 가지 충고를 했는데, 그중 하나가 멘토를 찾으라는 것이었다. 당신이 좋아하고 갈망하는 사람을 찾아서 어떻게든 만나려고 노력하라는 것이다. 그는 자신에게는 멘토가 아주 많다면서

"그냥 그들에게 가서 7분만 들어보라"고 권했다.[1]

에어비앤비의 창업자 브라이언 체스키 Brian Chesky는 멘토를 찾는 일에 가장 적극적인 CEO 중 한 명이다. 그는 어떤 문제에 직면하면 누가 그 문제에 가장 정통한지 찾은 뒤 어떻게든 그 사람에게 다가가 집요하게 질문을 던진다. 온라인 장터 운영법을 배우기 위해 이베이 CEO 존 도나호를 만났고, 서비스를 배우기 위해 페이스북의 마크 저커버그를 찾아갔으며, 디자인을 배우기 위해 애플의 조너선 아이브를 만났다. 그의 멘토 중에는 워런 버핏과 밥 아이거도 포함되어 있다.

하지만 멘토가 반드시 살아 있는 인물일 필요는 없고, 멘토를 꼭 직접 만나야 하는 것도 아니다. 멘토를 만나는 가장 좋은 방법 중 하나는 책을 통해서다. 마키아벨리가 주로 사용한 방법이다. 그는 친구 베토리에게 보낸 편지에 이렇게 썼다.

> 저녁이 오면 나는 집으로 돌아가 서재로 들어간다네. (…) 그리고 나는 옛 시대를 살았던 어르신들의 정원으로 들어간다네. (…) 나는 옛 시대를 사셨던 어르신들과 대화를 나누지. 나는 그분들에게 주저하지 않고 질문을 드린다네. 왜 그때, 그런 식으로 행동하였는지를. 그 숨겨진 이유가 무엇인지를! 그럼 옛 성현들은 대답해주시지.

'멘토 mentor'라는 말의 유래를 아는가? 멘토는 그리스 신화에 나오는 인물의 이름이다. 오디세우스의 친구이자 조언자였던 사람이 바로 멘토다. 이타카 섬의 왕이었던 오디세우스는 트로이와 전쟁을 치르러 떠나면서 친구인 멘토에게 왕실과 가정을 지켜주고, 아들 텔레마코스를 잘 교육해달라고 부탁한다. 멘토는 오디세우스와 친구이기는 하나 나이로는 한참 위였다. 멘토는 20년이나 되는 긴 세월 동안 정성껏 텔레마코스를 교육했고, 오디세우스의 왕실과 아내를 잘 지켜냈다.

멘토처럼 경험과 지혜, 네트워크를 갖춘 인물이 주변에 있다면 매우 든든하다. 멘토가 꼭 한 명일 필요는 없다. 자신이 부족한 분야, 배우고 싶은 분야를 잘 짚어본 뒤 그 분야에 능통한 사람들로 멘토 이사회, 다시 말해 개인 자문단을 구성하는 것이다. 그러면 더 나은 결정을 내릴 수 있어서 큰 실수를 방지할 수 있다. 또 멘토가 반드시 연장자일 필요도 없다. 임원이 부하 직원에게 첨단 기술에 대해 배우는 역逆 멘토링 제도는 이미 곳곳에서 활용하고 있다.

당신의 멘토 이사회에 포함시킬 만한 몇 명의 멘토를 소개할까 한다. 자기 분야에 괄목할 만한 성취를 이뤘고, 변화무쌍한 이 시대를 살아가는 지혜를 가진 인물들이다.

책방 주인이 된 카피라이터, 최인아의 생각법

첫 번째 멘토로 소개할 인물은 광고인에서 책방 주인으로 변신한 최인아 대표다. 그녀는 "그녀는 프로다. 프로는 아름답다"라는 유명한 카피를 만든 '광고계의 살아 있는 전설'이다. 삼성 공채 출신 첫 여성 임원으로 제일기획 부사장을 역임했다. 그러다 갑자기 서울 역삼동에 '최인아책방'이라는 서점을 차려 화제가 됐다. 이 서점은 콘서트도 열고 강연회도 하고 다양한 프로그램을 운영하는 문화 공간이다.

그녀는 왜 얼핏 광고와 무관해 보이는 책방으로 방향을 전환했을까? 그녀는 광고와 책방이 전혀 다른 것 같아 보이지만 둘 다 '생각'을 키워드로 한다는 점에서 비슷하다고 말한다. 그녀는 카피라이터를 "기업의 과제를 생각의 힘으로 해결하는 사람"이라고 정의한다. 한편 책이란 "생각을 담은 그릇이며, 새로운 생각의 매개체이니 카피라이터와도 밀접한 관련이 있다"고 말한다. 사실 카피라이터뿐만 아니라 우리는 새로운 아이디어를 얻기 위해 가장 일차적으로 책을 읽는다. 거기서 생각의 씨앗을 발견하기를 바라면서.

생각의 씨앗을 포착하라

최인아 대표가 카피라이터로서 창의적인 생각을 할 수 있었던 비결은 무엇이었을까? 그녀는 창의성은 흔히 생각하듯 아주 기발한 데서 나오는 게 아니라고 말한다. 뉴턴이 사과가 떨어지는 것을 보고 만유인력을 생각하는 그런 방식이 아니라는 것이다. 그녀는 "이 세상 모두가 아이디어의 재료"라고 말한다. 나를 둘러싼 모든 것이 내게 신호를 보내는데 단지 내가 알아차리지 못할 뿐이다. 그것을 알아차리고 내 것으로 취하는가, 아니면 그냥 흘려보내는가 하는 점이 창조자가 되느냐, 범인凡人으로 남느냐를 결정한다.

문화부 장관을 역임한 배우 김명곤 씨가 한 인터뷰에서 이런 말을 한 적이 있다. "절름발이 배역을 맡고 나니 거리에 절름발이가 그렇게나 많이 보이더라." 1984년 영화 〈바보 선언〉에서 절름발이 역을 맡은 그는 절름발이들이 어떻게 생활하며 살아가는지 유심히 관찰했다. 그러다 보니 거리에 절름발이들이 의외로 많다는 것을 알게 된 것이다.

이처럼 생각의 씨앗은 우리가 "보고 듣고 읽고 행동한 모든 것"에 있다. 이것을 내 것으로 만들기 위해서는 "성능 좋은 안테나"가 필요하며, 그 안테나는 관심과 공부, 예민함에서 나온다. '주변에 널린 생각의 씨앗들을 성능 좋은 안테나로 포착한다. 그리고 내 안에 저장해둔다. 그러면 생각의 씨앗들이 부지불식간에 내 안에서 발효한다. 그리고 어느 날 맞춤한 프로젝트를 만나 꽃으로 피어난다.' 이것이 그녀의 창조적 발상법의 요체다.

본질을 꿰뚫는 질문의 힘

생각의 씨앗들을 잘 포착하고 발효시키려면 어떤 태도를 가져야 할까? 최인아 대표의 답은 질문력에 있다. 좋은 질문에서 인사이트가 나오고 해결책이 나온다. '그게 정말일까?' '왜 그렇지?' 하고 끊임없이 스스로에게 혹은 다른 사람에게 건네는 질문을 통해 통념의 껍질을 벗기고 본질에 가까이 갈 수 있다.

통념이란 널리 받아들여지는 생각을 말한다. 그러나 그것들은 허술하기 짝이 없다. 쫓기듯 살아가다 보면 깊이 생각하기가 꺼려진다. 으레 그러려니 하며 통념의 단계에 머문다. 그러나 통념의 껍질을 벗기면 그 안에 다른 얼굴이 들어 있다.

최인아 대표는 좋은 질문을 던진 예로 드라마 〈비밀의 숲〉을 들었다. 그녀는 2017년 방영된 이 수사물이 한국 드라마의 새 장을 열었다고 평가한다. 이 드라마가 집중한 것은 '주연 배우를 누구로 하지?'가 아니었다. '무엇이 악을 만들고, 왜 부정부패가 생기지?'

라는 질문이었다.

  이 드라마를 만든 이수연 작가는 한 인터뷰에서 〈비밀의 숲〉을 통해 궁극적으로 하고 싶은 이야기가 무엇이냐는 질문에 "'옳은 길'의 반대는 '나쁜 길'이 아니라 '쉬운 길'이라는 이야기를 하고 싶었다"고 말했다. 대놓고 나쁜 길을 선택하는 사람은 없다. 다만 옳은 길은 대개 가시밭길이며 어려워 보이기에 쉬워 보이는 길로 살짝 방향을 튼다. 이런 선택들이 쌓이면서 악이 만들어지고, 부정부패가 생긴다. 이처럼 이 드라마는 근원적인 질문을 던짐으로써 격이 다른 드라마가 됐다.

  남다른 성취의 이면에는 늘 남다른 레벨의 질문이 있다. "왜 옷은 저렇게 비싸야 하지?" 이 질문은 아만시오 오르테가^{Amancio Ortega Gaona}라는 사람이 어린 시절 던졌던 질문이다. 어린 시절 무척 가난했던 그는 패션에 관심이 많았지만 옷을 살 형편이 되지 않았다. 어린 아만시오 오르테가는 매장에 걸려 있는 값비싼 옷들을 바라보며 수없이 위와 같은 질문을 했다. 그는 스스로 그 질문의 답을 찾고자 했고, 글로벌 패션 브랜드 자라를 창업했다.

생각의 씨앗이 꽃피는 순간

'최인아책방'의 남다른 운영 방식도 책방에 대한 그녀의 깊은 질문에서 비롯됐다. 요즘 사람들은 책을 잘 읽지 않는다. 책을 잘 모르기도 하고 책을 사지도 않는다. 더러 책을 사더라도 온라인에서 구매한다.

  '어떻게 해야 사람들이 책을 살까?'라는 질문에 천착하던 그녀는 질문의 방향을 보다 본질적인 쪽으로 바꾸었다. "사람들은 왜 그리고 언제 책을 찾을까?"

스스로 찾아낸 답 중 하나는 "사람들은 고민이 있거나 과제, 도전, 질문 등을 마주했을 때 책을 찾는다"는 것이었다. 이 답에 이르자 그렇다면 사람들이 책을 찾는 것을 도와주자는 방향으로 생각이 옮겨갔다. 좋은 책을 추천해주고, 나아가 신뢰할 만한 사람이 책을 추천해주도록 하자는 생각이었다. 익명의 사람이 책을 추천하는 온라인 서점보다 훨씬 믿을 만하고 유용할 게 분명했다.

'최인아책방'에 가보니 색다른 방식으로 책을 추천해주고 있었다. 예를 들면 책방 안에 '최인아의 선후배, 친구들이 추천합니다'라는 코너에는 실제 대표의 지인들이 추천한 책들이 놓여 있다. 무려 220명에게 책 추천을 부탁했다고 한다. 그리고 추천자가 종이에 자필로 쓴 추천의 이유를 책 안에 꽂아두었다. 뿐만 아니라 '돈이 전부가 아니다. 괜찮은 삶을 살고 싶다'라는 코너가 있는가 하면, '서른 넘어 사춘기를 겪는 방황하는 영혼들에게'라는 코너도 있다. 이 책방은 매달 자체적으로 베스트셀러 순위를 발표하는데, 대형 서점과는 양상이 다르다고 한다.

최인아 대표의 다음 질문은 "왜 오프라인 서점인가?"였다. 온라인으로 책을 주문하면 24시간 안에 받아볼 수 있고 10% 할인까지 해주는 시대에 왜 오프라인 서점에 와야 하느냐는 것이다. 그녀가 내린 답은 '체험'이었다. 사람은 몸을 가진 존재이기에 온라인에서는 해소되지 않는 욕구가 있다. 온라인에서는 책을 손으로 만지거나 몸으로 느낄 수 없다. 그렇기에 그 반작용으로 체험에 대한 욕구가 생긴다. 실제로 온라인 세대로 갈수록 소유하고 구매하기보다 여행을 한다든지 새로운 체험을 하는 데 돈을 더 많이 쓴다. 그녀는 책방을 체험하는 공간으로 만들기로 했다.

그녀의 서점에서 거의 매일같이 강연회가 열리고, 책의 저자와 독자들이 마주 앉아 토론을 하고, 힘든 이들을 위한 상담이 열리게 된 이유다. 때로는 책방이 사랑방으로 변하기도 한다. 싱글들이 외로움을 느끼는 명절 때면 그들을 위한 다양한 행사가 열린다. 서로 대화를 나누기도 하고 각자 흩어져 책을 읽는다. 그녀의 오프라인 책방은 일종의 '플랫폼'인 셈이다. 플랫폼을 기반으로 다양한 부가가치를 조합해낸다. 최인아책방은 2018년 새로운 비즈니스 영역에 진출했다. 워커힐호텔의 의뢰를 받아 호텔에 도서관을 꾸미는 작업에 참여한 것이다. 최인아 대표가 도서관에 들어갈 책을 골라주고, 공간을 어떻게 꾸밀지 컨설팅을 해주었다.

그녀의 이야기를 듣다 보니 '좁은 서점에서도 여러 가지 일을 할 수 있구나', '해묵은 사업도 얼마든지 새로워질 수 있구나' 하는 생각이 든다. 모두 질문의 힘이다.

질문이 사람을 바꾼다

'위클리비즈' 편집장 시절에 다뤘던 어느 기업의 사례가 떠오른다. 조셉조셉이라는 영국의 주방용품 회사다. "1만 년 동안 써온 식칼과 도마라고 해도 얼마든지 혁신이 가능하다"는 이 회사의 창업자 형제의 말이 기억에 남는다.

업계가 더 이상 새로운 식칼, 새로운 도마는 없을 것이라는 관성에 젖어 있기 때문에 오히려 더 기회가 있다는 것이다. 이 회사의 대표 제품 중 하나는 4색 도마다. 예를 들어 초록색 도마는 야채, 하늘색 도마는 어류, 붉은색 도마는 육류, 흰색 도마는 가공 식품을 처리하는 데 쓴다. 도마 위에서 재료가 섞여 맛이 변질되거나 위생에 문제가 생길까 봐 걱정하지 않아도 된다. 창업자들은 "늘 '문제가 무엇인가', 즉 '왜'에 대해 질문했기에 다른 주방용품들과 차별화할 수 있었다"고 말한다.

그런데 본질을 꿰뚫는 질문을 찾아내기란 말처럼 쉬운 일이 아니다. 모두가 당연시하는 것에 의문을 품으려면 오랫동안 깊이 생각해야 한다. 그리고 그 질문의 답을 찾기 위해 생각을 거듭하고 확장해야 한다. 그러니 시간도 오래 걸리고 처음에는 비효율적인 일처럼 보인다. 그러나 그런 '축적의 시간'이 있어야 통념의 껍질을 벗기고 본질에 다가설 수 있고, 남다른 성취를 이룰 수 있다.

최인아 대표는 질문했다. "왜 많은 사람 중에서 소수만이 성취할까?" 그러고는 그래프 하나를 그렸다. 가로축은 시간, 세로축은 성과인데 모양이 계단식이다. 우상향하는 직선이 아니다. 이것이 그녀가 생각하는 성과 그래프다. 질문을 하고 본질에 다가서는 데는 '축적의 시간'이 필요하다. 시간을 투자한다고 해서 곧바로 성과가 나오지는 않는다. 그 불확실성의 구간을 견뎌야 다음 계단으로 뛰어오를 수 있다. 최인아 대표는 성과 그래프가 계단형인 것은 "단단한 소수를 걸러내는 우주의 테스트"라고 표현한다.

최인아 대표는 질문의 방식을 바꿔야 한다고 강조한다. "앞으로 회의를 할 때 '답이 뭐야?' '그래서 어떻게 하자는 건데?'라고 묻지 마세요. '왜 하려 하는데?'라고 물으세요."

최인아 대표가 우리에게 전하는 메시지는 짧지만 강렬하다. "달라지려면 질문하라!"**

평범함에서 특별함을 찾는 나영석 PD의 창조법

소개할 두 번째 멘토는 나영석 PD다. 그는 〈삼시세끼〉와 〈꽃보다 할배〉, 〈윤식당〉으로 히트 행진을 이어가는 국민 PD다. TV 예능이라는 격전지에서 한 번도 아니고 연이어 히트작을 내는 비결이 무엇일까? 그에게 '크리에이티브란 극과 극의 충돌'이라는 제목의 강의를 청해 들으면서 연타석 홈런이 결코 우연이 아닌 준비된 결과였음을 알게 됐다.

  강의에는 여러 경영서와 논문에서 강조하는 내용들이 많이 포함되어 있었다. 행정학과 출신이니 경영학 개론 정도는 들었을지 몰라도, 그가 경영학 공부를 체계적으로 하지는 않았을 것이다. 중요한 것은 그가 그 중요한 교훈들을 자신만의 방식으로 체득했고, 또 머리로만 그리지 않고 몸소 실천했다는 점이다.

  당신이 상품기획자이고 나영석 PD에게 멘토링을 받는다면 그는 어떤 이야기를 해줄까? 혼, 창, 통의 관점에서 그의 창조의 비결을 들여다보았다.

나영석의 창, 미시감과 기시감의 연결

나영석 PD는, 성공하는 프로그램은 전혀 어울리지 않는 두 요소가 만나 스파크가 터질 때 나온다고 말한다. 전혀 어울리지 않는 두 요소의 만남의 예로 〈꽃보다 할배〉를 들 수 있다.

  이순재, 신구, 백일섭, 박근형 등 노령의 배우들이 모여 해외여행을 가는 이 프로그램은 꽤 높은 시청률을 기록했다. 처음 기획 단계부터 할배들이 여행을 가는 설정은 아니었다고 한다. '해외 배낭여행을 하자'는 아이디어로 논의를 시작했고, 과연 누가 여행을 갈 것인가가 관건이었다. 기존의 예능 프로그램 출연자는 젊은 가수나 배우, 개그맨, 전문 MC들이 주를 이루었고, 연령대는 주로 20~40대였다. 변화를 위해서는 그 공식에서 빠져나와야 했다.

그러던 차에 회의에서 누군가가 농담처럼 "할아버지는 어떨까요?"라고 말했고, 모두 웃음을 터뜨렸다고 한다. 이제껏 할아버지들이 예능에 출연한 적은 없었다. 하지만 나영석 PD는 그 말을 그냥 웃어넘기지 않았다. 진지하게 생각하고 살을 붙여 바로 〈꽃보다 할배〉라는 히트작을 탄생시킨다.

나영석 PD는 좋은 TV 프로그램에는 세 가지 요소가 필요하다고 말한다. 새로움, 재미, 의미가 그것이다. 그 세 가지 요소를 모두 갖추면 10년 이상 가는 대박 프로그램이 되고, 셋 중 두 가지만 갖추면 몇 년은 가는 프로그램이 된다. 그리고 셋 중 한 가지만 있더라도 그해는 석권할 수 있는 프로그램이 된다. 그런데 기존의 프로그램은 셋 중 한 가지 요소도 갖추지 않은 경우가 허다하다는 것이다. 그러니 할배들이 여행을 간다면 적어도 새로울 수는 있을 것이라는 예상이었다.

나는 『혼창통』에서 창의성의 비결을 다섯 가지로 요약한 적이 있다. 연결, 질문, 관찰, 실험, 네트워킹이 그것이다. 방금 이야기한 나영석 PD의 사례는 그중 연결과 맞아떨어진다.

스티브 잡스는 "창조성이란 서로 다른 것들을 연결하는 것"이라고 말했다. "애플은 인문학과 기술의 접점에 서 있다"는 그의 유명한 말과 "전혀 어울리지 않는 두 요소가 만나 스파크를 터뜨린다"는 나영석 PD의 말은 같은 맥락이다. 해외 배낭여행과 할배라는 전혀 어울리지 않는 두 요소가 만나 어디서도 볼 수 없던 신선한 프로그램이 탄생했으니 말이다.

많은 새로운 제품들 역시 서로 어울리지 않는 것들을 연결한 데서 탄생한다. 새뮤얼 콜트 Samuel Colt 는 젊은 시절 배에서 일하면서 선박의 키가 클러치에 의해 회전하거나 잠기는 방식에서 힌트를 얻어 회전식 리볼버 권총을 발명했다. 한 스위스 엔지니어는 산을 오르다가 옷에 달라붙는 까끌까끌한 씨앗에서 벨크로(찍찍이)의 아이디어를 떠올렸다. 또 피아노 건반이 수동 타자기를 낳았고, 유원지의 놀이기구가 에스컬레이터로 발전했다.

《하버드비즈니스리뷰 코리아》 최근호(2017년 9·10월호)에 이런 구절이 있다. 아주 학구적인 용어로 연결의 중요성을 강조한 내용이다.

> 인지과학 분야의 연구는 창조적인 통합의 핵심 엔진이 '유동적인 연상작용(associative fluency)'이라는 것을 증명했다. 이는 보통 연관성이 없는 두 가지 개념을 연결해 새로운 아이디어로 만들어내는 정신적인 능력을 말한다. 개념들이 더 다양할수록 창조적인 연관성은 더 강력하며 새로운 아이디어는 더욱 기발하다.[2]

나영석 PD의 남다른 점은 전혀 TV 프로그램이 될 것 같지 않은 소재로 사람들을 자석처럼 끌어 모은다는 것이다. 그 비결은 바로 새로운 연결에 있다.

그는 새로운 것만을 좇지 않는다. 새로우면서 보편적인 것을 추구한다. 기발하지만 외면당한 제품이 얼마나 많은가. 중요한 것은 새로운 것에 의미가 있어야 한다는 점이다. 또 새롭되 받아들이는 사람 입장에서 거부감을 느끼지 않도록 보편적인 요소가 있어야 한다고 그는 말한다. 나영석 PD는 할아버지라면 새로우면서도 보편적일 수 있다고 생각했다. 할아버지가 배낭여행을 간다는 설정은 새롭지만 이순재나 신구 같은 배우는 국민 누구나 알고 있다는 보편성을 갖고 있다.

히트 상품은 미시감(낯선 느낌)^{Vujade}과 기시감(이미 본 듯한 느낌)^{Dejavu}이 모두 필요하다. 제품이나 서비스의 어떤 부분이 온통 미시감으로 도배되어 있다면 소비자는 외면할 것이다. 어딘가에는 친근하고 편한 부분도 있어야 소비자가 다가온다.

신문사에서 위클리비즈라는 경영 섹션을 만들 때도 후배들에게 이런 점을 강조했다. 신문사에 몸담고 있지만 위클리비즈는 일종의 잡지며, 잡지는 강약이 있어야 한다. 큰 기사가 있으면 작은 기사가 있고, 심각한 이야기가 있으면 시시콜콜한 이야기도 있어야 한다고 말이다.

『히트메이커스』라는 책이 있다. 세상을 사로잡은 히트작들이 어떻게 만들어졌는지를 분석한 책이다. 그 내용을 한마디로 요약하면 "새로우면서도 익숙하고, 익숙하면서도 새로운 제품이 히트를 친다"는 것이다. 너무 새로우면 낯설고 받아들이기가 거북하고, 그렇다고 너무 익숙하기만 하면 뻔해서 외면하게 된다. 나영석 PD의 주장과 같은 맥락이다.

이 책에서 할리우드의 경험 많은 영화 제작자는 흥행작의 비결에 대해 이렇게 말한다. "특정 장르에서 흥행하는 공식이 25가지가 있다면 이 가운데 딱 한 가지만 바꿔보세요." 단 한 가지만 바꾸면 부족할 것 같지만 그것만으로도 완전히 새로운 무언가를 만들어낼 수 있다는 것이다. 예를 들어 〈스타워즈〉는 서부극의 구조를 가지고 있는데, 그 배경을 우주로 옮겨놓은 것만으로도 완전히 새로운 작품이 됐다.

대박이 난 제품이나 서비스치고 처음부터 아이디어가 대단한 경우는 드물다. 픽사의 창립자이자 회장인 에드윈 캣멀^{Edwin Catmull}은 "사람들이 픽사 작품의 초기 스토리 릴을 본다면 너무 형편없어서 놀랄 것"이라고 말한다. 시제품과 완성품은 천지 차이라는 의미다. 그 시제품을 끝없이 수정하고 보완하고 실험하는 데서 훌륭한 작품이 탄생한다.

나영석 PD의 사례는 창의성의 비결 중 '실험'에 대해서도 잘 설명해준다. 나는 실험을 '손이 더러워지는 것을 두려워하지 않고 저질러보는 것'이라고 정의한다. 나영석 PD와 제작진은 할배들이 배낭여행을 간다는 콘셉트로 수없이 도상 시뮬레이션을 했다. 그 과정에서 생각지 못한 걱정거리가 불거졌다. 할배들이 너무 힘들면 어떡하지? 해외 여행지 한가운데서 지도 한 장만으로 호텔을 찾아갈 수 있을까? 결코 그 과정이 즐겁지만은 않을 것 같았다. 나영석 PD와 제작진은 포기하지 않고 해결책을 찾았고, 배우 이서진이 '짐꾼'으로 동행하게 된 것은 그런 연유에서다. 이 선택은 참으로 절묘한 카드가 됐다. 만일 꽃보다 할배에 이서진이 없었다면 어땠을까? 상상할 수 없는 일이다.

나영석 PD는 '관찰'하는 습관이 있다고 한다. 어떤 프로그램의 출시 시점을 결정할 때 이 관찰을 활용한다. 두세 가지 징조가 겹칠 때 비로소 새 프로그램을 시작하는데, 〈삼시세끼〉 때도 그랬다.

언제부터인가 그는 한 권의 잡지를 자주 접하게 됐다. 후배들의 책상 위에서 여러 차례 이 잡지를 발견했다. 아날로그적인 삶을 이야기하는 자연주의 콘셉트의 《킨포크》라는 잡지였다. 그는 자연주의를 연출한 이 잡지에서 사람들이 위안을 받는 것을 발견했고, 머릿속으로만 어렴풋하게 그려온 시골 생활 리얼리티 프로그램의 시작점이 무르익었음을 느꼈다. 프랑스의 미생물학자 파스퇴르는 "관찰의 세계에서 기회는 준비된 사람에게만 찾아온다"고 했다. 나영석 PD가 바로 그런 경우다.

나영석의 혼, 본질을 바탕으로 한 소명의식

이제는 나영석 PD의 '혼'에 대해 이야기해보자. 내가 생각하는 혼이란 일에 목적의식, 소명의식을 갖는 것이다. 혼이 꼭 거창할 필요는 없다. 나영석 PD는 혼을 다해 〈꽃보다 할배〉를 만들었다. 그 혼은 원대하고 거창하진 않았지만 프로그램의 성공에 결정적 요인으로 작용했다.

나영석 PD와 제작진은 프로그램을 만들면서 칠판에 명심해야 할 내용 한두 가지를 써놓고 내내 지우지 않는다고 한다. 〈꽃보다 할배〉를 만들 때 써둔 말은 "어르신들이 행복하면 모두가 즐겁다"였다. 그것이 바로 나영석 PD의 혼이었다. 그것은 프로젝트의 핵심 콘셉트이자 그 일을 하는 목적이기도 했다. 프로그램의 성패를 떠나서 한국을 대표하는 배우들에게 함께 여행할 기회를 주는 것만으로도 의미는 충분하다고 생각했다.

칠판에 써둔 그 한마디는 흔들릴 때마다 중심을 잡아주는 방향타 역할을 했다. 〈꽃보다 할배〉에 짐꾼을 두기로 했을 때의 일이다. 과연 누가 짐꾼을 할 것인가가 논의의 초점이 됐다. 여러 이름이 쏟아졌다. 아이돌 가수, 한창 뜨고 있는 젊은 배우 등등. 나영석 PD는 그들이 짐꾼을 두려고 했던 첫 의도를 떠올렸다. 어르신들이 너무 힘들까 봐 나온 해결책이었고, 그러려면 어르신들을 진심으로 모실 사람이어야 했다. 배우 이서진은 바로 그런 관점에서 선택된 인물이었다. 그는 기대대로 어르신들을 진심으로 모시며 편하게 하는 아주 중요한 역할을 해냈다. '어르신들이 행복하면 모두가 즐겁다'는 혼을 잊지 않은 결과다.

혼은 어떤 콘셉트나 브랜드의 각을 세우는 데도 중요하다. 〈꽃보다 할배〉를 기획할 때 또 하나 걱정스러웠던 점은, 여행 시 옆에 따라다니는 제작진이 너무 많다는 것이었다. 촬영을 위해서는 적어도 7~8명의 제작진이 동시에 움직여야 하는데 그런 환경에서 어르신들이 즐겁고 행복하게 여행을 할 수가 있을까? 이것이 나영석 PD의 고민이었다.

그는 결국 용단을 내렸다. PD 한 명에 카메라 두 대 정도로 제작진을 최소화했다. 그리고 제작진도 마치 여행객처럼 느껴지도록 가벼운 옷차림을 하도록 했다. 이렇게 요소요소 세심하게 신경 쓴 결과 할배들의 행복한 여행이 가능할 수 있었다. 이처럼 핵심 콘셉트, 목표, 혼을 세우고 모든 디테일에 집중한 결과 비로소 남다른 작품이 나올 수 있었던 것이다.

나영석의 통, 잠재력을 이끌어내는 소통의 리더십

이번에는 나영석의 '통'에 대해 살펴보자. 그는 남의 말을 귀 기울여 듣는 것이 본인의 장점이라고 말한다. 회의 때 나오는 이야기들을 흘려듣지 않는 것, 또 그것을 선택할 수 있는 것도 이 장점 덕이다. 〈꽃보다 할배〉도 〈삼시세끼〉도 〈윤식당〉도 모두 회의 때 후배들이 낸 아이디어에서 출발했다. 그는 주변의 창의적인 인물들을 끌어모아 그들을 편안하게 해주어 최선을 이끌어내는 능력을 갖고 있다. 어떻게 보면 리더로서 최고의 능력이다.

그는 능력 없는 직원은 한 사람도 없다고 말한다. 나 역시 신문사에 근무하던 시절 비슷한 경험을 했다. 펄펄 나는 후배가 있었는데 회의만 하면 공격적으로 아이디어를 내고, 여기저기 열심히 취재를 하러 다니고, 많은 기사를 쓰니 든든하기 이를 데 없었다. 그런데 어느 날 인사 발령이 나서 그 후배가 다른 부서로 가게 되자 한숨이 절로 나왔다. 그 넓은 지면을 이제 어떻게 채우지 하는 걱정이 앞섰다.

다른 후배가 새로 들어왔지만 그는 이전의 후배만큼 공격적이지 않았고, 회의 때도 없는 듯이 조용했다. 그런데 함께 일하다 보니 다른 장점이 보이기 시작했다. 공격적이지는 않지만 일을 아주 꼼꼼하게 해냈고, 무엇보다 기사를 감칠맛 나게 잘 써서 고칠 곳이 거의 없었다. 그간의 걱정이 언제 그랬냐는 듯 사라졌다.

돌이켜 보면 늘 그랬던 것 같다. 한 명의 후배가 나가면 다른 한 명의 후배가 들어오는데, 그들은 저마다 나름의 한 수를 갖고 있었다. 내가 할 일은 그들 각각의 장단점을 감안해 그에 맞는 일을 시키면 되는 것이었다.

나영석 PD는 부하를 잘 키우면 결국 자신에게 돌아온다는 리더십의 철칙을 이미 알고 있었다. 그는 《조선일보》와의 인터뷰에서, 좋은 작가와 좋은 PD를 키우는 일이 결국에는 자신의 성공률을 높이는 일이라고 말한다. 그는 훌륭한 인재를 영입하는 일이 얼마나 중요한지 잘 알고 있다. 그래서 후배를 데려올 때도 굉장히 고심한다고 한다.

그는 2017년부터는 모든 프로그램을 후배 PD들과 공동 제작하는 방식으로 바꿨다. 〈신혼일기〉, 〈윤식당〉, 〈알쓸신잡〉 등이 그런 경우다. 후배들과 협업을 하면 '나'라는 틀에서도 벗어날 수 있다고 말한다.

나영석 PD의 남다른 성취의 이면에는 혼창통이 작용하고 있다. 그는 신선함과 보편성, 새로운 것과 익숙한 것을 하나로 버무리는 지혜가 있으며, 일의 목적과 핵심 콘셉트를 정한 뒤 흔들리지 않고 집중한다. 또 타인의 말에 귀 기울이는 겸손함과 후배들에게 기회의 장을 열어주는 리더십을 갖추고 있다. 그를 당신의 멘토로 추천하는 이유가 여기에 있다.***

많은 사람은 관문을 통과하지 않고
표시된 경계선 안에 안주한다.
그러나 신이 우리를 위해 준비한 삶은
과거로부터의 단절,
삶에 대한 근본적인 시각의 변화
없이는 도달할 수 없다.

4장

통과

돌아올 수 없는
길에 서다

앞서 우리는 영웅의 여정에서 필요한 조력자, 즉 멘토들을 만났다. 이제 본격적인 여행을 떠날 단계다. 결심을 실천할 단계다. 영웅의 여정에서 '통과'에 해당하는 단계다.

영화 〈매트릭스〉에서 모피어스는 알약 두 개를 주인공 네오에게 내민다. 파란 알약을 선택하면 가짜 세상이긴 해도 안온한 삶을 살 수 있지만, 빨간 알약을 선택하면 진짜 세상을 볼 수 있다. 네오는 빨간 알약을 택한다. 첫 관문을 통과하는 영웅의 모습을 압축적으로 보여주는 장면이다. 관문을 통과하는 순간 과거로의 귀환은 있을 수 없다. 그 순간 영웅은 어두운 숲으로 들어가는 것이며, 바닷속으로 뛰어드는 것이며, 밤바다로 출항을 개시하는 셈이다.[3] 이제는 아무런 안전도, 아무런 규칙도 보장할 수 없다.

보통사람들은 대개 이 단계에서 만족한다. 〈반지의 제왕〉의 밀밭 장면에서 샘이 주인공 프로도에게 말한다. "여기서 한 발짝 더 내디디면, 집에서 가장 멀리까지 오는 셈이에요." 프로도는 뿌리치고 계속 걸어간다. 스스로 안전지대를 벗어나는 순간, 영웅의 진짜 모험이 시작된다.

나이키의 창업자 필 나이트는 하와이에서 그보다 더 즐거울 수 없는 나날을 보내고 있었다. 그러다 갑자기 불편한 순간이 다가왔다. 술집에서 술을 마시던 그는 함께 여행을 온 친구에게 말한다. "이제 샹그릴라를 떠나야 할 때가 온 것 같아." 필 나이트가 첫 관문을 통과하는 순간이다. 이제 그는 영웅의 장도에 오른다. 그러나 친구는 하와이에 더 머물고 싶어 한다. 하와이가 좋고, 여자친구도 생겼기 때문이다. 많은 사람은 관문을 통과하지 않고 경계선 안에 안주한다. 그러나 신이 우리를 위해 준비한 삶은 과거로부터의 단절, 삶에 대한 근본적인 시각의 변화 없이는 도달할 수 없다.[4]

이번 장에서는 영웅의 여정을 떠나야 할지, 말아야 할지 선택해야 하는 마지막 순간, 결단을 내린 이들의 이야기를 소개한다.

리더십은 결단이다, 알리바바그룹 회장 마윈

요즘 중국은 거의 모든 결제가 모바일로 이뤄진다. 어디서든 스마트폰만 꺼내면 물건 값을 치르고 음식을 사먹을 수 있다. 전기세, 수도요금, 아파트 관리비도 모두 모바일로 납부한다. 길거리 음식을 사먹을 때도 스마트폰을 꺼내 QR 코드를 찍으면 된다. 거의 모든 중국인이 알리페이나 위챗페이 같은 온라인 결제 시스템을 이용하기에 가능한 일이다.

　우리나라의 어떤 벤처기업인이 중국에 사무실을 얻었는데, 전기가 들어오지 않았다. 중국은 공공요금이 선불제이기 때문이다. 집주인이 오더니 그에게 스마트폰을 꺼내보라고 했다. 집주인이 시키는 대로 스마트폰을 켜고 알리바바 앱에 들어가 딱 네 번 터치하니 곧바로 전기가 들어왔다. 전기 계량기에 달린 센서가 알리페이에 연결되어 있기에 가능한 일이다.

　11월 11일, 중국의 '블랙프라이데이'라고 불리는 할인 판매 행사인 '광군제'에서 알리페이 시스템은 초당 25만 건의 모바일 결제를 처리했다. 알리페이는 중국의 신 4대 발명 중 하나로 불린다. 나머지 세 가지 발명은 공유 자전거, 고속철도, 온라인 쇼핑이다.[5]

　그런데 이 서비스가 한 기업가가 교도소에 갈 위험을 무릅쓴 덕분에 탄생했다는 것을 아는 사람은 별로 없다. 알리바바 그룹의 창업자이자 회장인 마윈馬雲의 이야기다.

　그는 2018년에 열린 다보스포럼에서 2004년 알리페이를 처음 도입할 때의 이야기를 털어놓았다. 그는 전자상거래를 활성화하기 위해서는 미국의 페이팔 같은 온라인 결제 플랫폼이 꼭 필요하다고 생각했다. 그러나 감히 그 일을 시작할 엄두를 낼 수 없었다. 당시 중국은 허가 없이 금융업을 하는 것이 불법이었기 때문이다. 그래서 은행에 제휴를 제안했는데, 모든 은행이 퇴짜를 놓았다.

　그러던 차에 마윈은 2004년 다보스포럼에 참여했고, 두 국가 지도자의 리더십 강의를 듣게 됐다. 그중 한 사람이 "리더십은 책임"이라는 말을 했다. 리더는 반드시 필요하다고 생각하는 일이지만 다른 사람들이 그렇게 생각하지 않을 때가 있다. 그래도 중요한 일이고 꼭 해야 한다고 생각한다면 어떤 대가를 치르더라도 해야 한다는 의미였다.

　마윈은 그날 마음을 고쳐먹었다. 그는 바로 회사에 전화해서 알리페이를 한 달 이내에 출시하자고 말했다. 그러고는 이렇게 덧붙였다. "누군가 교도소에 가야 한다면 내가 맨 처음 간다. 나 다음 두 번째로 교도소에 갈 사람이 있으면 따르라. 내가 가고 나면 네가 가고, 네가 가고 나면 다음엔 그 옆의 네가 가면 되지 않겠나."

　그렇게 해서 알리페이가 출시됐다. 지금은 전 세계에 사용자가 8억 명에 이르러 페이팔을 제치고 세계 최대의 온라인 결제 플랫폼이 됐다. 알리페이의 오늘이 있기까지는 중국 정부가 법과 불법의 경계에 있는 알리페이 같은 서비스를 묵인해주고 규제를 가하지 않은 덕도 크다. 하지만 그 이전에 마윈의 결단이 없었다면 알리페이 같은 서비스는 나오기 힘들었을 것이다.

　마윈은 2004년을 회고하면서 이렇게 말한다. "리더십은 곧 결단이다." 그는 다른 강의에서 이런 말도 했다. "기회는 언제나 도전 속에 숨어 있다." 법을 지키지 말라는 말이 아니다. 리더십에는 책임을 떠맡는 결단이 필요하다는 의미다.

혁신의 시대 리더의 빅 픽처, 월트디즈니 회장 밥 아이거

한 치 앞이 보이지 않는 어둠 속에서 어느 길로 가야 할지 결정해야 할 때가 있다. 부하 직원들 모두가 "노!"라고 할 때도 단호히 그

길로 가야 할 때가 있다. 그것이 리더의 사명이다. 첫 관문을 넘어서 모험의 항해를 떠나는 영웅의 모습이다.

리더는 여론 조사로 결정을 내리는 사람이 아니다. 대중의 의견은 때로 변덕스러워 오도하기 쉽기 때문이다. 경청은 하되 최후의 결단은 스스로 내려야 한다. 머뭇거려서도 안 된다. 최악의 결정보다 늦은 결정이 더 나쁜 결과를 가져올 가능성이 크다. 다시 말해 리더는 결단하는 사람이다.

한 연구에 따르면 성공적인 CEO에게는 네 가지 공통적인 행동 특성이 뚜렷하게 나타난다. 그중 하나가 '빠르고 자신 있는 의사결정'이다. 나머지 세 가지는 결과를 위한 관계 맺기, 주도적인 적응, 신뢰할 수 있는 성과 내기다.[6] 리더십 자문업체 파트너인 엘레나 리키나 보텔로 등이 진행한 이 연구는 2000여 명의 CEO와 1만 7000명의 C레벨 임원을 평가한 데이터베이스를 토대로 했다.

그들이 발견한 것은 성과가 뛰어난 CEO들이 항상 두드러지게 훌륭한 결정을 내리는 것은 아니라는 사실이었다. 오히려 그들은 결단력에서 크게 돋보였다. 이른 시기에, 빠르게, 큰 확신을 갖고 결정을 내린다는 것이다. 심지어 그들은 불확실성 속에서, 불완전한 정보를 갖고, 익숙하지 않은 영역에서도 결정을 내린다. 데이터상 결단력 있는 사람으로 묘사된 CEO들이 좋은 실적을 낼 확률은 12배나 더 높았다.[7] 결단력에 대해 잭 웰치는 이렇게 말한다. "자신의 주장을 다른 사람들에게 납득시키기 위해서 필요한 모든 정보를 갖고 기업 혁신을 시작할 수는 없다."[8]

성공적인 CEO의 두 번째 행동 특성은 '결과를 위한 관계 맺기'다. 결정을 내린 뒤 그 방향으로 직원이나 이해관계자의 지원을 얻어내기 위해 관계를 맺고 설득하는 것을 의미한다. 물론 이것이 잘 되기 위해서는 갈등을 잘 관리하는 인간적 역량이 필요하다.

그런데 중요한 것은 이 과정에서 그들이 결코 인기에 연연하지 않는다는 점이다. 불편하거나 환영받지 못하는 조치이고 갈등이 불가피한 상황이라 해도 성공적인 CEO들은 갈등을 피하지 않는다. 다시 말해 그들은 '의견을 듣고 구하지만 전체의 합의를 바탕으로 한 의사결정을 추구하지 않는다'는 특성을 보인다.

'솔론의 개혁'으로 세계사 교과서에도 등장하는 솔론. 플루타르코스는 『영웅전』에서 그에 대해 이렇게 평가한다. "그는 법을 제정하는 데 조금의 나약함도 보이지 않았다. 힘 있는 자에게 굽히지도 않았고, 가난한 유권자 시민들을 기쁘게 하려고 들지도 않았다."

독재자나 독불장군이 되라는 이야기가 결코 아니다. 필요할 때는 외로운 결단을 내릴 수 있어야 한다는 뜻이다.

또 한 사람의 '결단의 리더'를 소개한다. 디즈니 CEO 겸 회장인 밥 아이거 Robert Allen "Bob" Iger 다. 2017년 말 디즈니가 21세기폭스의 영화와 TV 부문을 인수했다. 인수 가격이 524억 달러(57조 원)에 이르는 초대형 빅딜이다. 그 인수로 밥 아이거의 리더십이 다시 스포트라이트를 받았다.

그는 2005년 디즈니의 CEO가 된 뒤 픽사, 마블, 루카스필름을 차례로 인수했고, 이어 21세기폭스 인수로 제국의 정점을 찍었다. 인수 자금도 천문학적이다. 2006년 픽사에 74억 달러, 2010년 마블에 40억 달러, 2012년 루카스필름에 40억 달러를 쏟아부었다.

천문학적인 인수 자금도 놀랍지만 더 놀라운 것은 그에게 회사를 넘긴 영화계 거물들이 하나같이 개성과 카리스마가 남다른 리더라는 점이다. 그런 그들이 자식처럼 아끼던 회사를 기꺼이 밥 아이거에게 넘겼다. 밥 아이거는 회사를 믿고 맡길 수 있는 '기업 후견인' 0순위였던 것이다. 후견인에게 가장 중요한 자질은 아이의 장래를 위해 올바른 결정을 하는 판단력이다. 밥 아이거 리더십의 포인트는 빅 픽처, 즉 큰 그림이다.

그는 끊임없이 큰 그림을 그리고 새 판을 짠다. 그것이야말로 4차 산업혁명이라는 파괴적 혁신의 시대에 살아남는 유일한 전략이라고 생각하기 때문이다. 그는 종종 "디즈니 같은 회사에겐 현상에 안주하는 것이야말로 가장 위험한 일"이라고 말한다. 이런 생각이 없었다면 그토록 통 큰 베팅을 연이어 할 수는 없었을 것이다. 그가 이번에 21세기폭스를 인수한 것 역시 넷플릭스로 대표되는 이른바 코드커팅 code cutting, 즉 인터넷으로 영화를 보는 시대에 살아남기 위한 포석으로 풀이된다.

밥 아이거의 기업 확장 방식은 로마 제국을 연상시킨다. 로마는 정복민들에게 시민권을 부여했고, 거의 완전에 가까운 자치를 허용했다. 디즈니 역시 여러 기업을 인수했지만 그 기업들의 문화를 그대로 유지하고, 원하면 경영진도 그대로 남게 했다.

밥 아이거는 픽사의 문화를 수혈하기 위해 픽사의 에드윈 캣멀 사장과 존 래스터 감독으로 하여금 각각 디즈니 애니메이션 사장과 CCO(최고크리에이티브책임자)를 겸임하게 했다. 피점령군 사령관에게 지휘봉을 맡긴 셈이다. 픽사의 창조 문화를 받아들인 디즈니는 〈겨울왕국〉으로 애니메이션 종가의 명예를 회복했고, 밥 아이거의 재임 기간 중 디즈니의 연간 이익은 3.5배로 뛰었다. 기업 인수의 요체는 결국 인재를 끌어안는 데 있다는 것을 밥 아이거는 꿰뚫고 있었던 것이다.

양질의 기업 인수에 쓴 돈은 결국 큰 성과로 보답하기 마련이다. 루카스필름의 〈스타워즈: 깨어난 포스〉는 전 세계적으로 20억 달러를 벌어들이며 역대 세 번째 흥행작이 된다. 마블의 슈퍼히어로들도 계속해서 디즈니에 막대한 현금을 안겨주고 있다. 또한 픽사는 그 자체로 흥행 제조기일 뿐 아니라 디즈니의 문화를 쇄신하는 촉매제가 됐다. 워런 버핏처럼 밥 아이거 역시 돈을 벌기 위해서는 돈을 써야 한다는 점을 잘 알고 있는 것이다.

밥 아이거는 디즈니의 가장 큰 사명을 "93년 전통을 존중함과 동시에 끊임없이 스스로에게 도전하는 것"이라고 말한다. 디즈니의 핵심이 스토리인 것만은 변함이 없지만 그것을 전달하고 활용하는 방법은 얼마든지 다양하게 변할 수 있다는 것이다. 그는 전통은 존중해야 하지만 숭배해서는 안 된다고 강조한다.

그가 늘 관심을 갖는 일 중 하나는 "작은 일들에 매달리는 직원들을 꺼내 큰일에 도전하게 하는 것"이라고 한다. 그는 직원들에게 가끔 업무에서 한 발 물러서서 자신이 진정 큰 베팅을 하고 있는지 스스로에게 물어보라고 말한다.

그는 위험을 감수하지 않았다면 디즈니가 어떻게 세상에서 가장 재미있고 창의적인 회사가 될 수 있었겠느냐고 반문한다. 그는 정직한 리스크는 정직한 실수를 가져오기도 하지만 그것은 아무런 문제가 되지 않는다고 말한다. 그는 언젠가 이런 말을 한 적이 있다. "나는 야망을 좋아한다. 월트 디즈니(디즈니의 창업자)도 그랬다. 그는 1950년 첫 번째 테마파크를 시작할 때 하마터면 회사 전체를 파산시킬 뻔했다."

50수 앞을 내다보다, 소프트뱅크 회장 손정의

큰 그림을 그리는 리더로 밥 아이거와 쌍벽을 이루는 인물이 손정의 회장이다. 그는 늘 300년 앞을 내다보고 경영한다고 말하며, 회사의 30년 비전을 외부에 발표하기도 했다. 허풍도 섞인 듯하지만 필사적으로 미래를 생각하는 리더인 것만은 분명하다.

손정의 회장은 오다 노부나가를 즐겨 벤치마크했다. 오다 노부나가가 운명의 나가시노 전투에서 이긴 결정적 원인은 철포(조총)였다. 철포 3000자루로 당시 가장 강한 다케다 군의 기마대를 전멸시켰다. 오다 노부나가는 전투에 직접 참여하지 않은 다이묘들로부터 철포를 모아들여 당시에는 거의 불가능한 대규모 철포부대를 만들었다. 전쟁의 패러다임 시프트를 미리 내다본 게 승리의 요인이었다.

손정의 회장에게 그 철포는 야후, 아이폰, 알리바바, 암^{ARM}이었다. 그는 기업가보다 투자가로 더 유명하다. 그는 야후나 알리바바처럼 나중에 대기업으로 성장할 벤처기업을 수도 없이 발굴해냈다. 일본의 워런 버핏이라고 할 만하다.《니혼게이자이신문》의 기자가 쓴『손정의, 300년 왕국의 야망』이라는 책은 손정의가 시대에 앞서 미래의 철포를 찾아낸 장면들을 클로즈업해 보여준다.

그는 아이폰이 나오기 얼마 전, 평소 가까운 사이였던 스티브 잡스를 만났다. 그는 스티브 잡스가 세계를 바꿀 모바일 기계를 만들고 있음을 감지했다. 스티브 잡스는 시치미를 뗐지만 그는 모바일로 무언가를 한다면 함께 손을 잡자고 제의했다. 그날 두 사람의 대화는 훗날 소프트뱅크가 일본에 아이폰을 독점 판매하는 계기가 됐다.

그런데 손정의 회장은 스티브 잡스와의 만남에서 또 하나의 생각을 품었다. 스티브 잡스가 생각하는 작고 뛰어난 기계(스마트폰)를 만들려면 저소비 전력 기술이 필요하다. 그것은 영국의 반도체 설계 회사인 암이 자랑하는 기술이었다. 그는 당시에는 거의 알려져 있지 않던 이 회사를 인수하고 싶었다. 아무도 그 회사의 가치를 알아보지 못할 때라 그 생각은 더욱 컸다. 그는 이미 벌여놓은 일들로 당장은 여력이 없지만 언젠가 반드시 그 회사를 매수하겠다고 마음먹었다.

그로부터 10년 뒤 손정의 회장은 암 인수를 발표했다. 인수 가격은 무려 33조 원으로, 일본의 인수합병 역사상 최대 금액이었다. 그는 모든 사물이 인터넷으로 연결되는 시대에는 전원이 필요 없는 초저소비 전력 반도체 칩을 대량으로 이용하게 될 것이고, 20년 안에 암이 설계한 반도체가 지구상에 1조 개 이상 뿌려지게 될 것이라고 예견했다. "바둑으로 치자면 50수 앞을 내다본 수"였다.

손정의 회장은 자신에게 남보다 나은 특별한 능력이 단 하나 있다고 말한다. "패러다임 시프트의 방향성과 시기를 읽는 능력"이다. 그에게는 10년이나 20년 후에 꽃피울 사업을 씨앗 단계에서 구분해내는 능력이 있다. 그는 앞으로 300년 동안 진정한 의미에서의 정보 빅뱅이 일어날 것이며, 지금은 아직 그 초입 단계라고 말한다. 그의 모든 미래 전략과 투자는 바로 이 관점에서 출발한다.

2016년, 사우디의 실세 무하마드 빈 살만 황태자를 만난 손정의 회장은 이런 말을 했다. "20세기에 신은 폐하에게 최고의 선물을 주었다. 석유다. 21세기에 신이 손정의에게도 선물을 준다면 미래를 내다보는 수정 구슬을 받고 싶다." 그는 이어 자신이 암을 인수한 이유를 설명했다. 1조 개의 반도체에서 얻을 수 있는 방대한 정보가 수정 구슬이 될 수 있다는 것이다. 사우디는 얼마 후 손정의 회장이 만드는 1000억 달러 펀드에 540억 달러를 출자해 수정 구슬을 찾는 데 동참한다.

손정의 회장의 기업 인수는 너무 앞서 나가는 만큼 반대하는 이들도 많다. 소프트뱅크의 사외이사인 야나이 다다시 유니클로 회장은 "손정의 회장의 투자 제안 대부분에 반대표를 던졌다"고 고백한다. 소프트뱅크의 다른 사외이사인 나가모리 시게노부 일본전산 회장도 손정의의 암 인수를 두고 본인이라면 10분의 1 정도의 가격만 치렀을 것이라고 말했다. 손정의가 옳은 일만 한다고 생각해선 안 된다고 쓴소리를 한 것이다.[9]

손정의 회장이 남들이 이해하기 힘들 정도로 앞서 나가는 것은, "승률 90%가 될 때까지 기다리면 너무 늦고 70%의 승산이 보일 때 목숨을 걸고 싸워야 한다"는 자신의 믿음 때문이다. 그가 자주 사용하는 단어 중 하나가 '플랫폼'이다. 그는 어떤 회사가 플랫폼 역할을 한다는 것은 '게임의 규칙을 지배한다'는 의미로 해석한다. 그에게 야후, 아이폰, 알리바바, 암은 철포이자 플랫폼이다. 관건은 시장이 완숙되기 전에 플랫폼을 손에 넣어야 한다는 점이다.

그는 30년 비전을 준비하던 부하 직원에게 이렇게 말한 적이 있다. "비전이 없는 사람은, 본인은 열심히 땀 흘리며 산을 오르지만 제자리를 맴돌고 있는 꼴이지. 그런 자세로는 자신을 둘러싼 원을 벗어나기 힘들어. 하지만 비전이 있으면 재빨리 높은 데까지 올라갈 수 있어. 결국 높은 산 정상까지도 정복할 수 있지."

손정의 회장은 때로는 무모하고 준비성 없이 달려든다. 그가 초

고속 인터넷이나 이동통신 사업에 뛰어든 상황을 살펴보면, '어떻게 저렇게 아무런 준비 없이 일을 벌일 수 있단 말인가?'라는 생각이 든다. 일부터 벌이고, 수습은 뒤에 생각하는 스타일이다. 돌다리도 두드려보고 건너는 일본식 경영과는 대조적이다. '망하지 않고 버틴 게 기적 같다'는 생각이 들 정도다.

그는 준비 부족보다 때를 놓치는 것을 더 두려워하는 쪽이다. 그래도 버틸 수 있었던 것은 훌륭한 부하 직원이 주위에 포진해 있고, 그들이 손정의 회장의 원대한 비전에 감화되어 있기 때문이기도 하다. 미래를 앞서 내다보는 그의 집착만큼은 4차 산업혁명 시대를 맞이한 리더들이 꼭 배웠으면 하는 덕목이다.

반대를 뒤로한 외로운 결단, 오디세우스 모멘트

우리는 지금 영웅의 여정 중 '통과' 단계를 지나고 있다. 알약을 삼킬지, 말지 결단을 내리는 단계다. 리더의 결단은 생사를 가른다. 그런 사례를 몇 가지 소개한다.

제2차 세계대전 때의 일이다. 알프스에 주둔하던 헝가리군 소대장이 얼음에 뒤덮인 황무지로 정찰대를 파견했다. 공교롭게도 눈이 내리기 시작하더니 이틀간 지속됐다. 정찰대가 돌아오지 않자 소대장은 부하들을 사지에 몰아넣었다는 자책감에 괴로워했다.

사흘째 되던 날, 다행히 정찰대가 돌아왔다. 어떻게 돌아왔느냐고 묻자 그들은 "우리 중 한 명이 주머니에서 지도를 발견했어요. 그것이 우리를 진정시켰어요. 눈보라를 만났지만 지도에 의지해 돌아올 수 있었어요"라고 했다. 그 고마운 지도를 유심히 살펴보던 소대장은 그만 깜짝 놀랐다. 그것은 알프스 산맥이 아니라 피레네 산맥의 지도였다.

이 이야기는 노벨 생리학·의학상을 받은 얼베르트 센트죄르지 Albert Szent-Györgyi 가 겪은 실화다. 조직심리학자 칼 와익 Karl Weick 은 이 에피소드를 즐겨 인용했다. 이 이야기가 '아무리 낡고 쓸모없는 전략이나 계획이라도 사람들이 무엇을 해야 할지 움직이도록 도와줄 수 있다'는 것을 보여주기 때문이다.

뛰어난 리더들은 설사 잘못된 결정이라 하더라도 아무런 결정도 하지 않는 것보다는 낫다는 것을 안다. 앞서 이야기한 CEO 특성 연구에 따르면, 결단력이 부족하다는 평가를 받은 임원 중 단지 6%만이 너무 성급하게 결정을 내렸다는 이유로 낮은 점수를 받았다. 나머지 94%는 결정을 너무 느리게 해서 나쁜 점수를 받았다.

위기 상황에서 결단을 내릴 때는 망설일 수밖에 없다. 자칫 한 번의 결정이 엄청난 후폭풍을 불러올 수 있어서다. 어느 쪽으로 가든 피해가 불가피한데도 선택해야만 하는 상황도 있다. 그때 지금 이야기할 오디세우스의 사례를 떠올리기 바란다.

오디세우스는 트로이 전쟁이 끝나자 부하들과 배를 타고 귀향길에 올랐다. 전쟁에서 이미 온갖 고초를 겪은 터라 귀향길은 더욱 힘들었다. 오디세우스가 낭랑한 소리로 노래하는 세이렌의 유혹에 빠지지 않기 위해 귀를 막고 통과하는 대목은 모두가 잘 아는 이야기일 것이다. 이 세이렌을 지나치자 절체절명의 위기가 다시 찾아왔다. 두 개의 물길이 나타난 것이다. 한쪽 길은 동굴을 통과해야 하며, 거기에는 머리가 여섯 개인 스킬라라는 괴물이 살고 있다. 스킬라는 3중으로 된 이빨로 돌고래와 물개, 사람을 낚아챈다. 다른 한쪽에는 카리브디스라는 괴물이 바닷물을 빨아들였다가 내뿜는다. 빨아들일 때는 바닥에 시커먼 모래땅이 드러나고, 내뿜을 때는 센 불 위에 걸린 가마솥처럼 물이 소용돌이치며 끓어오른다.

어느 쪽으로 가도 죽음이 기다리고 있다. 어디로 가야 할까?

오디세우스는 스킬라 쪽을 택하기로 결단을 내린다. 배를 빨리 몰아 통과한다면 머리가 여섯 개인 스킬라에게 여섯 명의 전우를 잃을 터였다. 하지만 그 편이 카리브디스 쪽으로 가서 모든 전우를 다 잃는 것보다 나을 것이라고 생각했다.

"모든 책임은 내가 진다"

1914년 어니스트 섀클턴 Ernest Henry Shackleton 이 이끄는 영국의 남극 횡단 탐험대가 마주친 상황은 오디세우스의 경우와 다르지 않다.

탐험대가 승선한 배는 단단한 빙벽에 둘러싸였고, 얼음에 짓눌려 박살나고 만다. 탐험대는 섭씨 영하 30도를 오르내리는 그곳에서 처절한 사투를 벌인다. 634일을 견디어 전 대원을 무사 귀환시킨 어니스트 섀클턴의 사례는 리더십의 표본으로 회자된다.[10]

어니스트 섀클턴은 지나치리만큼 신중한 사람이었다. 항상 모든 가능성을 신중하게 검토해 가장 안전한 방법으로 추진하곤 했다. 그러면서도 그는 누구보다 용기 있는 사람이었다. 아무리 위험한 일이라도 필요할 때는 두려워하지 않고 기꺼이 감행했다.

그에게 찾아온 '오디세우스 모멘트'는 10월 27일이었다. 탐험대는 세 척의 조각배를 타고 497일 만에 육지에 상륙했다. 하지만 곧 냉엄한 현실을 깨닫게 된다. 구조대가 예상하던 행로와 전혀 다른 곳으로 표류하고 있어서 사실상 구조 가능성이 전혀 없는 데다 식량마저 바닥났기 때문이다. 섀클턴은 동료에게 걱정을 털어놓았다. "아무리 위험하더라도 보트 여행을 다시 시작해야 할 것 같아. 대원들을 굶어죽게 할 순 없어."

그는 결국 그 누구도 시도하지 않은 모험을 떠나기로 한다. 사우스조지아라는 섬까지 가서 구조대를 불러오겠다는 것이었다. 그것은 6.85미터의 조각배를 타고, 세계에서 가장 사나운 바다로 불리는 드레이크 해협을 지나 1287킬로미터를 항해하는 일이었다. 게다가 날씨는 변덕스러웠고, 쉴 새 없이 돌풍이 몰아쳤다. 극도로 위험한 일이었지만 섬에 남아서 굶어죽는 쪽을 택하는 것보다는 낫다고 판단했다.

몇 번의 죽을 고비를 넘기고 그들은 16일 만에 안전한 육지에 도착했다. 결국 일시적인 안전을 박차고 항해를 시도한 섀클턴의 결단이 대원 모두의 목숨을 살렸다. 리더의 자리란 바로 그런 것 아니겠는가.

결정을 외면할 수 없는 자리가 리더의 자리다. 조직의 관리자는 직원의 삶에 깊은 영향을 미치는 결정을 회피할 수 없다. 경제학 교과서에 보면 중앙은행을 최후의 대부자 lender of last resort 라고 부른다. 시중은행에 자금이 부족해질 때 최후의 보루로서 중앙은행이 단기 자금을 공급해주는 역할을 해야 한다는 것이다. 그 표현을 빌리면, 리더는 최후의 결정자 decider of last resort 다.

해리 트루먼 미국 대통령은 재임 중 집무실 책상 위에 다음과 같은 글이 적힌 명패를 놓아두었다고 한다. "The buck stops here(모든 책임은 내가 진다)." 국가의 주요 정책 결정에 대한 최종 책임은 언제나 대통령 앞에 놓일 수밖에 없기 때문이다.

이 표현은 '포커 패를 돌릴 순서를 다른 사람에게 넘긴다'는 뜻의 용어 'passing the buck'에서 유래했다. 예전에 패를 돌릴 사람 앞에 수사슴buck 뿔을 놓아두었던 데서 비롯한 표현으로, '남에게 책임을 떠넘기다'라는 의미로 쓰인다. 'The buck stops here'는 그 반대말로 자신이 책임을 진다는 의미다.

도전 없이는 기회도 없다

나는 학생들에게 자주 중국에 가보라고 이야기한다. 중국이 기회의 땅이라고 생각하기 때문이다. 13억 인구가 4차 산업혁명이라는 로켓에 올라타 있다. 10년 이상 중국을 드나든 전문가는, 요즘 중국의 변화 속도가 너무 빨라 한 달에 두세 번씩 가는데도 적응하기 힘들 정도라고 말한다. 그는 최근 3년간 중국의 변화가 지난 수천 년의 변화에 맞먹을 정도라는 생각이 든다고 했다.

13억의 기회가 있는데 왜 5000만 명이 복닥거리는 한국에서만 기회를 찾으려고 하는가. 꼭 중국이 아니라도 좋다. 드넓은 세계로 나갔으면 좋겠다. 여행을 하고 시야를 넓힘으로써 한국이 전부가 아니라는 생각을 갖기를 바란다.

내가 세계와 접하는 방법 중 하나는 주식이다. 나는 몇몇 외국 주식에 투자하고 있다. 폭스바겐 같은 쓰라린 실패도 있었으나 아마존 같은 성공도 맛보았다. 투자 금액은 많지 않지만 늘 세계와 호흡하는 느낌이 들어 좋다. 주식을 갖고 있으니 자연스럽게 경제와 기술의 새로운 트렌드에도 관심을 기울이게 된다. 국내 증권사를 통하면 어렵지 않게 투자할 수 있다. 나는 지인들에게도 외국 주식 투자를 권한다. 그 이유는 크게 두 가지다.

첫째, 한국의 시장 규모가 너무 작아서다. 한국의 GDP(국내총생산)는 전 세계 GDP의 1.6% 수준이고, 세계 증시에서 한국 증시의 비중은 2.1%다. 한국 주식에만 투자하는 것은 다양한 메뉴를 갖춘 뷔페에서 100개의 메뉴 중 2개만 맛보는 것과 비슷하다. 대표 메뉴들을 놓칠 공산이 크다. 물론 어느 나라에서나 투자자들은 자국의 주식을 선호하는 성향 home bias 이 있다. 다만 한국이 유독 심하다. 한국의 '자국 투자 집중도'(전체 주식 투자금 중 자국에 투자한 비중에서 세계 증시 중 자국 증시 비중을 뺀 것)는 88%에 달해 미국(44%), 독일(48%)은 물론 일본(72%)보다 훨씬 높다.

둘째, 비즈니스 세계는 갈수록 승자독식 시대가 되어간다. 1등만 살아남는 냉혹한 시대다. 그런데 한국 기업에만 투자한다면 많은 세계 1등 기업들을 놓칠 수 있다. 물론 한국에도 세계 1등 기업이 있지만 일부에 불과하다. 한국무역협회에 따르면 5579개의 조사 대상 품목 가운데 중국이 1등(세계시장 점유율 1위)인 경우가 32%(1762개)에 이르고, 독일(638개)과 미국(607개)도 한국(68개)에 비해 압도적으로 많다.

한국 주식에 투자하면 매매 차익에 대한 세금이 면제되는 큰 혜택이 있기는 하다. 외국 주식의 경우에는 매매 차익에 대해 20% 정도의 세금을 내야 한다. 하지만 승자독식 리스크가 세금 메리트를 초과할 수 있다. 자국을 선호하는 경향은 개인과 소비자에게만 국한되지 않는다. 기업과 공급자들도 자국을 선호하는 경향이 강하다. 대기업은 모르겠으나 중견기업이나 중소기업은 더욱 그렇다. 이 같은 자국 선호 경향은 기업 경영에서 선택의 폭을 크게 줄이고, 기업의 경쟁력을 크게 잠식한다.

세계 곳곳에 큰 시장이 널려 있어도 시장 개척이 어렵기 때문에 기업은 가장 가깝고 편한 시장, 즉 내수시장을 택한다. 결국 더 넓은 시장에 진출한 기업에 밀릴 수밖에 없다. 또한 세계 곳곳에 더 나은 인재가 있을 수 있지만 채용이 어렵기 때문에 기업은 지역적으로 가까이에 있는 사람을 고르는 대안을 택하기 마련이다. 다시 말해 가장 똑똑한 사람, 가장 적합한 사람을 뽑는 것이 아니라 쉽게 채용할 수 있는 사람을 뽑는다. 세계에서 가장 똑똑한 사람을 뽑는 기업에 밀릴 수밖에 없다.

이런 이유로 나는 지인들에게도 해외 주식 투자를 권하는데, 고개를 끄덕이다가도 막상 실행에 옮기지 못하는 사람들이 대부분이다. 익숙하지 않기에 막연한 불안감이 드는 것이다. 사람들은 위험을 좋아하지 않는다. 요즘 한국은 '위험'의 메리트가 저평가되는 것 같기도 하다. 안전에 대한 욕구가 커질수록 위험은 피해야 하는 것, 무서운 것으로만 받아들여지기 쉽다. 그러나 위험 없이는 기회를 얻을 수도 없다. '고위험, 고수익'이라는 말도 있지 않은가.

위험과 관련해서 음미할 만한 영화가 있다. 〈빠삐용〉이다. 억울하게 살인죄라는 누명을 뒤집어쓰고 종신형을 선고받은 죄수 빠삐용은 친구 드가와 함께 여러 차례 탈옥을 시도하지만 번번이 실패한다. 결국 두 사람은 악마의 섬이라는 천연 교도소에 갇힌다. 거센 파도가 몰려오는 데다 상어 떼가 득실대는 섬이다.

그러나 빠삐용은 포기하지 않고 다시 탈옥 계획을 세운다. 드가는 탈옥을 포기하고 돼지를 키우며 여생을 보내기를 바란다. 빠삐용은 결국 수십 미터 절벽 위에서 야자열매를 가득 채운 자루를 안고 바닷속으로 뛰어내린다. 탈출에 성공한 그는 이렇게 외친다. "난 자유다! 이놈들아, 난 자유다!" 자유는 위험을 감수한 대가다. 기회도 비슷하다. 드가처럼 위험이 두려워 도전하지 않는 삶을 산다면 기회도 얻을 수 없다.

어떻게 위험에 대처할 것인가

기회를 찾아 중국으로 건너간 젊은 사업가의 이야기가 있다. 중국에 기회가 있을 것으로 판단한 그는 중국에서 대학을 마치고, 함께 공부한 중국인 친구들과 회사를 창업했다. 소셜미디어 회사로 지금은 꽤 자리를 잡았고, 여러 투자 회사로부터 적지 않은 자금도 유치했다.

그에게 벤처기업을 경영하는 데 있어서 중국의 환경이 한국에 비해 더 나으냐고 물었다. 그는 중국이 결코 좋다고는 할 수 없다며, 규제는 오히려 중국이 까다롭다고 했다. 그런데도 왜 중국으로 갔느냐고 묻자 그는 이렇게 말한다. "어차피 창업해서 성공할 확률은 매우 낮습니다. 중국이나 한국이나 마찬가지지요. 그렇다면 기회가 훨씬 많은 중국에서 하는 게 유리하다고 생각했습니다."

우아한형제들의 기업 가치는 약 1조 원이다. 그런데 중국판 배달의 민족이라고 할 수 있는 어러머Ale.me를 2018년 알리바바가 95억 달러(10조 원)에 인수했다. 시장의 크기가 기업의 가치를 좌우한다. 그래서 학생들에게 중국에 가라고 하는 것이다.

그렇다고 무모하게 위험을 무릅쓰라는 이야기가 아니다. 빠삐용은 탈출을 시도하기에 앞서 치밀하게 연구했다. 절벽에서 매일같이 파도를 들여다보던 그는 안쪽으로 세차게 몰아치는 파도가

주기적으로 한 번씩 바다 쪽으로 밀려나가는 것을 발견했다. 그는 그 짧은 틈을 노려 뛰어내림으로써 위험을 줄일 수 있었다.

암벽 등반의 대가들은 암벽을 타기 전에 입체 사진을 수백 장이고 찍어서 분석한다. 그래서 발을 거는 곳은 여기, 손을 짚는 곳은 저기 하는 식으로 미리 정해둔다. 만일의 경우에 대비해 첫 번째 후보 외에 두 번째 후보도 준비하고, 날씨 변화에 대비해 대피 장소까지 면밀하게 계산한다. 이런 식으로 정상에 오르기까지 모든 과정을 전부 시뮬레이션해서 완전히 기억한 뒤에야 비로소 암벽에 오른다.

투자의 대가이며 『리스크』의 저자 피터 번스타인 Peter L. Bernstein 은 "현대와 과거를 결정짓는 것은 리스크, 즉 위험에 대한 지배"라고 말한다. 위험을 지배할 수 있었기에 신의 변덕에 좌우지되는 미래에서 벗어날 수 있다는 것이다. 위험을 지배한다는 표현은 좀 과해 보이지만 현대 사회는 적어도 과거에 비해 위험을 훨씬 잘 관리할 수 있는 것만은 확실하다.

위험에 대한 합리적인 대응은, 어떤 대가를 치르더라도 무조건 위험을 피하는 게 아니다. 그 누구도 위험을 100% 피할 수는 없다. 위험이란 마치 공기처럼 항상 우리 주변에 있다. 차를 몰고 나가면 교통사고의 위험이 있고, 주식에 투자하면 주가가 떨어질 위험이 있다. 합리적인 대응은 위험의 실체를 객관적으로 파악하고, 감안해 의사결정을 내리는 것이다. 또한 기회를 얻기 위해서는 위험을 받아들여야 한다.

한국 젊은이들은 창업을 기피한다. 자녀가 창업을 하겠다고 하면 쪽박 찬다며 말리는 부모가 여전히 많다. 그러나 창업의 리스크에 대해 다른 시각을 가질 필요가 있다.

벤처계의 살아 있는 신화인 블루홀의 장병규 의장은 독특한 이유로 창업이 할 만한 도전이라고 말한다. "스타트업은 실패해도 창업자와 구성원은 성공할 수 있다"는 이유에서다.[11] 많이 배우고 성장한다면 개인의 관점에서는 실패라고 볼 수 없다. 나이에 비해 큰 조직을 이끄는 리더십을 키우고, 전문성을 인정받아 얼마든지 다른 기회를 찾을 수 있다.

장병규는 한 번도 성공하기 힘든 창업을 여러 차례 성공으로 이끌었다. 세이클럽을 서비스한 네오위즈, NHN에 매각한 첫눈, 배틀그라운드라는 게임을 개발한 블루홀이 그것이다. 그는 "스타트업은 개인이 압축 성장할 수 있는 환경을 제공한다"고 말한다. 스타트업은 의전이나 사내 정치가 없고, 관료주의나 부서 이기주의도 걱정할 필요가 없다. 결과적으로 업무의 핵심에만 몰입할 수 있기 때문이다.

3막

위기를 기회로 만드는 힘

하늘은 갖가지 방법으로
우리를 시험한다.
현대의 영웅인 기업가들을 시험하는
전형적인 미션과 난관은 무엇일까?
우선은 살아남는 것이다.
어떤 어려움에도 포기하지 않고
버틸 수 있어야 한다.

5장
시련

나약한 나와
대면하라

> 앞서간 자들이 당한 시련도 겪지 않고 너희는 지복의 낙원에 들려고 하느냐.
> ―『코란』

돌아올 수 없는 모험에 나선 영웅을 기다리는 것은 끔찍한 시련들이다. 이를 통과하지 못하면 결코 성배를 얻을 수 없다. 조지프 캠벨은 영웅 신화에서 시련의 의미를 이렇게 표현한다. "생명이 움트기 위해서는 반드시 흙이 부서져야 한다. 씨앗이 죽지 않는다면 식물이 생길 수 없다. 빵이란 결국 밀의 죽음으로부터 나온 것이다."[1]

조지프 캠벨은 전 세계 수많은 신화를 읽어보았으나 살면서 고통을 당하지 않을 수 있다는 내용의 신화는 본 적이 없다고 말한다. 신화는 우리에게 어떻게 하면 그 고통을 직면하고 이겨내고 다른 것으로 변용시킬 수 있는가를 가르친다.

영웅 서사에서 가장 흥미롭게 다루는 부분이 바로 이 국면이다. 영화에서 기상천외한 어드벤처가 펼쳐지는 부분이기도 하다. 영웅에게는 흔히 아주 어려운 임무가 부여된다. 〈킬 빌〉, 〈쿵푸 팬더〉, 〈취권〉의 주인공이 스승에게 가혹한 수련을 받는 장면을 떠올려보라. 〈쿵푸 팬더〉의 포는 음식 하나를 얻기 위해서도 매번 스승과의 대련에서 승리해야 한다.

'어려운 임무' 모티브 중 가장 유명한 것 중 하나는 헤라클레스다. 헤라클레스는 친족 살해의 죄를 씻기 위해 12가지 임무를 완수하라는 신탁을 받는다. 거기에는 아우게이아스 왕의 외양간을 청소하는 일도 포함되어 있다. 아우게이아스 왕은 소를 3000마리나 키우는데다가 지난 30년 동안 한 번도 청소를 하지 않았다. 헤라클레스는 근처를 흐르는 두 강의 물길을 외양간으로 돌려 순식간에 그곳을 청소한다.

영웅은 무시무시한 적이나 장애물과 마주치기도 한다. 오디세우스의 험난한 항해를 떠올려보라. 유혹자 사이렌, 외눈박이 거인 키클롭스, 마녀 키르케를 극복해야 한다.

그런데 영웅 서사가 공통적으로 암시하는 중요한 교훈이 있다. 진정한 적은 외부에 있지 않다는 것이다. 영웅이 숭고한 사명을 추구할 때 그들의 진정한 적은 자기 내면의 두려움과 나약함이다. 악마가 우리에게 비추는 거울 속에는 우리 내면의 그림자가 있을 뿐이다.

달리 말해 우리가 악마를 두려워하지 않는 한 그것은 더 이상 악마가 아니다. 영웅은 자기 내면에 감춰진, 자신도 몰랐던 깊은 힘을 통해 내면의 그림자를 뛰어넘는다. 우리 안의 더 깊은 힘을 찾아내는 기회는 삶이 가장 힘겹게 느껴질 때 비로소 찾아온다.[2]

하늘은 사람을 갖가지 방법으로 시험한다. 현대의 영웅인 기업가들을 시험하는 전형적인 미션과 난관은 무엇일까?

우선은 살아남는 것이다. 어떤 어려움에도 포기하지 않고 버틸 수 있어야 한다. 헤라클레스나 오디세우스나 다를 바 없다. 그럼에도 제풀에 지쳐 나가떨어지는 사람들이 많다. 그래서 어떤 어려움도 참고 버틴 이들의 이야기가 감동적인 이유이기도 하다.

기업가가 맞닥뜨리는 또 하나의 대표적인 시련은 사람과의 관계에서 온다. 갈대 같은 직원들의 마음을 하나로 모아 목표를 향해 이끄는 것이야말로 최고의 난제다. 애써 키운 인재들이 회사를 빠져나갈 때 리더는 절망에 빠진다. 어떻게 하면 인재를 끌어모으고 그들이 최선을 다할 수 있게 만들까?

무거운 짐을 지고 회사를 이끌다 보면, 회사를 위해 고민하는 사람은 나 혼자뿐이라는 외로움이 밀려들 때가 있다. 하루에도 수십 번 해야 하는 의사 결정, 일의 결과에 대한 책임감, 자칫 잘못하면 천 길 낭떠러지로 떨어질 수 있다는 위기감으로 밤잠을 설친다.

그런데 이런 고민을 알아주는 사람이 있기는 한 걸까? 알아주기는커녕 뭐든 "어렵다"고 핑계만 대고, 리더와 조직에 대해 불평만 일삼는 것 같다. 외롭고, 다른 한편으로는 억울하기도 하다. 진정 리더의 외로움은 숙명인가?

이번 장에서는 일찌감치 이런 문제를 겪은 영웅들의 이야기 그리고 사람의 마음을 얻은 영웅들의 이야기를 소개한다.

버티는 힘, 에어비앤비 창업자 브라이언 체스키

직장 생활을 하다 보면 당장 그만두고 싶은 생각이 굴뚝같을 때가 있다. 그때마다 책임감에, 가족 생각에 이를 악물고 참는다.

회사에 다니던 시절, 아주 점잖은 후배 한 명이 있었다. 나는 그가 얼굴을 찡그리는 모습을 한 번도 본 적이 없다. 그는 아무리 힘든 일이 있어도, 상사로부터 모진 질책을 당해도, 기분 상한 일이 있어도 상대에게 모진 말 한번 하는 경우가 없었다. 어떻게 그럴 수 있는지 궁금했다.

어느 날 술자리에서 그 친구가 이런 말을 했다. "선배, '존버'란 말 아세요? 저는 힘들 때마다 그 말을 떠올려요." '존버'란 'X나게 버틴다'의 준말이다. 한때 유행했던 속어로, 소설가 이외수도 즐겨 쓰던 말이다.

어쩌면 버티는 것이야말로 가장 힘들고 고귀한 것인지도 모르겠다. 요즘 유행하는 말로는 복원력 resilience 이라고 한다. 버티는 힘을 잘 보여준 기업인들을 소개한다.

바퀴벌레보다 강한 생존력

혹시 '에어비앤비'를 이용해 여행해본 경험이 있는가? 없다면 한번 해보기를 권유한다. 나도 도쿄 여행 때 이용했는데, 아주 재미있었던 기억이 난다. 주택가 한가운데에서 일반 시민과 똑같이 먹고 자고 돌아다니고 하는 것은 정형화된 호텔에서는 기대할 수 없는 체험이다.

에어비앤비는 창립한 지 10년도 채 안 된 기업이다. 그러나 이용자 수가 지금까지 8000만 명에 이르고, 아직 상장은 안 되었지만 기업 가치가 300억 달러가 넘는다.

그러나 처음 빈 집을 빌려준다는 사업 아이디어를 듣고 멍청한 생각이라고 말하지 않은 유일한 사람은 에어비앤비의 세 명의 공동 창업자 중 한 명이자 현재 CEO인 브라이언 체스키^{Brian Chesky}의 할아버지뿐이었다. 옛날에 호텔이 없던 시절에는 다들 여행할 때 남의 집을 빌리곤 했으니 말이다.

창업 초기에 지인이 7명의 투자자를 연결해주었는데, 그들로부터 돌아온 응답 역시 전부 거절이었다. 투자자들은 개인적인 공간을 낯선 사람에게 빌려준다는 아이디어가 정말로 이상하고 위험하다고 생각했다. 그들의 아이디어는 마치 방사능 물질처럼 취급받았다. 그런데 어떻게 10년도 안 되어서 공유경제의 전설, 4차 산업혁명 시대의 전설이 될 수 있었을까?

2017년에 『에어비앤비 스토리』와 『벼락부자』 등 에어비앤비를 취재한 책들이 출간됐다. 그 책들이 분석한 에어비앤비의 성공 비결은 바로 '바퀴벌레보다 강한 생존력'이었다.

재미있는 일화가 있다. 에어비앤비 사이트를 개설했지만 아무도 접속하지 않고 빚만 떠안자 세 명의 창업자는 부업에 나섰다. 시리얼을 새롭게 포장해서 파는, 숙박 공유 사업과는 전혀 무관한 일이었다. 아침식사를 표준화해 에어비앤비 회원들에게 보급한다는 아이디어는 창업 초기부터 갖고 있던 생각이었다. 그 아이디어를 별도로 사업화해 일반인에게 팔기로 한 것이다.

그들은 민주당 전당대회에서 착안해 '오바마 오즈'라는 브랜드를 만들고, 시리얼 박스를 디자인해 '변화의 아침식사!', '모든 그

릇에 희망을!'이라는 슬로건을 삽입했다. 그들은 박스에 번호를 붙여 '수집가용 한정판'이라는 이름을 내세워 인터넷을 통해 50달러에 팔았다. 가장 싼 시리얼을 판매하는 곳을 찾아 샌프란시스코의 슈퍼마켓을 모조리 뒤졌다. 광고 음악을 만들고, 언론에 무료로 배포했다. 그들은 핵심 비즈니스로는 5000달러도 벌지 못했지만 시리얼 판매로 2만 달러 이상을 벌었다.

훗날 에어비앤비가 도약한 결정적인 계기는 세계적인 스타트업 육성 회사인 와이콤비네이터가 에어비앤비를 '제자'로 받아들여 도와주고 자금을 지원했기 때문이다. 그런데 와이콤비네이터가 에어비앤비를 낙점한 이유는 결코 숙박 공유라는 아이디어가 신선해서가 아니었다. 이대로 죽을 수 없다며 시리얼 판매에 도전한 그들의 생존력 때문이었다.

처음에 세 명의 창업자와 인터뷰를 할 때 와이콤비네이터의 폴 그레이엄 Paul Graham 대표와 파트너들은 시큰둥한 반응을 보였다. 그런데 브라이언 체스키가 시리얼 박스를 꺼내 보여주며 설명하자 그들의 눈빛이 달라지기 시작했다. 폴 그레이엄은 이렇게 소리쳤다. "와우! 당신들은 정말 바퀴벌레 같군요. 절대 죽지 않을 겁니다!" 폴 그레이엄 대표는 그때를 이렇게 회고한다. "5달러짜리 시리얼을 50달러에 사도록 사람들을 설득할 수 있다면, 다른 사람의 집에서 잠을 자는 일도 얼마든지 설득할 수 있을 거라 판단했다."

버티는 힘, 바퀴벌레 같은 생존력, 다 같은 말이다. 브라이언 체스키의 위대함도, 내 후배의 위대함도 바로 그 버티는 힘, 인내하는 힘에서 우러나온 것이다.

브라이언 체스키가 가장 좋아하는 말이 있다. 조지 버나드 쇼가

한 말이다. "이성적인 사람은 자신을 환경에 적응시킨다. 비이성적인 사람은 환경을 자신에게 적응시킨다. 그러므로 모든 진보는 비이성적인 사람들에게 달려 있다."

'미친 생각'의 위대함, 필 나이트

버티는 힘의 위대함을 보여주는 또 한 명의 리더가 있다. 앞서 살펴본 나이키의 창업자 필 나이트다.

그가 쓴 자서전 『슈독』을 보면 나이키가 화려한 고속 성장을 질주하는 동안, 그에게는 끊임없이 시험당하는 비굴한 역사가 펼쳐졌다. 그는 60대가 되어서야 턱수염을 기를 수 있었다고 고백한다. 은행에 가서 끊임없이 돈을 빌려야 했는데, 은행은 턱수염을 기른 사업가를 신뢰하지 않았기 때문이다.

그는 일본 타이거사의 러닝화를 미국에 수입하는 일로 사업을 시작했고, 회사의 이름은 블루리본이었다. 신발은 잘 팔렸다. 필 나이트는 물론 직원 대부분이 육상 선수 출신이어서 달리기를 좋아하는 사람들을 잘 이해했고, 신발 파는 일을 좋아했기 때문이다.

그러나 신발이 잘 팔릴수록 필 나이트의 삶은 고달프기만 했다. 더 많은 신발을 수입하려면 더 많은 대출을 받아야 했다. 하지만 은행에서는 대출 한도 증액을 꺼려했다. 은행은 자기자본 없이 매출을 늘리는 것은 자살 행위라며 그의 발목을 잡았다.

그는 자신의 삶을 "돌려막기 인생"이었다고 고백한다. 은행 대출 담당 직원들은 그를 열심히 '두들겨 팼고', 그는 그들의 박해를 겸허하게 받아들일 수밖에 없었다. 자서전에서 그는 "그것이 바로 힘없는 중소기업 사장의 역할"이었다고 말한다.

수입선인 타이거사도 문제였다. 신발을 제때 보내주지 않아 직원들이 전전긍긍하기 일쑤였고, 수입 계약을 갱신해주지 않은 채 뒤로 다른 수입업체들을 찾아다녔다. 그의 아내는 회사가 파산하면 어떻게 먹고살아야 할지 그에게 여러 번 물었다. 실제로 회사는 은행의 대출 거부와 타이거사의 재계약 거부가 맞물려 몇 차례 파산 위기를 맞았다. 결국 그는 자신이 가장 하기 싫어하던 일, 즉 지인들에게 돈을 빌려달라고 애원하는 일을 하기에 이른다.

영웅은 위기에서 탄생한다

그러나 나이키 최고의 순간은 회사가 가장 어려웠던 바로 그 시기에 찾아온다. 타이거사와의 계약이 끊길 게 확실시되어 직원들이 두려움에 빠져 있을 때였다. 필 나이트는 직원들 앞에서 "우리는 더 이상 다른 기업 브랜드를 판매하지 않을 것입니다. 우리 자신의 방식과 아이디어, 브랜드로 성공할 수 있습니다. 오늘은 우리가 독립하는 날로 생각합시다!"라고 말했다.

사람이라면 누구나 자신의 정체성이 뿌리째 흔들리는 순간을 경험한다. 바로 그때의 결정이 그 사람의 삶을 좌우한다. 필 나이트의 말에 직원들의 눈빛이 다시 반짝이기 시작했다. 사실 나이키라는 회사가 탄생한 것도, '스워시'라는 이름의 전설적인 로고가 탄생한 것도, 기존 거래 은행 대신 일본의 무역상사로 대출선을 바꾼 것도 모두 위기를 돌파하기 위한 자구책이었다.

어려움에 부딪힐 때마다 필 나이트가 무너지지 않았던 것은 그가 일을 사랑했기 때문이다. 그는 신발 사업만으로는 먹고살기가 힘들어 회계사 자격증을 딴 뒤 프라이스워터하우스라는 세계적인 회계 법인에서 회계사로 일하면서 신발 사업을 계속했다. 결국 회계사 일은 그만두었다. 그는 그때를 이렇게 회고한다. "나는 프라이스워터하우스에 출근해야 할 이유를 찾을 수 없었다. 정말 중요한 한 가지 일에만 계속 집중하고 싶었다. 내 삶이 온통 일뿐이고 휴식이 없을지라도. 나는 일이 휴식이 되기를 원했다."

영웅은 위기에서 탄생한다고들 말한다. 필 나이트는 다른 사람의 눈을 바로 쳐다보기 힘들어할 정도로 내향적인 성격의 소유자였다. 그러나 숱한 시련들이 그를 단련시켰다.

나이키의 첫 광고모델이었던 천재 육상선수 스티브 프리폰테인이 이런 말을 했다. "누군가가 나를 이길 수도 있다. 하지만 그렇게 하려면 엄청나게 많은 피와 땀을 흘려야 할 것이다." 그의 경기를 지켜보면서 필 나이트는 다짐했다. "누군가가 나를 무너뜨릴 수도 있다. 은행, 채권자, 경쟁 기업이 나를 파산시킬 수도 있다. 하지만 맹세코 그들이 그렇게 하려면 엄청나게 많은 피와 땀을 흘려야 할 것이다."

미국을 흔히 기업가의 천국이라고 하지만 필 나이트의 생각은 다르다. 경영을 하다 보면 늘 훼방꾼들이 나타나기 마련이며, 미국이라고 예외는 아니다. 기업가들은 항상 그들에게 밀리고 수적으로 압도당한다. 기업가들은 지금껏 그들에 맞서 힘겨운 싸움을 해왔다고 말한다.

소설가 김훈은 밥벌이의 지겨움에 대해 이야기한다. 하지만 한편으로 밥벌이는 지극히 숭고한 것이라고 이야기한다. 밥벌이가 숭고한 것은 인내의 결실이기 때문이다.

기업가의 삶은 흔히 배우의 그것처럼 화려해 보이지만 실제로는 지겹고 싫은 일들의 연속이다. 그것을 인내하는 일 그리고 처음에 품었던 '미친 생각'을 포기하지 않는 데에 기업가의 위대함이 있다.

나는 기업가는 아니지만 오랫동안 일을 해오면서 여러 차례 인내의 중요함을 절감했다. 위클리비즈 편집장 시절 많이 받은 질문은 "어떻게 전 세계적인 대가들을 섭외하고 인터뷰하느냐, 혹시 대가를 지불하느냐?"였다. 비용은 지불하지 않는다. 비결은 콜드콜(cold call, 안면이 없는 고객에게 무작정 전화를 걸어 설득하는 것), 다시 말해 '맨 땅에 헤딩하기'였다.

우리 팀은 인터뷰하고 싶은 기업인이나 대가에게 무작정 이메일을 보냈다. 우리가 어떤 신문이고, 왜 당신을 만나려고 하며, 어떤 내용을 물을 것인지 자세히 써 보내고 만나 달라고 읍소한다. 섭외를 맡은 후배들의 말로는 성공률이 10% 정도였다고 한다. 열 번 두드리면 한 번밖에 성사되지 않은 셈이다. 한국 기업과 연이 있는 경우는 비교적 쉽게 성사되기도 했다. 또 트랙레코드가 쌓이면서 섭외가 쉬워지기도 했다. 하지만 대부분 섭외는 콜드콜의 결과로 성사됐다. 땀의 결실이었던 셈이다.

축구 구단 강원FC의 조태룡 대표 역시 발로 뛰며 스폰서 기업을 유치했는데, 그 성공률은 더 낮은 5%였다고 한다. 조 대표는 보험 판매왕에도 올랐던 금융인 출신인데, 야구 구단 넥센히어로즈 단장에 이어 강원FC의 대표를 맡았다. 그는 스폰서 기업 유치에 보험 세일즈 기법을 활용했다. 거래처 관리 대장을 만들고 직원들이 의무적으로 매일 몇 개의 기업을 방문하도록 체계적으로 관리한다. 그래도 성공률이 미미하다는 것이다.

『파는 것이 인간이다』라는 책도 있듯이 우리 모두 어떤 면에서는 세일즈맨이다. 제품이든 아이디어든 상대가 내 것을 취하도록 설득한다는 점에서 그렇다. 그런데 늘 설득이 먹히는 것은 아니다. 거절당하는 경우가 훨씬 많다. 문제는 그럴 때 심리적으로 위축된다는 점이다. 나도 예외는 아니다. 그럴 때면 마윈의 말에서 위안을 받는다. 그는 직원들에게 늘 "누군가 우리의 제안을 받아들이면 아주 고맙고 영예스러운 일이고, 거절당하면 당연하다고 생각하라"고 말한다. 또 "거절당하는 것이 두려워서 도전도 하지 않느니 계속 도전해보는 게 훨씬 낫다"라고 직원들을 북돋운다.

필 나이트는 『슈독』에서 "경쟁의 기술은 망각의 기술"이라고 말한다.

> 우리는 자신의 한계를 잊어버려야 한다. 자신이 품었던 의혹을 떨쳐버려야 한다. 자신의 고통과 과거를 잊어버려야 한다. '이제 그만하자'는 내면의 외침, 애원을 무시해야 한다. 이런 것들을 떨쳐버리거나 무시하지 못하면, 우리는 세상과 타협해야 한다.

오늘날 리더의 자리는 점점 더 버티기 힘들다. 세상은 신과 같은 스피드로 변화하고, 주변은 불확실성으로 가득 차 있다. 하지만 그것이 리더의 운명임을 받아들인다면 오히려 마음이 편해질지도 모른다.

최초의 세계 제국을 건설한 페르시아의 키루스 대왕은 장남 캄비세스에게 왕위를 물려주며 이렇게 말한다. "이 왕위를 신의 선물로 받아들여라. 하지만 너는 행복하지 않을 것이다."

그 이유에 대해 키루스 대왕은 왕이란 힘든 일에 집중해야 하고, 걱정거리에 괴로워하며 쉬지도 못하고, 경쟁에 시달리는 일을 해야 하기 때문이라고 설명한다.

그만 주저앉고 싶은 생각이 들 때마다 필 나이트와 브라이언 체스키를 떠올리며 인내의 위대함을 생각해보기 바란다.

인생이란 뚫고 나가는 것, 테라오 겐

성숙 산업에 종사하는 기업인들은 특히 더 많은 시련을 겪고 있을 것이다. 경쟁이 치열할 뿐만 아니라 혁신이란 혁신은 다 시도해봤는데 계속해서 혁신을 하지 않고서는 희망이 보이지 않으니 말이다. 그럴 때 발뮤다의 창업자 테라오 겐寺尾玄의 이야기를 떠올리면 생각이 바뀔지도 모른다.

그는 선풍기, 토스터 같은 케케묵은 분야에서 혁신 상품을 잇따라 내놓아 일본 가전 시장의 작은 거인으로 떠올랐다. 자연에 가까운 바람을 내는 선풍기, 겉은 바삭하고 속은 촉촉하게 빵을 굽는 토스터가 대표적이다. 디자인도 깔끔해서 고가임에도 두터운 소비자층을 확보했다. 그래서인지 '일본의 스티브 잡스'라고 불린다.

그런 그도 오늘이 있기까지는 고투의 연속이었다. 그가 회사를 창업한 것은 2003년이다. 그 이전에는 10년 동안 록 밴드 리더로 활동한 특이한 경력을 갖고 있다. 그러나 데뷔 때 반짝 인기를 끈 뒤로는 이렇다 할 존재감이 없었고, 밴드의 핵심 멤버마저 그만두자 밴드를 해산했다.[3]

파친코에서 아르바이트를 하며 근근이 지내던 그는, 새로운 곳에서 창조 본능의 출구를 발견한다. 그것은 물건을 만드는 일이었다. 디자인 공부를 하던 여자친구, 즉 지금의 부인을 통해 제품 디자인의 매력을 발견한 것이다. 그는 예술가와 경영자 사이에는 공통점이 있다고 생각했다. '내가 음악을 한 이유가 무엇일까? 나 자신을 표현해 사람들의 공감을 얻기 위한 것 아니었나? 제품도 마찬가지다. 자신을 표현하는 수단이다.'

그는 그렇게 제품의 세계에 뛰어들었다. 그는 이전까지 물건을 만드는 일을 해본 적도, 배운 적도 없었다. 그는 먼저 배워야겠다고 생각했다. 그리고 그는 몸으로 부딪쳐 배우는 방식을 택했다.

예를 들면 이런 식이다. 그는 숟가락을 손에 들고 잡화 전문 쇼핑몰에 찾아가 점원에게 묻는다. "이 숟가락은 소재가 뭔가요?" 점원이 스테인리스라고 대답하면, 이번에는 스테인리스란 게 처음에 어떤 모양인지 묻는다. 판 같은 모양이라고 하면, 판이 어떻게 스푼 모양으로 바뀌었는지 묻는다. 점원이 프레스라는 기계가 있다고 대답하면, 그제야 집에 돌아와 인터넷 검색창에 프레스라는 단어를 입력한다. 그는 같은 방식으로 재료상과 공구상, 목재시장, 베어링 전문상가를 찾아다니며 묻고 배웠다.

그다음에는 재료가 실제로 물건의 형태로 변하는 공장을 방문하기 시작했다. 그는 무작정 가까운 프레스 공장, 절삭 공장, 플라스틱 성형 공장을 찾아가 안을 보여달라고 부탁했다. 수십 번 퇴짜를 맞은 뒤 한 공장에서 허락을 받았고, 심지어 밤 시간에 기계를 무료로 사용해도 된다는 허락까지 받는다. 몇 년 뒤, 그곳에서 발뮤다의 첫 제품인 맥북 방열 거치대가 태어난다.

머리가 아니라 손과 가슴, 살과 땀으로 배운 과정이었다. 현장에서 체득한 이와 같은 감각은 발뮤다의 두 번째 제품인 데스크용

LED 조명에서 빛을 발한다. LED 조명은 기존 백열전구와 비교도 안 될 만큼 밝지만 발열이 심하다는 단점이 있었다. 테라오 사장은 공장의 경험을 바탕으로 알루미늄과 LED를 결합하자는 아이디어를 떠올린다. 알루미늄은 열전도율이 높다. 그것을 LED 칩과 연결하면 열을 방출할 수 있겠다고 생각한 것이다.

그가 인생을 배운 방법도 비슷하다. 그는 고2 때 학교를 자퇴했다. 학교에서 어떤 직업을 희망하는지, 문과냐 이과 어느 쪽을 선택할지 써내라고 했을 때 강렬한 거부감이 들었다고 한다. 인생을 그렇게 빨리, 그렇게 간단히 결정해버린다면 많은 가능성을 포기하는 것이라는 생각이 들었다. 그는 결국 17세의 나이에 1년간 홀로 유럽을 방랑하며 오감으로 세상을 경험했다.

내리막길에서 도약하다, 발뮤다

2009년, 발뮤다에 최악의 위기가 닥친다. 미국발 금융위기가 고작 직원 세 명인 발뮤다에까지 찾아온 것이다. 그때까지 발뮤다는 주로 매킨토시 사용자를 대상으로 틈새 고가 제품을 소량 판매하고 있었다. 경기가 냉각되자 그나마 있던 주문이 제로가 됐다. 도산이 눈앞이었다. 그는 결단을 내렸다. "어차피 망할 거라면 진짜 해보고 싶었던 제품이라도 만들어보고 끝내자."

그에게는 언젠가 회사가 커지면 꼭 만들고 싶었던 제품이 있었다. 그런 꿈의 제품 중 첫 번째가 선풍기였다. 세상에 나온 지 100년도 넘은 물건이기는 하지만 새롭고 좋은 제품을 개발하면 반드시 팔릴 것이라고 생각했다. 그는 여름이 되면 선풍기를 꺼내 틀지만 늘 시원하지 않다고 느꼈다. 바람이 너무 세서 오히려 시원하지 않은 것 같았다. 그는 어린 시절 딱정벌레를 잡으려고 나무에 다가갔을 때 느꼈던 그 시원한 바람을 재현하고 싶었다.

그는 자연풍과 선풍기 바람의 차이를 밝혀내기 위해 연구하고 또 연구했다. 마침내 선풍기 바람에는 특유의 소용돌이 성분이 있다는 것을 알아냈다. 자연의 바람이 넓게 퍼져나가는 것에 반해, 선풍기의 바람은 소용돌이처럼 회전하며 나아갔고, 그것이 바람을 인공적으로 느끼게 하는 요인이었다. '그렇다면 선풍기 바람에서 소용돌이 성분을 없앨 수는 없을까?' 그는 이를 실현하기 위해 무수한 시행착오를 겪었다.

고심하던 그는 뻔질나게 드나들던 한 공장에서 힌트를 얻었다. 여름이면 직원들은 선풍기를 벽 쪽으로 향해놓곤 했다. 회전하며 부는 바람이 벽에 부딪히면 소용돌이 기류가 파괴되면서 돌아오는 바람이 부드러워지기 때문이다. 그렇다고 선풍기에 벽을 붙여서 팔 수는 없는 일이었다.

하지만 테라오 겐은 포기하지 않았다. 그는 TV에서 우연히 30인 31각 경기를 보게 된다. 2인 3각의 확대판이라 할 수 있는 이 경기는 일본에서 아이들이 운동회 때 벌이는 경기다. 아무리 발이 빠른 아이가 있어도 발이 느린 아이가 있으면 전체가 그 아이에 끌려가 늦어질 수밖에 없다.

그는 같은 이치가 바람에도 적용되지 않을까 생각했다. 속도가 다른 두 바람을 동시에 내보내면 느린 바람이 빠른 바람을 끌어당겨 마침내 한 점에서 서로 부딪치면서 소용돌이를 없앨 수 있지 않겠느냐는 것이었다. 실험을 해보니 진짜 소용돌이 성분은 없어지고, 넓게 퍼져나가는 부드러운 바람이 불었다. 그는 결국 이중 날

개 구조로 자연에 가까운 바람을 구현해냈다.

기적의 기술을 구현하는 데 성공했으나 자금을 마련하는 일이 다시 그의 발목을 잡았다. 아무리 좋은 기술이 있어도 부도 직전의 회사에 돈을 빌려줄 은행은 없었다. 지인들이 "대기업에 날개 기술을 양도하고 라이선스료를 받으면 어떻겠냐?"고 충고했다.

하지만 그는 거절했다. 록 스타가 자신의 혼이 들어간 기적의 명곡을 썼다면 누구도 아닌 자기 자신이 그 노래를 불러야 한다고 생각했다. 모든 밴드에는 그 멤버가 모여 연주할 때만 나오는 소리가 있는데, 그것이야말로 록의 소리라고 테라오 겐은 말한다.

결국 그는 마지막 고비에서 자신의 기술을 믿어준 협력사 사장의 도움으로 자금을 마련한다. 테라오 겐은 이렇게 말한다. "인생이란 뚫고 나갈 수 있다. 언제나, 누구나 그 가능성을 갖고 있다. 내가 아무것도 바꿀 수 없다고 생각한다면 잘못이다. 아무리 불리한 상황에서도 역전할 수 없는 것은 아니다."

그의 이야기를 접하면서 『그리스인 조르바』가 떠올랐다. 조르바는 "인생이란 가파른 오르막과 내리막이 있는 법이지요. 분별 있는 사람이라면 브레이크를 써요. 그러나 나는 브레이크를 버린 지 오랩니다. 나는 꽈당 부딪치는 걸 두려워하지 않거든요"라고 말한다.

적을 내 편으로 만드는 키루스 대왕의 리더십

사람의 마음처럼 얻기 힘든 것이 있을까? 그러나 그것을 얻지 않으면 결코 존재할 수 없는 자리가 있다. 바로 리더의 자리다. 영웅의 여정을 걸어가는 리더가 '시련' 단계에서 맞이하는 대표적인 고난은 바로 변덕스럽기 짝이 없는 사람의 마음을 얻는 일이다.

경영의 세계도 예외는 아니다. 경영자는 '다른 사람들을 통해 일을 이뤄내는 Get things done by others' 사람이다. 그러니 사람의 마음을 얻지 않고서는 불가능하다.

〈엑스맨〉은 온갖 초능력자들이 악당으로부터 지구를 지키는 내용의 영화다. 순간 이동을 하는 자, 모든 물건을 급속 냉각시키는 자, 날씨를 마음대로 조절하는 자 등 초능력의 종류도 다양하다.

이 영화에서 초능력자들의 우두머리로 나오는 이는 자비에 교수다. 언뜻 보기에 매우 평범하고, 심지어 휠체어를 타고 있어서 초능력자처럼 보이지 않는다. 하지만 그에게는 다른 사람들의 마음을 읽고, 사람들의 마음을 지배하는 초능력이 있다. 그는 다른 초능력자들이 가진 능력을 모두 다 갖고 있는 셈이다. 비가 내리게 하고 싶으면 날씨 조절 초능력자에게 명령하면 되고, 물건을 냉각시키고 싶으면 급속 냉각 초능력자에게 말하면 된다.[4]

다른 사람을 부리기만 하면 되니 편하겠다 싶지만 실은 세상에서 가장 어려운 게 사람을 부리는 일이다. 단 몇 명이라도 사람을 써본 사람은 공감할 것이다. 수십만 명을 고용한 대기업 회장이든, 아르바이트생 한두 명을 쓰는 편의점 사장이든, 대학에서 동아리 회장을 맡은 학생이든 말이다.

자비에 교수처럼 남의 속을 훤히 들여다보고 마음대로 조종할 수 있다면 얼마나 좋을까만 그럴 수 없기에 리더의 고민이 존재한다. 왜 그럴까?

사람은 복잡하기 짝이 없는 존재이기 때문이다. 남은 물론이거니와 본인 스스로도 자신의 마음을 잘 알지 못할 때가 많다. 게다가 사람은 의뭉해서 겉만 보아서는 속마음을 알 수 없고, 변덕이 죽 끓듯 하며, 반항심이 가득해서 남의 말을 듣기 싫어한다. 그런 사람을 한 명도 아니고 수백, 수천, 수만 명을 움직이는 게 어찌 쉬운 일이겠는가.

오죽하면 그리스의 철학자이자 정치가, 군인이었던 크세노폰은 이런 한탄을 했을까. "우리는 사람들이 자신의 지배자에게 복종하는 것보다 모든 가축들이 가축지기에게 더욱 기꺼이 복종하는 것을 목도했다."[5]

가축은 주인이 가라는 곳은 어디든 가고, 주인이 인도하는 곳에서 풀을 뜯는다. 또한 가축은 주인에 대항하는 음모를 꾸미지도 않는다. 그러나 인간은 어떤 사람이 자신을 지배하려고 시도하는 것을 보면 곧 그에게 대항해 음모를 꾸민다고 크세노폰은 말한다.

요즘 혼자 살면서 반려동물을 키우는 사람들이 늘고 있는데 아마도 크세노폰과 비슷한 생각을 한 사람이 적지 않을 것이다. 사람과의 관계에서 발생하는 스트레스가 싫어서 말 잘 듣는 동물을 친구 삼아, 가족 삼아 사는 것인지도 모른다. 다른 사람과 어울려 사는 것도 이리 힘든데, 하물며 다른 사람을 움직여 일을 수행하게 하는 것은 얼마나 어렵겠는가.

사람의 마음을 움직이는 방법

그런데 크세노폰은 사람을 어떻게 대하느냐에 따라 사람을 움직이는 것이 꼭 불가능한 일만은 아니라고 말한다. 그리고 그 대표적인 사례로 페르시아의 키루스 대왕을 꼽는다. 그는 수많은 나라를 정복해 다스렸을 뿐 아니라 그 나라의 백성들이 공포심에서가 아니라 마음으로 자신을 따르도록 만들었다.

> 키루스가 있는 곳에서 며칠씩 또는 몇 달씩 걸리는 거리에 떨어져 있는 사람들, 키루스를 본 적도 없는 사람들 모두 기꺼이 그에게 복종했다. 그들은 모두 자발적으로 키루스의 신민(臣民)이 되려고 했던 것이다.

인간은 본성적으로 지배받기를 싫어한다. 원자적이고, 비사회적이며, 자기주장을 앞세우고, 자유를 사랑하는 존재가 인간이다. 그런데 그런 인간을 자발적으로 복종하는 인간으로 바꾸는 데 성공한 사람이 바로 키루스다.[6]

크세노폰은 키루스를 리더의 모범으로 간주해 깊이 연구하고 책을 썼다. 『키루스의 교육』이라는 전기가 그것이다. 키루스가 어떻게 사람의 마음을 움직여 존재감 없던 소국 페르시아를 제국으로 키웠는지가 생생하게 담겨 있다.

처음 리더의 자리에 오른 이에게 가장 먼저 권하고 싶은 책이다. 알렉산드로스 대왕, 카이사르, 스키피오 등이 애독했고, 피터 드러커가 "리더십을 체계적으로 다룬 최초이자 최고의 책"으로 꼽기도 한 책이다. 책 내용의 사실 여부에 논란이 많고, 역사서라기보다는 사실에 바탕을 둔 소설로 받아들여지고 있지만 그것까지 감안하고 읽어도 참 배울 게 많은 책이다.

나는 책을 읽을 때 인상 깊은 대목에 밑줄을 치고 중간중간 메모도 한다. 그리고 밑줄 친 대목은 나중에 타이핑해서 문서로 저장해둔다. 『키루스의 교육』은 그렇게 저장해놓은 분량이 A4 용지 6장을 넘는다.

밑줄 친 대목 중 하나를 소개하면, 키루스가 부하들에게 무언가를 지시할 때 늘 그들의 이름을 불렀다는 부분이다. 그러기 위해서는 부하들의 이름을 일일이 기억해야 한다. 그는 왜 그 많은 이들의 이름을 기억하고 불렀을까? 기계공이라면 누구나 자신이 다루는 도구의 이름을 알고, 의사라면 누구나 자신이 사용하는 기구와 약의 이름을 아는 것처럼 장군이라면 자기 휘하 지휘관들의 이름을 알아야 한다는 의미다.

그렇다. 연장을 다루는 기계공이라면 마땅히 망치니 송곳이니 연장의 이름을 알고 사용한다. 그런데 지휘관이 자신과 함께하는 부하들의 이름조차 모른다면 잘못해도 한참 잘못한 일일 것이다. 부하들의 이름은 기본이고 그들의 강점, 약점, 성격도 잘 알아야 하는 게 당연한 일 아니겠는가.

내가 아는 어떤 사장은 시간이 날 때마다 직원들의 이름을 외운다. 그리고 직원들을 만날 때마다 외워둔 이름을 부른다. 승강기에서 직원을 만나면 "○○씨, 오랜만이네!"라고 반가워하고 내릴 때도 "○○씨, 열심히 해!"라며 등을 두들겨준다. 사장이 자신의 이름을 기억해준 것만으로도 그 직원은 뿌듯하고 힘이 날 것이다. 또 칭찬할 만한 일이 있는 직원을 만나면 그 일을 거론하면서 "정말 잘했어!"라고 하며 역시 등을 두들겨준다. 그 직원은 신이 나서 일할 것이다.

"내가 그의 이름을 불러주었을 때 그는 나에게로 와서 꽃이 되었다"는 시도 있지 않은가. 사람은 누구나 마음속에 꽃씨를 품고 있다. 누가 나의 이름을 불러줄 때 그 꽃씨는 꽃망울을 터뜨려 활짝 꽃으로 피어난다.

그 사장은 직원들의 경조사에도 빠지지 않고 참석한다. 직원이 초상을 치르게 되어 문상을 가면 자리에 앉아 다른 직원들과 소주잔을 기울이며 이야기를 나눈다. 그는 가업을 물려받은 2세였는데, 그렇게 하다 보니 짧은 시간에 직원들과 가까워질 수 있었다.

어떤 성과급도, 어떤 복리후생 제도도 직원들의 이름을 불러주고 관심을 기울여주는 것만큼 효과적이지는 않다. 이제라도 스마트폰의 새로운 기능에 대해 공부하는 정도의 노력만큼이라도 직원들의 이름을 외우는 데 할애해보면 어떨까. 아마 투입 대비 가장 생산성이 높은 투자가 아닐까.

키루스가 부하들의 이름을 불렀던 또 하나의 의미는 책임 소재를 명확하게 하는 것이었다. 그는 아랫사람에게 무슨 일을 시킬 때 "누가 가서 물 좀 가져와!" 혹은 "누가 가서 나무 좀 쪼개!"라고 명령하는 것은 바보짓이라고 생각했다. 누군가를 거명하지 않고 명령하면 누구도 자기 책임이라고 생각하지 않으며, 명령에 따르지 않아도 같이 욕을 먹기에 수치심이나 두려움을 느끼지 않기 때문이다. 그래서 키루스는 어떤 명령을 내릴 때도 반드시 부하들의 이름을 거명했다.

싸우지 않고 승리한다

앞서도 이야기했듯이 키루스는 많은 나라와 지역을 때로는 힘으로, 때로는 설득으로 복속시켰다. 그리고 자신의 부하는 물론이고 동맹군의 지휘자, 심지어 적장조차 진심으로 따르게 만들었다. 그의 어떤 점이 그런 자발적 복종을 이끌어냈을까?

그것은 그가 은혜를 받으면 그 은혜를 배로 되돌려주려 했고, 힘든 문제로 고민하는 사람이 있으면 내 일인 양 힘껏 도와주려 했으며, 아픔을 겪는 사람이 있으면 함께 아파했기 때문이다. 그는 무언가를 소유하기보다 나누는 게 오히려 훗날 자신에게 훨씬 더 큰 이익으로 돌아온다고 생각하고 실천했다. 다시 말해 그것은 동고동락의 리더십, 나눔의 리더십이었다.

『키루스의 교육』의 묘미는 여러 가지 일화들을 통해 키루스의 리더십을 생생하게 접한다는 데 있다. 예를 들어 키루스가 가다카스라는 적장을 어떻게 자신의 가장 충직한 신하로 바꾸어놓았는지에 관한 일화가 있다.

키루스는 아시리아라는 대국과 전쟁 중이었다. 그 나라 장수 중에는 아시리아 왕에게 원한을 품은 사람이 적지 않았다. 가다카스라는 귀족도 그중 한 명이었다. 거기에는 끔찍한 사연이 있다.

과거에 가다카스가 아시리아 왕과 함께 술을 마시고 있었는데, 왕의 첩실이 "아주 잘생겼다"면서 가다카스를 칭찬하며, "가다카스의 아내가 될 여자가 부럽다"고 말했다. 질투를 느낀 왕은 가다카스가 자기 첩에게 나쁜 마음을 품었다는 누명을 씌워 그 자리에서 체포한 뒤 거세시킨다.

키루스는 가슴에 원한을 품고 있던 가다카스를 설득해 자기편으로 끌어들인다. 그러고는 교묘하게 그를 이용하는 계략을 세워 전략적으로 중요한 요새 하나를 전투도 없이 함락한다. 그 사실을 안 아시리아 왕은 불같이 화를 내며 가다카스의 영지로 쳐들어가고, 가다카스는 자신의 땅을 지키기 위해 떠난다.

키루스는 가다카스를 도와주기 위해 동맹국의 장수들을 불러 모은 뒤 이렇게 말한다. "은혜를 베푼 가다카스에게 진심으로 도움을 주는 것은 감사의 빚을 갚는 동시에 올바른 일이기도 하다." 그러고는 가다카스를 돕는 게 자신들에게 큰 이득이라는 말을 덧붙였다. 은혜를 베푼 사람에게 그 은혜를 배로 갚는다면 많은 이들이 친구가 되려 하지 적이 될 생각을 하겠느냐는 것이다.

그렇게 해서 키루스 연합군은 위기에 빠진 가다카스를 구한다. 가다카스는 감격해서 이렇게 말한다. "폐하께서는 제 도움이 전혀 필요하지 않으신데도 단지 제가 폐하의 친구들에게 약간의 도움을 주었다고 생각하시고는 급히 달려와 위급한 순간에 저를 구해주시니, 몸 둘 바를 모르겠습니다."[7]

이렇게 키루스는 얻기 힘든 사람의 마음까지도 사로잡았다. 어떤 왕은 터무니없는 질투심 때문에 충직한 신하를 원수로 만드는 반면, 키루스 같은 왕은 마음을 얻음으로써 원수조차 충직한 신하로 만든다.

베풂과 나눔의 리더십

이번에는 키루스의 베풂과 나눔의 리더십에 대해 살펴보자. 키루스가 전투에서 이겨 많은 전리품을 얻었을 때다. 그런데 동맹군 중 일부는 아직 돌아오지 않고 있었다. 그때 누군가 먼저 전리품을 나누자고 했다. 그러나 키루스는 동맹군이 돌아온 뒤 나누자고 했다. 동맹군에게 공평하고 공정하다는 것을 보여주는 게 더 큰 이익을 가져다주는 일이라고 생각했기 때문이다.

키루스는 무언가를 소유하기보다 나누고 베푸는 데서 더 큰 기쁨을 얻는 사람이었다. 그는 친구나 부하들에게 값비싼 선물을 자주 보냈다. 팔찌, 목걸이, 금을 박은 말고삐 등 왕이 아니라면 쉽게 줄 수 없는 선물들이었다.

아낌없이 선물을 주자 신하 크로이소스가 그러다가는 머지않아 가난해질 것이라고 걱정의 말을 했다. 크로이소스는 원래 리디아의 왕이었는데, 키루스와의 전투에서 패해 나라를 잃고 키루스의 신하가 된 인물이다. 키루스는 크로이소스에게 자신이 왕이 된 뒤 돈을 나눠주지 않고 계속 모았다면 어느 정도였겠느냐고 물었다. 크로이소스는 상당히 많은 양일 것이라고 대답했다.

그러자 키루스는 다른 신하 한 명을 통해 자신의 친구들에게 편지를 전달했다. 편지의 내용은, 키루스가 사업 때문에 돈이 필요한데 각자 지금 키루스에게 줄 수 있는 금액을 적어 밀봉한 뒤 왕의 전령에게 전해달라는 것이었다. 나중에 그 금액을 더해보니 키루스가 왕이 된 뒤 계속해서 모았을 때의 예상액보다 몇 배가 넘는 금액이었다. 키루스는 크로이소스에게 이렇게 말했다.

"내가 친구들을 부자로 만들면 내 돈도 거기에 있는 동시에, 어느 감시인보다도 나 자신과 우리 공동의 운명을 더 잘 지켜줄 충직한 감시인들을 거느리고 있는 셈이오."[8]

참으로 현명하지 않은가? 키루스는 진정한 재산은 돈이 아니라 다른 사람의 신뢰라고 말한다. 돈은 도둑맞을 수 있지만 신뢰는 도둑맞지 않기 때문이다. 직원들이 마음으로 당신을 따르지 않는다고 느낀다면, 이 대목을 다시 읽어보면서 당신에게 가장 귀중한 것을 그들에게 내어줄 마음이 있는지 반문해보기 바란다.

키루스의 아버지가 가르쳐준 것

키루스 대왕이 위대한 지도자가 될 수 있었던 것은 그의 타고난 성품 이외에도 교육의 덕이 컸다. 젊은 키루스가 큰 전쟁에 출전하기 전에 아버지 캄비세스 왕과 지휘관의 덕목에 대해 대화를 나누는 부분은 리더십에 관해 쓰인 어떤 글보다도 교훈적이고 감동적이다.

키루스는 마치 시험을 치르기 전 마지막으로 복습을 하듯 그동안 아버지로부터 받은 가르침들을 하나씩 회상했다. "모든 일에서 열정과 무기력함이 세상의 모든 차이를 만들어낼 수 있다"는 가르침도 그중 하나였다. 또 장군이 장군다워지기 위해 가장 필요한 것은 전술이 아니라는 가르침도 있었다. 아무리 훌륭한 전술도 병사들이 따르지 않는다면 무용지물이다. 다시 말해 병사들을 복종하게 해서 "잘 훈련된 무희들처럼" 맡은 역할을 열심히, 그리고 적절하게 수행할 수 있게 해야 한다는 것이다.

그렇다면 그 복종을 어떻게 이끌어낼 수 있을까? 키루스는 자신의 생각을 아버지에게 말한다. "아버지, 병사들을 복종 상태로 유지하는 것에 관해서는 제가 경험이 없다고 생각하지 않습니다." 그러면서 그는 "복종하는 자에게는 칭찬과 명예를 주고, 복종하지 않는 자에게는 처벌과 불명예를 주는 것이지요"라고 했다.

그러자 캄비세스 왕이 말한다. "그것은 강제적인 복종을 추구하는 길이다. 그러나 진실로 다른 길, 지름길이 있다. 그것은 더욱 좋은 길인데, 자발적인 복종을 추구하는 것이다. 사람은 자신에게 이익이 된다고 믿으면 즐거운 마음으로 복종한다."

예를 들어 환자들은 의사가 병을 고치는 방법을 알고 있다고 믿기에 자발적으로 복종하고, 배를 탄 승객들은 선장이 배를 움직이는 방법과 뱃길을 잘 알고 있다고 믿기에 복종한다는 것이다. 그러니 병사들이 지휘관에게 자발적으로 복종하게 하기 위해서는 지휘관 스스로 현명해져야 한다. 그렇게 병사에게 지휘관의 말을 듣는 게 이득이라는 것을 보여주는 것보다 더 빠른 지름길은 없다는 것이다. 그리고 현명해지기 위해서는 늘 배우고, 생각하고, 준비해야 한다고 캄비세스는 말한다.

그런데 여기서 의문이 든다. 리더가 늘 부하들에게 이익을 줄 수 있는 위치에 있는 것은 아니지 않은가. 때로는 의도와 달리 리더가 줄 수 있는 게 아무것도 없을 때도 있다. 그때는 어떻게 복종을 이끌어낼 수 있을까? 캄비세스는 우리의 궁금증을 예상이라도 한 듯 이렇게 이야기한다.

> 네가 이익을 주고 싶어 하는 사람을 위해 실제로 이익을 줄 수 있는 위치에 항상 있기는 어려운 일이다. 하지만 만일 그들에게 좋은 일이 생기면 함께 기뻐하고, 좋지 않은 일이 생기면 같이 슬퍼하며, 그들이 어려운 처지에 놓였을 때 열심히 그들을 도우려 노력하고, 다른 곳에서 그들이 침해받지 않도록 걱정해주며, 실제로 침해당하지 않도록 막아주기 위해 노력하는 것을 보여주도록 하거라. 이런 식으로 너는 그들과 동행해야 한다.[9]

캄비세스가 아들 키루스에게 하고 싶었던 말은 바로 동행의 리더십, 동병상련의 리더십이었다.

키루스는 죽기 전 두 아들을 불러 유언을 남긴다. 그는 둘째아들타나옥사레스에게 메디아와 아르메니아, 카두시아의 총독 직위를 주겠노라고 말한다. 물론 왕좌는 장남의 몫일 수밖에 없다. 정해진 운명이지만 차남에게는 섭섭할 수 있다. 그런 마음을 헤아린 듯 키루스는 이렇게 말한다. "이 직책을 네게 줌으로써 나는 네 형에게 더 큰 권력과 왕의 직함을 물려주는 대신 네게는 걱정거리가 더 적어지는 더 큰 행복을 주었다."

상속의 문제는 부모의 영원한 골칫거리다. 덜 받으면 어느 자식이든 섭섭할 수밖에 없다. 키루스는 차남의 그 마음을 읽고 "권력은 적지만 걱정거리도 더 적어지지 않느냐?"라고 위안한다. 맞는 말이다. 권력은 화려한 만큼 얼마나 큰 짐을 강요하는가.

전인으로 대하라, 마에스트로 레너드 번스타인

당신은 이 시대에 가장 희소한 자원이 무엇이라고 생각하는가? 여러 가지 답이 있을 수 있다. 그중에는 돈이라고 생각하는 사람도 있을 것이다. 사실 과거에는 돈이 희소한 자원의 대표였다.

그러나 최근에 내가 읽은 『시간, 인재, 에너지Time, Talent, Energy』라는 책에 따르면 이제는 더 이상 돈이 희소 자원이 아니다. 돈이 없어서 사업을 하지 못하는 시대는 지났다. 대기업의 세금을 제외한 차입 비용은 물가 상승률과 비슷하거나 밑돈다. 빚이 본질적으로 공짜라는 이야기다. 지난 20년간 전 세계 자본 양이 3배 이상으로 급증했기 때문이다.

진정 희소한 자원은 무엇일까? 위의 책이 말하듯 시간, 인재, 에너지다. 재능 있는 인재를 영입해, 가치를 높이는 일에 시간을 집중하게 하고, 자발적으로 에너지를 쏟아붓게 하는 게 관건이다.

기업들은 자본의 관리에 대해서는 고도로 발달된 규율과 기법을 갖고 있다. 그런데 진정 희소한 자원인 시간, 인재, 에너지는 주먹구구식으로 관리한다. 예를 들어 직원이 불과 몇 백만 원의 예산을 쓰려고 해도 엄격한 사내 절차를 거쳐야 한다. 그러나 시간은 그렇지 않다. 동료들의 시간을 빼앗는 회의를 소집하는 데는 아무런 심사도 필요하지 않다.

인재와 에너지에 대해서도 마찬가지다. 직원들이 일에 에너지를 쏟게 하려면, 주인의식과 참여감을 느끼게 해야 한다. 일에 단순히 만족한 직원은 그렇지 않은 사람보다 생산성이 40% 더 높다. 나아가 일에 몰입한 직원은 단순히 만족한 직원보다 생산성이 44% 높고, 혼이 있는 inspired 직원은 만족한 직원보다 125% 더 생산적이라는 연구 결과를 『시간, 인재, 에너지』는 제시한다.

그럼 기업은 무엇을 해야 할까? 무엇보다 인간 중심적인 기업 철학으로 구성원을 매료시켜야 한다. 그래서 구글, 넷플릭스, 테슬라는 목표를 사업의 성공으로 표현하지 않고, 소비자의 삶과 사회에 어떤 영향을 미치는가로 표현한다. 또한 이 회사에 있으면 내가 성장한다는 느낌을 주어야 한다.

이 책은 시간, 인재, 에너지를 잘 관리하는 회사로 세계 최대 맥주 회사인 'AB인베브(앤호이저부시인베브)'를 예로 든다. 이 회사의 10가지 원칙 중 하나는 "우리는 오너들의 회사다. 오너는 결과를 자신의 것으로 받아들인다"이다. 주인의식과 자율성을 강조하는 것이다.

빌린 차를 세차하는 사람은 없다, 브라질 트리오

AB인베브의 이야기를 좀 더 해보자. 우선 당신에게 질문 하나를 하겠다. OB맥주, 버드와이저, 버거킹, 하인츠의 공통점이 무엇일까? 오너가 같다는 것이다. 호르헤 파울로 레만, 마르셀 에르만 텔레스, 카를로스 알베르투 시쿠피라 이렇게 브라질인 세 명이다.

'브라질 트리오'로 불리는 그들은 현재 3G캐피탈이라는 투자 회사를 운영하고 있다. 그들은 인수 합병을 통해 세계적인 기업들을 손에 넣었다. 제3세계 기업이 세계시장을 장악한 드문 예다.

그들은 1989년 브라질의 맥주 회사 브라마를 인수하면서 맥주 사업에 첫발을 내디뎠다. 그리고 2004년 벨기에의 인터브루에 이어 2008년에는 미국의 앤호이저부시를 인수함으로써 세계적인 맥주 왕국 AB인베브를 구축하게 된다.

그들이 인수한 회사들은 비슷한 철학과 방식으로 운영된다. 그 철학은 사람, 꿈, 문화로 요약할 수 있다. 그들은 승자가 되기 위해서는 훌륭한 인재를 모집해 큰 꿈을 공유하고 능력주의를 유지하며, 성과를 거둔 사람들과 성공을 나눠야 한다고 믿는다.

세 명의 창업자는 인재들에게 "적은 꿈이든 큰 꿈이든 같은 양의 에너지가 필요하다면 왜 큰 꿈을 꾸지 않는가?"라며 그들을 고무시킨다. 마르셀 에르만 텔레스는 이렇게 회고한다.

> 브라질 맥주 회사를 인수했을 때 회사 사람들에게 언젠가 앤호이저부시를 사들일 것이라고 말하면서 웃곤 했습니다. 사람들이 나를 미쳤다고 생각할까 봐 지레 웃은 겁니다. 비록 그건 한낱 꿈이었지만 미리 그려보면 꿈을 성취할 가능성이 있죠.[10]

금융인 출신인 세 창업자의 진정한 천재성은 사람의 중요성을 누구보다 잘 알고 투자했다는 데 있다. AB인베브의 카를로스 브리토 사장 역시 브라질 트리오가 일찌감치 발탁한 젊은 피다. 그는 스탠퍼드 MBA 과정에 진학할 때 학비를 지원받은 일로 그들과 인연을 맺었다.

그들은 전 직원이 기업의 주인처럼 느껴야 한다고 믿고, 실제로 주인으로 만들어주었다. 그것만이 최선을 다하고 조직을 성장시킬 수 있는 유일한 방법이라고 판단했기 때문이다.

브라질에는 가족 소유의 회사가 많았고, 부하 직원들이 정상에 오르는 일은 좀처럼 없었다. 그러나 그들은 이러한 관습을 과감히 뒤집었다. 그들은 다양한 기업을 운영했는데, 거기서 근무한 이들 가운데 수입이 1000만 달러가 넘는 사람이 200~300명으로 추정된다.

'일을 잘하라, 그러면 보상을 받을 것이다'라는 명확하고 단순한 원칙은 사환에게도 적용됐다. 실제로 한 사환은 이렇게 회고한다. "그곳에서 일한 지 몇 달 후 나는 예상보다 더 많은 돈을 벌었습니다. 그 순간 그곳의 원리가 다르다는 사실을 깨달았죠."

핵심 인재에게는 파격적인 성과급과 함께 회사 주식을 매입할 권리를 부여한다. 물론 그럴 때마다 창업자의 지분은 줄어든다. 브라질 트리오의 맏형 호르헤 파울로 레만은 2017년에 자산 200억 달러로 포브스의 세계 부자 랭킹 22위에 올랐다. 그를 아는 사람들은, 그가 브라질 최고 부자가 된 이유는 그동안 수십 명을 부자로 만든 덕분이라고 믿는다.

문화가 곧 전략이다

브라질 트리오는 문화가 곧 전략이라고 생각한다. 그 문화는 관료주의를 혐오하고 단순함을 지향하는 문화다. 21세기에도 일부 브라질 회사에서는 흰색 장갑을 낀 웨이터들이 중역 식당에서 시중을 든다. 그들은 회사를 인수하면 이런 특전부터 없애버렸다.

앤호이저부시와 합병한 뒤 임원실은 벽을 터서 나누어 쓰고, 임원이라고 해서 무조건 비행기의 비즈니스석을 타게 하지도 않는다. 그런 경우는 6시간이 넘는 비행에만 가능하다. 얼마 전 한국을 방문한 카를로스 브리토는 면바지에 셔츠를 입고 인터뷰를 했으며, 셔츠 가슴팍에는 '버드와이저' 상표가 찍혀 있었다.

아들이 11세 때 자신의 맥주 회사에서 일하고 싶다고 하자 마르셀 에르만 텔레스는 회사 규칙상 안 된다고 알려주었다. 그는 당시를 회고하며 이렇게 말한다. "매년 인턴으로 지원하는 사람이 7만 명입니다. 내 유전자가 7만 대 1의 경쟁을 뚫을 아이를 만들 만큼 강할까요? 나는 그런 일로 우리 회사 문화가 사라질 수도 있다고 생각합니다."

공정성을 얼마나 중요한 가치로 생각하는지 알 수 있다. 한국 양궁의 이야기와 비슷하다는 생각이 들었다. 2016년 리우 올림픽 때 양궁 국가대표팀을 이끈 문형철 전 감독은 우리나라 양궁 대표팀이 30년 동안 세계 최강의 자리를 지킨 비결을 두 가지로 요약했다. 공정성과 끝없는 혁신이 그것이다.

한국 양궁은 파벌의 구습을 타파하기 위해 오직 실력만으로 평가하는 시스템을 갖추었고, 어떤 예외도 없이 이를 고수한다. 국가대표 선발전은 6개월에 걸쳐 진행되며, 토너먼트, 기록경기 등 다양한 방식으로 선수들을 평가한다. 금메달을 딴 선수도 선발전에서 탈락하는 일이 비일비재하다. 다른 종목과 달리 양궁에는 '추천 선수'라는 말 자체가 없다.

다시 브라질 트리오의 이야기로 돌아가보자. 그들은 스프레드시트와 보고서를 읽기보다 현장과 고객을 직접 방문하는 문화를 장려한다. 카를로스 브리토는 한국에 오면 레스토랑과 호프집 30~40곳을 찾아다닌다. 그들은 경비 절감에 강박적으로 매달린다. 그들의 신조는 "비용은 손톱 같아서 항상 잘라야 한다"이다.

예를 들어 한국에서 지난해 효율적인 경영 전략을 통해 비용을 줄였다면, 중국 직원들에게 "가서 배우라"고 말한다. 카를로스 브리토는 "무조건적인 비용 절감을 장려하는 게 아니라 검소하고자 한다"고 말한다. 그는 예를 들어 사무실 벽을 꾸밀 때 맥주병 같은 것으로 장식하는데, 그 자리에 굳이 모네의 작품을 걸어야 할 이유가 없다며, 그런 돈이라면 제품을 개선하는 데 쓰겠다고 말한다.

브라질 트리오의 경영 방식 중 잭 웰치 스타일의 하위 성과자 구조조정이나 과도한 현금 기반 보상에 대해서는 논란이 있는 것도 사실이다. 그러나 인재를 주인으로 대접하고, 관료주의를 배격하는 문화는 한국 기업들에게 시사하는 바가 크다.

요즘 많은 기업이 직원들에게 "주인인 것처럼 일하라"고 말한다. 하지만 그렇게 하려면 먼저 직원을 진정한 주인으로 만들어주어야 한다. 아무리 큰 성과를 거두어도 대부분의 보상이 오너에게만 돌아간다면 주인의식을 갖기 힘들다.

일을 열심히 하려고 할 때 회사가 도와주기는커녕 발목만 잡는다고 느껴도 주인의식을 갖기 힘들다. "빌린 차를 세차하는 사람은 없다"는 말이 있다. 에너지를 쏟게 하려면 주인의식과 참여감을 느끼도록 만들어야 한다.

당신은 직원을 진정한 주인으로 만들어주고 있는가? 브라질 트리오가 당신에게 하는 질문이다. 사람의 마음을 얻는, 고난도의 시험을 통과한 현명한 영웅들의 질문이다.

넷플릭스의 성공 문화, 질문하게 하라

회사의 성과를 저해하는 문제점을 여러분이 알고 있다고 하자. 당신은 이를 회사에 알릴 것인가? 컨설팅 회사 딜로이트의 조사 결과는 충격적이다. 그럴 때 회사에 알리지 않고 넘어가는 종업원이 70%에 이른다는 것이다. 말해 봐야 소용없을 것이라고 생각하거나, 바른말을 하면 피해를 볼까 두렵기 때문이다.

어떻게 하면 직원들을 솔직하게 만들 수 있을까? 세계적인 엔터테인먼트 기업 넷플릭스의 사례를 살펴보자. 넷플릭스의 개발자 회의에서 있었던 일이다. 한 직원이 제안한 새로운 서비스에 대해 창업자이자 CEO인 리드 헤이스팅스$^{Wilmot\ Reed\ Hastings\ Jr.}$가 반대하며 논쟁이 벌어졌다. 회사는 관례대로 'A/B 테스트'를 실시했다. A 버전과 B 버전을 무작위로 소수의 가입자들에게 보여주고 어떤 버전의 반응이 더 좋은지 실험한 것이다. 그 결과 직원의 아이디어가 더 좋은 반응을 얻자 헤이스팅스는 말했다. "제가 이 아이디어에 강력히 반대했었지요. 그러나 결국 그가 옳았습니다. 참 잘했어요."

넷플릭스의 전 최고인재책임자 패티 매코드$^{Patty\ McCord}$는 자신의 저서 『파워풀: 자유와 책임의 문화 만들기$^{Powerful:\ Building\ a\ Culture}$

of Freedom and Responsibility』에서 뼛속까지 솔직함을 강조하는 문화가 넷플릭스의 고속 성장 비결이라고 말했다.

인터넷으로 영화를 서비스하는 넷플릭스는 전 세계 1억 1760만 명의 회원을 보유하고 있다. 2017년 한 해 동안 가입자가 2380만 명 늘어났고, 주가가 55% 뛴 데 이어 2018년 5월까지 다시 83% 올랐다.

헤이스팅스는 자신이 틀렸을 때 깨끗이 승복함으로써 논쟁이 서열에 좌우되어서는 안 되며, 오직 사실에 기반해야 한다는 모범을 보였다. 이 같은 자세는 구성원에게 자기주장을 소리 높여 말해도 좋다는 메시지를 전한다. 이런 문화는 솔직하지 않은 데서 냉소주의가 싹튼다는 생각에서 비롯된다. 헤이스팅스는 "냉소주의는 암"이라고 말한다.

넷플릭스의 직원들은 미심쩍은 일이 있으면 지위 고하를 막론하고 질문한다. 이 회사의 엔지니어는 마케팅 담당자에게 이렇게 물을 수 있다. "신규 고객 유치를 위해 700만 달러를 썼다고 들었어요. 결과가 어떻게 됐는지 알려주시겠어요?"

성역 없는 질문은 새로운 통찰을 얻는 계기가 된다. 넷플릭스의 신입사원 연수에서 있었던 일이다. 콘텐츠 책임자가 신입사원들에게 영화 유통 순서에 대해 설명했다. 먼저 극장에서 개봉한 뒤 호텔 객실에 공개하고 DVD를 배포한 다음 넷플릭스가 구매해 인터넷으로 서비스하는 순서라고 말했다. 그러자 한 신입사원이 질문했다. "왜 그런 식이어야 하죠? 멍청해 보이는데요." 콘텐츠 책임자는 충격을 받았다. 왜 그런 순서를 지키는지 생각해보지 않았기 때문이다. 이 질문은 기존의 선입관에 도전하게 했고, 시리즈

물의 전편 全篇을 동시에 개봉하는 혁명적인 배급 방식을 시도하는 계기가 됐다.

우리나라에서는 신입사원에게 발언권도 없고, 아이디어를 말해도 받아들여지는 경우가 많지 않다. 이와 반대로 최고의 인재를 뽑은 뒤 그들이 마음껏 발언하고 일을 저질러볼 수 있게 하는 것이 넷플릭스의 문화다.

넷플릭스 영화의 흥행 성공률은 매우 높다. 컴퓨터 알고리즘을 통해 시청자의 취향을 면도날처럼 분석한 결과이다. 하지만 헤이스팅스 회장은 이를 기뻐하기보다 오히려 걱정하며 말했다.

"우리의 성공률이 너무 높다. 그래서 나는 더 위험을 감수하고, 더 미친 일들을 해보라고 직원들을 몰아붙인다. 실패하는 콘텐츠가 더 많아져야 한다."

넷플릭스에는 '피드백의 날'이라는 독특한 관행이 있다. 늘 피드백을 주고받을 뿐만 아니라, 매년 특정한 날에 모든 직원이 누구에게나 피드백을 보낸다. 피드백은 3가지 중 하나로 분류해야 한다. 상대방이 지금부터 시작하면 좋겠다고 생각하는 일 start, 그만두면 좋을 일 stop, 계속하면 좋을 일 continue이 그것이다. 처음에는 익명으로 피드백을 했지만 그것이 진정한 솔직함이 아니라는 의견을 받아들여 실명으로 진행하고 있다.

어느 회사에서 중요한 의사 결정을 놓고 의견이 양분된 상황이라고 하자. 대립하는 두 부서의 임원이 서로 으르렁댄다. 우리나라 같으면 사장이 술자리에 두 임원을 불러 억지로 화해를 시키려 할 것이다. 이런 경우 논쟁은 봉합될 뿐 끝나지 않고, 결정은 지연될 것이다.

넷플릭스에서는 다르게 해결한다. 두 임원을 강당에 불러 연단에 세운 뒤 임직원들 앞에서 공개 토론을 시킨다.

솔직해지는 것은 말처럼 쉽지 않다. 헤이스팅스는 스스로 솔직해지고, 다른 사람의 솔직한 피드백을 받아들이는 용기를 갖기까지 꽤 오랜 시간이 걸렸다고 고백한다.

또 솔직하게 말하는 데는 기술이 필요하다. 감정이 개입되지 않게 주의해야 하고, 사람에 대한 비판이 아닌 행동에 대해 비판할 줄 알아야 한다. 넷플릭스는 주장하고 논쟁하는 방법을 교육하기도 한다.

눈치껏 알아서 일하는 것이 미덕인 조직이 많다. 그러나 구성원이 가장 힘들 때는, 회사가 어떤 상황이고 경영진이 무슨 생각을 하고 있는지 모호할 때다. 내 일이 회사의 큰 '맥락'과 연결되지 않는 경우이다. 이런 상황에서 주인의식이 생길 리가 없다.

넷플릭스는 말단 영업사원도 회사의 손익계산서를 보게 함으로써 맥락을 공유하고 주인의식을 갖게 한다. 주주들에게는 분기별로 실적 설명 행사를 하면서 가장 중요한 종업원에게는 왜 그러지 않느냐는 것이다.

헤이스팅스는 "우수한 직원이 바보 같은 짓을 했을 때 관리자는 그들을 탓할 것이 아니라, 맥락을 제대로 제공했는지 돌아봐야 한다"고 말했다.

소크라테스는 문답법을 통해 사물의 본질에 파고들었다. '맥락을 알려라' '질문하게 하라' '침묵하는 대신 토론하게 하라'. 리드 헤이스팅스가 건네는 조언이다.

레너드 번스타인의 완벽한 소통

오케스트라는 지휘의 마법이 일어나는 공간이다. 오케스트라 연주회에 가본 사람이라면 어느 정도 공감할 것이다. 지휘자의 손끝에서 혼란은 질서로, 소음은 음악으로 바뀐다.

지휘는 리더십에 대한 은유이기도 하다. 지휘자의 악기는, 말하자면 100명의 연주자다. 자기 의지를 가진 연주자 100명으로 마치 하나의 악기를 연주하듯 음악을 만들어내야 한다.

지휘자이자 리더십 연구가인 이타이 탈감 Itay Talgam 은 『마에스트로 리더십』이라는 책에서 지휘자 6명의 서로 다른 리더십 스타일을 비교했다. 당신 혹은 당신의 상사는 어떤 지휘자에 가까운지 생각하면서 읽으면 흥미로운 책이다.

이 책에서 리카르도 무티는 효율성을 위한 독재자로 묘사된다. 그는 완벽한 통제를 원했고, 자신의 음악 해석에서 조금의 일탈도 허용하지 않았다. 그러나 이는 단원들이 시행착오 속에서 창의성과 개성을 찾아가는 것을 막는 부작용을 낳았다. 리카르도 무티와 함께 공연한 한 연주자는 "좋았지. 근데 더 좋게 연주할 수도 있었는데 그걸 허용하지 않더군"이라고 말한다.

라 스칼라 음악 감독이었던 리카르도 무티는 2005년 어느 날, 800명 직원 대부분의 서명이 적힌 편지를 받는다. 요지를 말하자면 당신은 너무나 위대한 지휘자이지만 우리는 당신과 함께 일할 수 없다는 내용이었다. 그 이유에 대해서는 "당신 때문에 우리가 발전할 수 없기 때문입니다. 당신은 우리를 동료가 아니라 악기로 대합니다"라고 쓰여 있었다.

이타이 탈감이 리더의 모델로 꼽은 인물은 레너드 번스타인이다. 그는 그 이유에 대해, 레너드 번스타인이 조직을 더 나은 방향으로 변화시켰을 뿐만 아니라 작업의 품질과, 일하는 사람들의 삶까지 개선했다고 설명한다. 레너드 번스타인과 함께 일한 한 연주자는 이렇게 고백한다. "그는 내가 뮤지션이 되고 싶어 한 이유를 상기시켜주었어. 나에게 내 목소리를 다시 돌려주었어."

레너드 번스타인은 단원들을 전인全人, 다시 말해 파트너로 대접했고, 단원들에게 전인으로 일에 참여할 것을 요구했다. 권위만으로 상대를 파트너로 만들 수는 없다. 그는 파트너 관계를 성공시키기 위해 온갖 노력을 아끼지 않았다. 단 둘이 만나 아주 짧은 대화를 나누더라도 그는 진심을 다해 절대적인 관심을 보여주었다. 비록 짧지만 그런 집중의 효과는 아주 강력했다.

리허설 때, 그는 첫 30분 동안 연주자들 사이를 돌아다니고, 이름을 부르고, 인사를 나눈다. 어깨에 팔을 두르고, 포옹하고, 볼인사를 나누기도 한다. 그는 연주자 자녀들의 이름을 기억하며, 작년에 들었던 사건의 결말이 어떻게 되었는지도 물어본다. 이 귀중한 30분은 함께 연주를 하기 위한 밑바탕이다.

물론 오케스트라는 작곡가가 엄밀히 구축해놓은 세계를 구현해야 한다. 공동의 목표라고 할 수 있다. 그렇더라도 그 과정에서 연주자들 개인의 목소리는 포기해야만 하는 것일까? 그렇지 않다. 각자가 자신의 목소리를 내고 자신의 이야기를 들려주면서 동시에 목표를 달성할 수 있다고 생각한 사람이 바로 레너드 번스타인이다.

그는 연주자가 자신의 목소리를 되찾고, 그것을 당당하게 표현하기를 바랐다.

이를테면 레너드 번스타인은 다음과 같이 설득했다. "이 부분에서 기분 좋은 것들을 전부 떠올려 보게. 애완견을 사랑하는 마음이나 어린 시절의 즐거웠던 기억 등 뭐든 좋네. 자네 인생 전부를 끌어들이게. 그런 다음 이 부분에서 어떤 소리가 나야 한다고 생각하는지 내게 말해주게. 그럼 내가 거기에 맞춰 반응할 수 있네. 이것이 바로 우리에게 필요한 대화일세."

레너드 번스타인은 구성원을 수단이 아닌 전인으로 대했다. TV 음악 방송을 진행한 그는 그것을 토대로 『음악의 즐거움』이라는 책을 썼는데, 이 책에는 리더들이 곱씹어볼 대목이 있다. 그중 하나를 소개한다.

> 지휘자는 오케스트라가 연주를 하고 싶게 만들어야 합니다. 그들을 자극하고 고무해야 합니다. 아첨을 하든 명령을 하든 어떻게 해서라도 그들 안에 아드레날린이 솟구치게 만들어야 합니다.[11]

"자기 의지를 강요하는 것이 아닌 상대가 자기 감정을 느끼게" 해야 한다는 것이다. 모든 연주자가 같은 감정을 공유할 때 생기는 동질감이 바로 사랑의 감정이며, 지휘자는 나아가 이 감정으로 청중과도 소통한다고 말한다.

그는 완벽한 소통의 모습을 하이든의 교향곡 88번 연주에서 보여준다. 그는 몸은 전혀 움직이지 않고 얼굴 표정만으로 지휘를 한다. 그 모습은 마치 노자가 말한 무위의 경지를 보는 듯하다. '사랑한다면 놓아주라'고 말하는 것 같기도 하다.

유튜브에서 'Itay Talgam: Lead like the great conductors'라고 검

색하면 볼 수 있으니 한번 찾아보기 바란다. 리더십의 진수를 엿볼 수 있을 것이다. 또한 스스로 "당신은 직원 혹은 동료를 수단으로 대하는가, 전인으로 대하는가?"라는 질문의 답도 찾아보기를 바란다.

마이다스아이티의 인본 경영

한국에서 시간, 인재, 에너지를 잘 관리하는 회사는 어디일까? 마이다스아이티가 그중 하나이지 않을까.

마이다스아이티는 건설 설계 소프트웨어 분야에서 세계시장 점유율 1위인 회사다. 세계에서 가장 높은 건물인 162층의 아랍에미리트 부르즈 할리파, 세계에서 가장 긴 다리인 블라디보스토크 러스키아일랜드 대교, 베이징올림픽 메인 스타디움이 이 회사의 설계 소프트웨어를 기반으로 만들어졌다.

이 회사는 남다른 점이 많다. 가장 입사하고 싶은 중소기업 1위, 신입사원 초봉 4000만 원, 입사 경쟁률 600 대 1, 구내식당 1인당 한 끼 식대 1만 5000원. 모두 이 회사를 수식하는 말들이다.

이 회사의 창업자인 이형우 대표가 가장 힘든 순간도 직원들이 이직할 때였다. 포스코 출신인 그는 사내 벤처를 만들었고, 이를 토대로 창업을 했다. 독보적 기술력을 바탕으로 창업 초기부터 두각을 나타냈지만 회사가 커지면서 직원들이 하나둘 이직하기 시작했다. 구성원이 늘면서 회사 운영 방식을 놓고 서로 다른 목소리를 냈고, 성장 중심 경영에 대한 불만도 높아졌다.

해결책을 찾던 이형우 대표는 2005년부터 '사람'을 공부하기 시작했다. 그는 기술자였던 자신은 경영을 전혀 모르는 사람이었다며, "사람을 이해하지 않으면 경영에 실패할 것이라는 생각이 들었다"고 말한다. 그는 사람의 본질을 알고 싶어 10년 동안 심리학, 뇌과학, 생물학을 파고들었다. 심지어 사내에 이런 문제를 연구하는 연구소까지 만들었다.

그는 채용을 가장 중시한다. 사람을 뽑을 때는 매우 가려서 뽑지만 한 번 뽑은 사람은 목숨 걸고 지킨다는 것이 그의 철학이다. 채용 전형은 무려 5개월에 걸쳐 6단계로 이뤄진다. 뇌신경과학을 참고해 자체 개발한 프로그램으로 500개 질문을 던져 인성과 전략적 사고력을 테스트한다. 매우 독특한 방식이다. 최종 입사 직전에 지원자 70명과 기존 직원 30명이 함께 무의도로 들어가 2박 3일간 합숙하는 과정도 있다.

2017년, 이 회사를 방문했을 때 그는 조만간 인공지능이 면접을 대신하는 프로그램을 만들어 모든 지원자를 면접할 것이라고 했다. 채용에 걸리는 시간을 2개월로 단축하겠다는 계획이다. 면접 프로그램을 보여주었는데 감탄사가 절로 나왔다.

예를 들면 사람들의 얼굴을 보여주면서 표정이 바뀌는 순간에 클릭하는 문제가 있었다. 타인의 감정에 대한 공감력을 보는 것이다. 이 능력이 부족한 사람이 영업을 하면 안 될 테니 말이다. 컴퓨터 화면 상에서 풍선을 부풀리다가 터지기 직전에 클릭하는 게임도 있었다. 주어진 시간 내에 몇 번 클릭했는지를 보면 그 사람이 얼마나 위험을 감수하는 성향인지를 파악할 수 있다고 했다.

반면에 채용 시 대학 졸업장 같은 스펙은 전혀 보지 않는다고 한다. 그럼 그들은 무엇을 중점적으로 지원자를 평가할까? 열정과 전략적 사고력을 주로 평가한다. 이 두 가지는 사춘기 이전에 미리 결정되며, 그 이후에는 학습이 어렵기 때문이라고 한다.

열정이란 사람의 성격이나 성향과 관련된 것이며 뇌의 뇌간과 변연계의 발달에 의해 좌우되는데, 이는 만 6세 이전에 결정된다. 또한 전략적 사고력은 뇌의 전전두피질 발달에 의해 좌우되는데, 이는 사춘기 전후에 학습되며 그 뒤에는 키우기가 힘들다. 다시 말해 열정과 전략적 사고력은 회사에서 더 이상 향상시켜줄 수가 없기 때문에 이미 갖춘 사람을 뽑는다는 것이다.

스펙을 무시하고 인재를 뽑으면 아주 재미있는 결과가 나온다고 한다. 2011년부터 2014년까지 4년간 수백 대 1의 경쟁률을 뚫고 이 회사에 입사한 인재들이 어떤 대학을 졸업했는지 조사한 결과, 그중 55%가 중하위권 대학(《중앙일보》대학 평가 기준) 출신이었다. 스펙이 얼마나 허상인지를 잘 보여주는 수치다.

또 하나 재미있는 것은, 입사자들이 받은 고과 평가가 지난 10년간 어떤 변화가 있었나를 검증해보았다. 그 결과, 10년 전과 동일한 등급을 받은 경우가 89%에 달하고, 등급이 바뀐 경우는 11%에 불과했다.

'사람의 자질은 바꿀 수 없다'는 결정론이자 운명론 같다고 말하자 그는 이렇게 대답했다.

"저는 진달래를 개나리로 바꾼 적이 없습니다. 진달래를 정말 우아한 진달래로 바꾸는 일만 합니다. 저는 사람들이 가진 능력을 다 쓸 수 있게 돕습니다. 조직에서 자기 역량의 반 이상을 쓰는 사람을 본 적이 없습니다. 조직을 신뢰하지 않기 때문입니다. 주인의식은 주인임을 인지할 수 있는 환경에서 나옵니다."

사람의 성격이나 자질을 바꾸기는 힘들지만 저마다 갖고 있는 것의 최대치를 발현하게 돕는다는 의미인 듯했다. 대부분의 기업에서 인사 평가는 직원들의 성과를 평가해 보상을 차별화할 목적으로 실시한다. 하지만 마이다스아이티는 인사 평가의 목적을 인재의 육성에 두고 있다는 점에서 차별성이 있다.

채용을 중시하는 마이다스아이티의 경영은 구글과도 맥이 닿아 있다. 구글의 인사 총괄 임원 라슬로 복은 이런 말을 한 적이 있다. "일반적으로 직원을 뽑아서 통제하고 관리하는 데 힘을 쏟는데, 구글은 최적의 사람을 뽑아서 자유롭게 일하도록 맡긴다."

이형우 대표의 이야기를 듣고 있자니 이병철 회장이 늘 강조했던, 『열국지』의 한마디가 떠오른다. "의인물용 용인물의疑人勿用 用人勿疑", 즉 믿지 못하면 쓰지 말고, 일단 사람을 쓰면 의심하지 말라는 말이다.

뇌과학으로 인재를 알아보는 법

마이다스아이티는 뇌과학에 바탕을 둔 독특한 채용 소프트웨어를 다른 기업에 공개했다. 단 중소기업에는 무료로 배포한다고 한다. 이미 100여개 기업이 이 소프트웨어를 활용해 신입 사원을 채용했다.

정부 역시 정부와 공기업 채용에 스펙을 보지 않는 블라인드 채용 방식을 도입해 확대하고 있고, 사기업들도 이를 도입하는 추세다. 일찌감치 이런 방식을 도입한 마이다스아이티는 그래서 많은 기업들의 벤치마킹 대상이 됐다. 삼성이나 LG 같은 대기업에서도 임직원이 이 회사를 방문해 배울 정도다.

마이다스아이티는 뇌과학에 기반을 두고 경영 체계와 인사, 교육 제도를 만들었고, 2015년부터 이 분야의 노하우를 사업화해 새로운 비즈니스로 육성하고 있다. 경영, 교육, 채용 솔루션을 판매하는 사업이다. 직원을 위한 궁리가 사업이 된 경우다.

그렇다면 뇌과학 연구가 실제로 이 회사의 제도에 어떻게 반영되었는지 궁금하다. 예를 들면 이 회사는 업무 평가 시 상대평가를 하지 않고 절대평가를 한다. 그것은 상대평가가 절대평가보다 더 지위감을 위협하기 때문이다.

지위감은 자신이 상대적으로 얼마나 중요한가에 관련한 감정이다. 이것이 위협받으면 뇌가 마치 숲에서 곰을 만난 것처럼 반응한다. 인사 발령이 있을 때마다 전전긍긍하며 잠 못 이루는 이유도 여기에 있다.

문제는 이렇게 위협감을 느끼면 변연계라는 뇌 부위가 과잉 자극을 받게 되고, 인간의 이성적인 판단을 관장하는 전전두피질이 제대로 작동하기 어려워진다는 데 있다. 업무 효율이 떨어질 수밖에 없는 것이다.

이 회사가 4년마다 전 직원이 자동 승진하는 제도와 개인에게 성과급을 지급하지 않는 대신 조직 단위로 보상하는 집단 상여금 제도를 갖춘 이유도 그 때문이다.

반대로 지위감을 높여주면 일터의 생산성이 올라갈 것이다. 어떻게 하면 지위감을 높여줄 수 있을까? 승진을 시켜주면 좋겠지만 모든 직원을 매번 승진시킬 수는 없는 노릇이다. 승진 말고도 좋은 방법들이 있다.

마이다스아이티는 여러 가지 형태로 칭찬을 장려한다. 매일, 매월, 반기, 1년 단위로 갖가지 포상을 한다. 금액으로 따지면 얼마

안 되지만 자긍심과 지위감을 높여주는 데 큰 역할을 한다. 매달 한 명의 최우수 사원을 선발하는데, 그들에게는 집, 본가, 처가에 모두 꽃다발을 보내고, CEO의 친필 편지와 함께 외식 식사권도 전달한다. 뿐만 아니라 한 달간 고가의 자동차를 이용할 수 있는 깜짝 선물도 한다. 또 직원에게 감사 포인트를 나눠주고, 다른 직원 누군가에게 감사할 일이 생기면 그 포인트를 선물하는 제도도 운영한다. 감사를 생활화하고, 지위감도 높여주는 것이다.

뇌 연구에 따르면, 사람의 뇌는 불확실한 상황에서도 숲에서 곰을 만났을 때와 비슷하게 반응한다고 한다. 그래서 마이다스아이티는 불확실성을 줄이기 위해 특이한 제도들을 만들었다.

우선 이 회사에는 구성원에게 가해지는 징벌이 없다. 다만 부득이하게 처벌이 필요한 경우에는 조직에 연대책임을 묻는다. 징벌에 대한 두려움이 미래에 대한 부정적인 불확실성을 불러일으키기 때문이다.

그리고 마이다스아이티에는 사실상 정년이 없다. 정년 이후부터 임금피크제를 적용하고 역할과 책임에 따라 근무 형태를 전환하는 '책임성 무정년 제도'라는 것을 시행한다. 이 또한 불확실성을 제거해 구성원이 조직에 대한 신뢰감을 갖고 안정적으로 일하게 하기 위해서다.

사람은 공정하지 않다고 느낄 때도 원초적 위협을 느낀다. 택시를 타기 위해 줄을 서 있는데 누군가 새치기를 하면 뇌섬엽이라는 부위가 자극을 받아 마치 불쾌한 음식을 먹고 구토를 느낄 때와 비슷한 반응이 나타난다.

공정성 위협을 줄이는 가장 좋은 방법 중 하나는 투명성을 높이는 것이다. 마이다스아이티가 인사 체계의 원칙으로 투명성과 공정성을 내세우는 이유가 여기에 있다. 이 회사는 채용, 육성, 평가, 보상, 퇴직에 이르기까지 모든 인사 체계의 설계와 운용 과정을 구성원들에게 투명하게 공개하고 공유한다. 이형우 대표는 "투명성과 공정성은 미래의 불확실성을 제거하고 구성원의 신뢰를 증진시키는 중요한 원칙"이라고 말한다.

사람을 소중히 생각하고 있는 그대로 대하려는 이 회사의 독특한 철학과 제도는 이 시대 리더들이 배워야 할 점이다.

외로움이라는 리더의 숙명, 크세노폰과 알렉산드로스

우리는 지금, 영웅이라면 반드시 겪어야 할 시련, 즉 사람의 마음을 얻는 일의 어려움에 대해 이야기하고 있다.

당신은 왜 리더가 되었는가? 거기에는 저마다의 사연이 있을 것이다. 누구는 경쟁에서 뒤처지지 않기 위해 앞만 보고 달리다 보니 리더가 되었을 테고, 누구는 다른 사람에게 휘둘리지 않고 스스로 결정하는 자유를 얻기 위해 리더가 되었을 테고, 누구는 다른 사람에게 영향력을 행사하는 권력이 좋아서 리더가 되었을 테고, 누구는 태어날 때부터 아버지의 자리를 물려받아 예정대로 리더가 되었을 것이다.

하지만 어떤 이유에서든 리더가 되고 나면 누구나 공통적으로 느끼는 게 있다. 리더라는 자리가 생각보다 즐겁지도, 자유롭지도 않다는 것이다. 자리가 주는 기쁨 못지않게 외로움과 번민, 고통도 크다. 적어도 리더라는 역할을 제대로 해내려면 말이다.

회장님이나 사장님도 회사에 가기 싫을 때가 있다면 믿겠는가. 당연히 그들에게도 그럴 때가 있다. 자기가 만든 회사고, 자기 마음대로 할 수 있는 회사인데도 말이다. 버겁거나 무서운 일들이 날마다 기다리고 있기 때문일 것이다.

재벌 계열사에서 오랫동안 사장과 임원들의 운전기사를 하다 퇴직한 사람이 말하기를, 시켜주지도 않겠지만 설사 시켜준다고 해도 자신은 사장 같은 건 하지 않겠다며, 물론 자식에게도 절대 시키지 않겠다고 한다.[12] 겉으로는 화려해 보이는 자리이지만 새벽부터 전국 곳곳을 돌아다니고, 저녁에도 이곳저곳 불려 다니며 두세 차례씩 식사와 술자리를 반복하고, 차만 타면 시체처럼 곯아떨어지는 모습을 늘 보아왔기 때문이다.

전설적인 축구 감독 알렉스 퍼거슨 Alex Ferguson 은 이렇게 고백한다. "코치가 되면 세 가지 새로운 사실을 깨닫게 된다. 해야 할 일은 끝이 없고, 모두가 자기에게 관심을 가져달라고 보채며, 하루 일과는 멈추지 않는데 시간은 항상 부족하다는 것이다."

2500년 전 그리스의 철학자 이소크라테스도 비슷한 생각을 했다. 그는 니코클레스라는 군주를 위해 군주의 덕목을 설파한 편지를 써 보냈는데 거기에 이런 구절이 있다. "세간에는 그냥 보통 시민으로서 적당히 부유하게 사는 것이 더 나은지, 아니면 군왕으로서 사는 것이 더 나은지를 두고 치열한 논쟁이 있어왔던 것이 사실입니다."[13]

다시 말해 군주의 삶이 반드시 좋다는 보장이 없다는 뜻이다. 왜일까? 퍼거슨 감독이 말한 것과 비슷한 이유다. 사람들은 왕이 가진 부와 권력을 보고 신과 동격이라고 생각하지만 왕이기에 감수해야 할 고민, 위험, 공포가 얼마나 큰지는 잘 모른다. 이소크라테스는 심지어 가장 믿었던 측근에게 암살당한 군왕이 얼마나 많은지에 대해서도 말한다.

이해해주기를 바라는 마음은 사치다, 크세노폰

리더가 되면 억울한 일도 부지기수로 겪는다. 회사가 내일 당장 문 닫을지도 모를 위기에 처해 뜬눈으로 밤을 지새우다 출근했는데 직원들은 아무 일도 없다는 듯 무사태평이고, 어떤 직원은 여전히 불평불만을 쏟아내기 급급하다면 울화병이라도 걸릴 지경일 것이다.

이런 문제로 황당한 일을 겪은 사람을 꼽는다면 아마도 2500년 전 그리스의 장군이자 사상가, 크세노폰일 것이다.

그는 페르시아에 내전이 일어나자 훌륭한 군주로 칭송받던 소小 키루스를 위해 용병으로 참여하게 된다. 소 키루스라고 부르는 이유는 페르시아에 키루스라는 이름을 가진 또 다른 선조 대왕이 있었기 때문이다. 앞에서 『키루스의 교육』이란 책을 통해 함께 살펴본 왕이다. 소크라테스의 제자였던 지식인이 용병이 되다니 언뜻 이해하기 힘들지만 그 당시에는 용병이 하나의 유행이었던 것 같다. 그는 요즘의 종군기자처럼 전쟁 상황을 기록하는 일을 맡았다.

그런데 큰 전투가 벌어져 불행히도 그들이 받들던 소 키루스가 죽고, 그리스의 지휘관들도 모두 죽는다. 크세노폰이 누군가가 리더가 되어야 한다고 하자, 군사들은 크세노폰 바로 당신이 리더를 맡으라고 말한다. 결국 크세노폰은 살아남은 병사들을 그리스로 데려가기 위해 스스로 장군이 된다. 그는 솔선수범하며 군사들을 격려해 용감히 싸우고, 어려운 결단을 내리기도 하는 등 리더십을 보여준다.

적진 한복판에서 필사의 탈출을 시도하던 크세노폰의 첫 번째 결정은 사륜마차와 천막을 불사르는 것이었다. 운반하느라 짐만 될 뿐 싸우는 데 전혀 도움이 되지 않는다는 이유에서였다.[14] 그들은 혹독한 추위를 뚫고 끝도 없는 높은 산을 넘고 또 넘었다. 추위 때문에 군사들은 발가락이 떨어져나가고 눈이 멀기까지 했다. 길바닥에 주저앉아 행군을 거부하기도 했다.

이를 지켜보던 크세노폰은 뒤처지지 말라고 애걸복걸하고, 적이 추적하고 있다고 겁도 주어보고, 화를 내기도 했다. 그러나 군사들은 더 이상 행군할 수 없으니 자기들을 죽여달라고 애원했다. 크세노폰이 말을 타고 달리며 빨리 가자고 군사들을 재촉하자 한 병사가 불평했다. 자기들은 걸어가지만 크세노폰은 말을 타고 가니 처지가 다르지 않느냐는 것이었다. 그 말을 듣자마자 크세노폰은 말에서 뛰어내려 걷기 시작했다.

우여곡절 끝에 그들이 산정에 도착해 바다가 보였을 때다. 군사들은 함성을 지르고 눈물을 흘리며 서로 얼싸안았다. 장군들과 대장들도 마찬가지였다. 배를 타고 고향으로 갈 수 있다는 기대 때문이었다. 그러나 그 순간 크세노폰은 그의 일생에서 가장 하기 힘든 말을 꺼낸다. 그는 군사들에게 엄혹한 현실을 전했다. 배가 없으니 육로로 행군해야 하며, 게다가 거기 더 머물다가는 식량이 떨어질 테니 지금 당장 출발해야 한다는 것이었다.

배가 없는 한 바다는 무용지물이다. 하지만 그가 아무리 설득해도 결코 그곳을 떠나지 않겠다는 군사들이 적지 않았다. 끝내 부대는 둘로 나뉜다. 크세노폰이 이끄는 귀향 부대와 잔류를 원하는 부대. 우여곡절 끝에 크세노폰의 귀향 부대는 배가 있는 다른 항구까지 무사히 행군하는 데 성공한다. 그러나 잔류 부대는 적군에 포위되어 전멸 위기에 처하고 만다. 크세노폰은 다시 중대한 결정을 내린다. 아군을 구출하러 가기로 한 것이다. 크세노폰의 부대는 천신만고 끝에 낙오된 군사들에게 돌아가 그들을 구해내는 데 성공한다.

그런데 그 뒤에 어처구니없는 일이 벌어진다. 낙오병들이 위기에서 벗어나 안정을 되찾자 급여를 받지 못했다고 크세노폰을 고발한 것이다. 아무리 돈을 받는 용병이라고는 해도 '물에 빠진 사람 구해주니 보따리 내놓으라고 한다'는 우리의 옛말 그대로다.

크세노폰은 탄식했다. "정말이지, 사람은 무엇이든 각오하고 있어야겠구려! 적어도 내 눈에는 여러분을 위해 내가 가장 큰 열성을 보였다고 생각하는 일로 여러분에 의해 내가 고발당하니 말이오."

크세노폰이 오늘 부하들의 무심함과 이기심 때문에 깊은 배신감에 빠진 당신을 본다면 아마 이렇게 충고할지도 모른다. "억울해할 것 없어. 사람들이란 원래 그런 거야. 다른 사람들에게, 부하 직원들에게 이해받으려 하지 말아. 그들에겐 자신의 이해가 훨씬 중요한 것이야. 리더는 이해받기 위해 존재하지 않아. 사명을 위해 존재하는 거야. 리더의 숙명이라고 생각해."

전쟁을 마치고 돌아온 크세노폰은 사상가이자 저술가가 되어

『키루스의 교육』이라는 훌륭한 책을 써낸다. 앞서 살펴본, 페르시아 제국을 통일한 키루스 대왕의 이야기를 쓴 책이다. 이 책에서 키루스의 아버지는 죽기 전에 키루스에게 마지막 가르침으로 이렇게 말한다. "아들아, 위대하다고 칭송을 받던 사람이, 바로 그렇게 떠받들던 사람들에 의해 얼마나 큰 고통을 당하더냐?"

이 대목을 쓰면서 크세노폰은 자신이 부하들에게 당한 어처구니없는 배신을 곱씹었을 것이다.

기대를 버리고 다만 솔선수범하라, 알렉산드로스

군주의 귀감으로 꼽히는 알렉산드로스(알렉산더) 대왕도 "좋은 일을 하고도 욕을 먹는 것이 제왕의 몫"이라고 말했다.

알렉산드로스는 "적에게 이기는 것보다 자신에게 이기는 것이 더 제왕답다"라고 말할 정도로 절제하는 인물이었다. 그는 영광 속에 머물기보다 늘 준비하는 삶을 살았다. 그는 "가장 맛있는 아침을 먹는 방법은 야간 행군을 하는 것이며, 가장 맛있는 저녁을 먹는 방법은 아침을 적게 먹는 것이다"라는 말을 하기도 했다.

몽테뉴는 그를 근면성, 통찰력, 인내심, 규율 준수, 치밀함, 관대함, 단호함, 낙천성을 모두 갖춘 탁월한 인물로 평가했다. 그러나 그의 부하들은 그렇지 않았다. 플루타르코스의 『영웅전』에는 이렇게 쓰여 있다.

알렉산드로스는 이처럼 자신의 체력을 단련하고 용감한 행동을 하도록 측근들을 격려하기 위해 위험을 감수하곤 했지만, 측근들은 이제 부와 허세에 사로잡혀 사치스럽고 나태한 생활을 하고 싶어

했다. 방랑과 원정에 싫증이 난 그들은 조금씩 그를 비방하고 헐뜯기 시작했다.[15]

그럼에도 알렉산드로스는 태연자약한 반응을 보였고, 앞서 예로 든 것처럼 "좋은 일을 하고도 욕을 먹는 것이 제왕의 몫"이라고 말하곤 했다. 자신은 분투하고 절제하면서도 부하들이 따르지 않는 것은 인간이니 그럴 수 있는 일이라고 웃어넘기는 대목에서 대인의 면모를 엿볼 수 있다.

그는 측근들을 아주 세심하게 배려했다. 부하가 병이 들자 쾌차를 빌며 신들에게 제물을 바쳤고, 부하가 완쾌했을 때는 의사에게 고맙다는 편지를 써 보냈다.

알렉산드로스의 가장 유명한 일화는 적을 쫓아 행군할 때 벌어진 일이다. 그가 이끄는 기병대는 11일 동안 600킬로미터나 달렸는데, 물이 부족해 기진맥진했다. 바로 그때 민간인들을 만났다. 그들은 가죽 부대에 강물을 담아 노새에 싣고 가고 있었다. 그들은 알렉산드로스를 보자 투구에 물을 담아 가지고 왔다. 얼마 안 되는 소중한 물이었다. 알렉산드로스가 주위를 둘러보니 병사들이 모두 목을 길게 빼고 물을 바라보고 있었다. 그는 물을 마시지 않은 채 투구를 돌려주며 이렇게 말했다. "나 혼자 이 물을 마신다면 이 사람들의 사기가 떨어질 것이오."

『영웅전』은 그 뒤의 장면을 이렇게 묘사한다.

그의 이런 자제력과 고매한 정신을 보자 기병들은 자신들을 과감하게 앞으로 인솔하라고 그를 향해 외쳤다. 그리고 그런 왕을 모시고 있는 한 자신들은 피로나 갈증은 물론이고, 자신들이 필멸의 존재라는 것조차 느낄 수 없다며 말에 박차를 가했다.[16]

오늘날의 리더에게 요구되는 덕목도 이런 것이 아닐까. 부하들에게 인정받기를 바라지 말라. 솔선수범하라. 대가를 기대하지 말고 언제나 그들과 함께하라. 그들의 고통을 함께 나눠라. 만약 그들이 당신을 진심으로 따른다면, 아주 이례적인 선물을 받았다고 생각하라. 물론 쉽지 않은 일이겠지만.

진정한 영웅은 자만을 경계하는 자다.
영웅은 승리를 잠시 기뻐하지만
지금까지의 승리는
단지 운의 결과임을 깨닫는다.
그는 자신의 한계를 가르쳐줄
또 다른 적대자와
대면할 운명이라는 것도 알고 있다.

6장
승전보

그러나 영웅의 여정은
쉽게 끝나지 않는다

가자! 우리는 여기서 멈춰서는 안 된다.
이 항구가 아무리 안락해도, 이 바다가 아무리 잠잠해도,
우리는 여기에 닻을 내려서는 안 된다.
그대가 가기로 되어 있던 도시에 당도하지만
그대는 흡족하게 정착할 겨를도 없이
거역할 수 없는 부름에 또다시 떠나야 한다.

—월트 휘트먼,「도로의 노래」

앞서 영웅이 넘어야 할 시련들에 대해 살펴보았다. 분투는 헛되지 않았다. 거센 시련을 극복한 영웅은 마침내 죽음을 이겨낸 대가를 얻는다. 〈쿵푸 팬더〉의 포는 스승으로부터 쿵푸의 비법이 담긴 용

의 문서를 얻는다. 〈반지의 제왕〉에서 흑기사의 칼에 찔린 프로도는 요정 엘프의 도움으로 살아나고, 눈을 뜨자 자신 앞에 펼쳐진 요정 세계의 아름다움에 취한다. 〈벤허〉에서 벤허는 노예선이 난파되자 사령관을 구하고 자유를 얻는다.

그러나 영웅의 여정은 끝나지 않았다. 여기서 여정이 끝난다면 싱거울 테고, 영웅답지도 않을 것이다. 그들 앞에는 더 큰 시험이 기다리고 있다. 그럼에도 영웅은 즐거움을 만끽하느라 여념이 없다. 이처럼 승리가 덧없는 것일 수도 있다는 점이 영웅 서사에 깊이를 더한다.

장차 영웅이 맞닥뜨릴 더 큰 시련은 영웅 자신에 의해 잉태되는 경우가 많다. 위기를 넘긴 영웅은 흔히 자만에 빠지고, 때로는 자신이 싸웠던 바로 그 죽음이나 악에 물들기도 한다. 이 단계에 머문다면 결코 영웅이 될 수 없다.

기업의 역사에도 비슷한 사례가 부지기수다. 휴대전화 시장의 영웅이었던 모토로라는 자만에 빠져 아날로그에서 디지털로의 시장 변화를 외면했다. 당시 모토로라 고위 경영자 중 한 사람은 디지털의 위험을 무시하며 이렇게 말했다. "4300만 명의 아날로그 고객이 있는데 대체 뭐가 문제란 말인가."

파산 신청을 한 코닥의 경영진 역시 비슷한 생각을 했다. 필름 사업은 1달러를 투자하면 70센트를 버는데, 고작 5센트를 버는 디지털 사진으로 전환해야 할 필요가 무엇이냐는 것이었다.

진정한 영웅은 자만을 경계하는 자다. 영웅은 잠시 승리를 기뻐하지만 지금까지의 승리가 단지 운이 따랐을 뿐이었음을 깨닫는다. 그는 자신의 한계를 가르쳐줄 또 다른 적대자와 대면할 운명이라는 것도 알고 있다.

옛날 로마의 장군이 전쟁에서 승리를 거두고 돌아와 시가행진을 할 때는 항상 노예를 동반해 무슨 말을 계속 하도록 했다. "메멘토 모리", 즉 '너의 죽음을 기억하라'는 말이다. 지금 많은 이들이 나를 추앙하고 있지만 나 역시 언젠가는 죽을 수밖에 없는 인간에 불과하다는 사실을 잊지 말라는 경고다. 잘나간다고 우쭐대지 말고 더욱 겸손해지라는 의미다.

자만을 경고하는 말 중 단연 압권은 바로 로마의 장군 스키피오 아이밀리아누스가 한 말이다. 그는 카르타고를 침공해 초토화시킨 전쟁 영웅이다. 그 역사적인 승전의 현장에서 그는 스승인 폴리비우스의 두 손을 잡고 이렇게 말한다. "폴리비우스, 지금은 정말 영광스러운 승리의 순간입니다. 그러나 나는 언젠가는 우리 로마에 이런 불행이 닥칠 것을 생각하니, 가슴이 먹먹해집니다."

폴리비우스는 자신의 책 『역사』에서 당시를 이렇게 묘사한다.

> 스키피오는 온 도시가 초토화되는 것을 지켜보면서 눈물을 흘렸고, 적이 맞이한 비극을 함께 슬퍼했다. 그렇게 오랫동안 눈물을 흘리며 스키피오는 깊은 생각에 잠겨 모든 도시와 나라, 모든 권력과 인물들이 모두 종말을 고하게 되는 운명을 깊이 생각했다.

이런 영웅이 한 사람만 있어도 세상은 어제와 다를 것이다.

모든 일이 순조로울 때가 있다. 이럴 때가 가장 조심할 때다. 거절하기 힘든 유혹에 굴복하기도 하고, 권력에 도취되어 쉽게 분노에 휩싸이고 이성을 잃기도 한다.

이번 장에서는 모든 일이 순조로울 때 마음을 다스리지 못해 추락한 이들과 그런 추락을 현명하게 피한 이들의 이야기를 소개한다.

휴브리스를 경계하라, 크세르크세스와 아가멤논

몇 해 전에 그리스를 여행한 적이 있다. 유적지들을 순회하는 코스였다. 여행 내내 떠오르던 생각이 있었다. '왜 인간은 역사에서 배우지 못하는가'였다.

기하급수적으로 기술이 발전하는 시대다. 21세기에 걸친 100년간의 기술 진보가 지난 2만 년의 그것을 모두 합친 것과 맞먹는다고 한다. 그런 시기에 왜 사람들은 케케묵은 2500년 전의 그리스를 공부하려 하는 것일까? 2500년이 흘렀건만 우리가 과거의 교훈을 충분히 받아들이지 못했다는 증거 아닐까?

사실 역사가 길잡이가 될 수 있다면 그 역사의 혜택을 누구보다 많이 받은 그리스는 어느 나라보다 지혜롭고 행복한 나라가 되었어야 한다. 그러나 여행 당시 그리스는 경제위기 여파로 국민 한 사람이 일주일에 은행에서 420유로 이상 인출할 수 없는 나라가 되어 있었다.

호메로스부터 아이스킬로스, 플라톤에 이르기까지 인류의 역사를 빛낸 수많은 현자들이 후대에 자신들의 어리석음이 되풀이되지 않기를 바라며 수많은 기록을 남겼다. 그런데도 왜 오늘날 그리스는 유럽의 병자로 전락하고 말았을까? 지혜는 결코 유전될 수 없는 것일까?

깨어 있는 소수의 사람들은 잘나갈 때도 늘 경계하며 역사에서 교훈을 얻는다. 하지만 대부분의 경우는 그렇지 않다. 『블랙 스완』으로 유명한 나심 니콜라스 탈레브 Nassim Nicholas Taleb 는 이렇게 말한다. "아이들은 잘못을 저지르면서 배운다는 말이 있다. 불에 데어봐야 다시는 불에 손대지 않는다. 다른 사람이 아무리 주의를 줘도 아이는 전혀 조심하지 않는다. 어른도 마찬가지다."

특히 달콤한 성공을 몇 번 맛보고 나면 스스로를 우상화하고, 스스로가 역사가 되면서 진정한 역사의 교훈에서 눈을 돌린다. 오만은 파멸의 근원이라는 교훈에서 말이다.

휴브리스 hubris 라는 말이 있다. 원래 '신의 영역까지 침범하려는 정도의 오만'을 뜻하는 그리스어인데, 역사학자 아놀드 토인비 Arnold Joseph Toynbee 가 '과거에 성공한 사람이 자신의 능력과 방법을 우상화함으로써 오류에 빠지게 된다'는 뜻으로 사용해 유명해졌다. 주로 큰 성공을 거둔 리더의 오만을 경계하는 의미로 사용된다. 아놀드 토인비는 『역사의 연구』에서 문명이 쇠퇴하는 유력한 원인의 하나로 휴브리스를 꼽는다.

사실 지금 우리나라도 휴브리스를 경계해야 한다. 지난 10년이 한국 국운國運의 절정기가 아니었나 하는 생각을 한다. 국가신용등급이 처음으로 일본을 앞질렀고, 삼성전자는 애플과 건곤일척乾坤一擲의 대결을 벌였으며, 싸이와 방탄소년단의 노래와 춤이 전 세계를 휩쓸었다. 제2차 세계대전 이후, 후진국에서 출발해 '20-50 클럽'(1인당 소득 2만 달러, 인구 5000만 명)에 가입한 것은 우리나라가 유일하다.

그러나 이례적인 일은 반복되기 어렵다. 지금이 절정기라고 생각하는 이유다. 이 가설이 맞는다면 우리는 기뻐하기보다 경계해야 한다. 절정의 순간은 짧기 때문이다. 하버드대학의 니얼 퍼거슨 교수에 따르면 제국의 몰락은 한밤의 도둑처럼 어느 날 갑자기 찾아든다. 하물며 소국의 고속 출세라면 더욱 그렇다. 하지만 여기서 끝내기는 아쉽다. 한국인에게는 이보다 훨씬 더 큰 일도 이룰 수 있는 DNA가 있다고 믿기 때문이다.

일본 경제가 정점이었던 1980년대 후반과 비교하면 우리는 아직도 갈 길이 멀다. 당시 일본은 현재의 중국처럼 'G2'(주요 2개국)로 분류됐고, GDP가 오늘날 우리나라의 2.8배 수준이었다. 기껏해야 강중국強中國 수준인 지금의 한국과는 격차가 크다.

문제는 한국이 일본을 따라잡기도 전에 일본이 20년 전 겪었던 쇠퇴의 징후들이 나타나고 있다는 점이다. 생산 가능 인구가 2016년을 정점으로 감소하기 시작했고, 중국에 제조업 경쟁력이 추월당했으며, 기업가 정신은 쇠퇴하고 있다. 한국은 정보화 혁명을 선도했으나, 4차 산업혁명 시대에는 존재감이 미미하다.

일본은 워낙 거대한 부와 기술의 축적이 있었기에 20년 장기 불황을 버틸 수 있었다. 그러나 우리나라는 축적이 적은 반면 높은 회전율로 버티는 나라다. 작은 엔진으로 무거운 짐을 끌고 가려니 엔진을 더 빨리 돌려야 한다. 계속 회전율을 높이지 않으면 장기 불황을 버틸 수 없다.

물론 엔진도 시대에 맞게 업그레이드해야 한다. 정부 주도도, 시장 만능도 아닌 창의의 엔진으로 바꿔야 한다. 지속해서 개방 경제를 지향하되 그에 따른 양극화와 분배 구조 악화를 보완하는 복지 정책도 필요하다. 하지만 무엇보다 중요한 것은 우리 사회가 무엇을 지향하느냐이다.

앞서 그리스가 역사로부터 교훈을 얻지 못함을 안타까워했는데, 사실 고대 그리스의 현인들은 휴브리스를 누구보다도 경계했다. 고대 그리스 문학처럼 휴브리스의 교훈을 반복적으로 강조한 경우도 찾기 힘들다. 헤로도토스의 『역사』라는 책은 전체가 휴브리스를 다루고 있다고 해도 과언이 아닐 정도다. 이 책은 페르시아 제국의 오만과 멸망에 관한 이야기를 다루고 있다. 페르시아를 반면교사로 삼으려 한 것이다.

크세르크세스의 휴브리스

『역사』에는 휴브리스를 상징하는 인물이 등장한다. 바로 크세르크세스다. 영화 〈300〉에도 나오는데, 거구에다 온몸을 황금 장신구로 치감고 코걸이까지 한 그 인물이다. 그는 끝이 보이지 않는 500만 병사들을 이끌고 그리스를 침공한다.

초기에는 성공적이었다. 아테네까지 점령해 아크로폴리스에 불을 질렀다. 그러나 살라미스 해전과 플라타이아 전투에서 잇따라 패하면서 그리스에서 쫓겨나고 큰 피해를 입는다. 『역사』는 패전의 원인을 크세르크세스의 오만에서 찾는다.

헬레스폰토스라는 해협을 건널 때였다. 속국 주민들을 동원해 어렵사리 두 개의 다리를 놓았는데, 세찬 강풍이 일더니 다리를 덮쳐 산산히 부숴버렸다. 그때 크세르크세스는 역사상 가장 오만한 리더의 모습을 보여준다.

그는 노발대발하며 부하들에게 바다에 매 300대를 치게 했다. 그리고 부하를 시켜 바다에 대고 이렇게 호통치게 했다. "이 쓴 물아, 네게 아무런 해코지를 하지 않으신 우리 주인께 네가 해코지를 한 죄로 우리 주인께서 네게 이런 벌을 내리시는 것이다. 크세르크세스 대왕께서는 네가 원하든 원하지 않든 너를 건너가실 것이다."

뿐만 아니다. 페르시아군이 그리스를 정복하러 가는 길에 반도가 있었는데, 그곳을 우회하지 않고 통과하기 위해 크세르크세스는 운하를 파게 했다. 그 반도에는 아토스라는 산이 있었는데 거기에 물길을 내려니 힘이 들었다. 크세르크세스는 그 산을 수신인으로 편지를 쓰게 했다. 편지 내용은 이랬다. "하늘 높이 솟아 있는 신과 같은 아토스여. 다루기 힘든 큰 돌들로 내가 하는 일을 방해하지 말지어다. 그러지 않으면 내가 그대를 베어 바다에 던지리라."[17]

『역사』에는 크세르크세스의 숙부가 쓰디쓴 조언을 하는 장면이 나온다. 헤로도토스가 독자들에게 들려주고 싶은 이야기였을 것이다. "신은 항상 가장 큰 집들과 가장 큰 나무들에 벼락을 칩니다. 신은 월등히 큰 것은 무엇이든 줄이려 하옵니다. 신께서는 자기 외에 다른 존재가 잘난 체하는 것을 허용하시지 않기 때문입니다."

사실 우리는 어떤 사람이 성공했는지 실패했는지의 여부를 쉽게 알아차린다. 어투나 걸음걸이, 심지어 통화를 하는 모양새만 보아도 알 수 있다. 나심 니콜라스 탈레브의 『행운에 속지 마라』는 책에 이런 대목이 있다.

> 시카고의 한 택시기사가 자기는 시카고상품거래소 근처에서 태운 트레이더가 돈을 벌었는지 여부를 알 수 있다고 말했다. "돈 번 트레이더는 모두 우쭐대거든요."[18]

휴브리스에 대한 경고, 아가멤논

그리스의 비극 작가 아이스킬로스는 『아가멤논』이라는 작품에서 휴브리스에 대해 경고한다. 아가멤논이 트로이 전쟁에서 승리하고 돌아오자 아내 클리타임네스트라는 자줏빛 천을 바닥에 깔고는 아가멤논에게 그것을 밟고 궁전 안으로 들어가라고 말한다. 아가멤논은 고개를 저으며 이렇게 말한다.

> 인간이 어찌 화려하게 수놓은 천을 밟을 수 있겠소! 두려워서도 나는 감히 그런 짓은 못하겠소. 나는 신이 아니라 인간으로 존경받고 싶소. 교만하지 않은 마음은 신이 주신 가장 위대한 선물이오.

그러나 아내의 거듭된 요청에 그는 자줏빛 천을 밟고 궁전으로 들어간다. 아가멤논은 곧이어 아내와 그 정부에 의해 살해당하는 비운의 주인공이 된다. 그리고 아내는 훗날 아들딸에게 살해당하는 비극이 이어진다.

이 책에서 노인들은 휴브리스를 경계하는 노래를 이어 부른다. 예를 들면 이런 대목이다. "지나친 명성은 위험한 법. 제우스의 눈에서 벼락이 떨어짐이라. 나의 소망은 시기를 사지 않는 행복이니." 이런 대목도 있다. "순풍에 돛 단 인간의 행운도 눈에 보이지 않는 암초에 걸리는 법. 하나 재물을 구할 때 신중에 신중을 기하여 지나친 부분을 알맞게 재서 물속에 던져버린다면, 과중한 풍요로 말미암아 집 전체가 침몰하는 일은 없을 것이며, 선장도 배를 바다 속에 가라앉히는 일은 없으리라."

참으로 지혜로 가득 찬 표현이다. 일이 너무 잘 풀리고, 거치적

거리는 게 없어서 오히려 불안할 때 읽어보면 좋을 구절이다.

이렇게 무서운 것이 휴브리스라면 미리 알아채는 방법은 없을까? 런던비즈니스스쿨의 도널드 설Donald Sull 교수는 "CEO가 경영 잡지의 표지에 자주 등장하거나 책을 쓰고 강연을 다니면 위험 신호"라고 말한다. 그런 일들은 CEO가 자신이 과거에 했던 방식대로 하라고 모든 직원에게 강요하는 것과 마찬가지라는 것이다.

리더십 컨설턴트 존 발도니John Baldoni는 기업 경영자가 휴브리스에 빠졌는지를 파악하는 몇 가지 자가진단법을 제시했다. 그중 몇 가지는 꽤 와 닿는다. "부하 직원들이 늘 당신의 의견에 동의한다"도 그중 하나다.

당신도 그렇지 않은지 한번 생각해보라. 또한 일이 꼬일 때 당신이 맨 처음 하는 말이 "누구 책임이야?"라면 그것도 위험 신호다. 소비자와 직접 이야기한 게 언제인지 기억할 수 없다면 그것 또한 심각한 위험 신호다.

평화가 계속되리라는 믿음도 휴브리스

좀 다른 이야기인데, 우리는 평화와 관련해서도 휴브리스를 경계해야 한다. 다시 말해 평화가 계속될 것이라는 휴브리스적 사고에 사로잡혀 있는 것은 아닌지 의심해야 한다. 세계는 제2차 세계대전 이후 역사상 가장 평화로운 시기를 누리고 있다. 여러 지역에서 많은 분쟁이 있었지만 과거에 비교할 만한 큰 전쟁은 없었고, 그로 인해 죽은 사람도 극적으로 감소했다는 게 객관적인 사실이다.

하지만 이 이례적인 평화가 지속될 수 있을까 하는 의문 혹은 공포가 요즘 자주 머리를 쳐든다. 늘 공기를 호흡하면서 공기의 고마움을 모르는 것처럼, 우리는 평화와 안녕을 너무도 당연하게 여긴다. 오랫동안 평화를 유지해왔기에 그 평화를 당연하게 여기는 것 역시 휴브리스가 아닐까 생각한다.

독일의 소설가이자 전기 작가인 슈테판 츠바이크는 앞서 살펴본 『어제의 세계』라는 책에서 평화란 모래성처럼 한순간에 무너질 수도 있는 것이라고 말한다. 그는 이 책을 통해 인류가 어떻게 19세기 말의 이례적인 평화에서 한순간에 제1, 2차 세계대전이라는 광기로 빠져들게 되었나를 증언한다. "훨씬 전에 잊혔다고 믿었던 야만 상태로 인류가 상상도 할 수 없을 정도로 빠져 들어가는 모습을 나는 바라보지 않으면 안 되었다."[19]

1871년 보불전쟁이 끝나고부터 1914년 제1차 세계대전이 시작되기 전까지를 '벨에포크 La belle epoque'라고 부른다. '좋은 시대'라는 의미다. 바로 슈테판 츠바이크가 활동했던 시기다. 전쟁은 사라지고 기술이 급격히 발전해 전기, 전화, 비행기가 등장했으며, 경제는 번영하고, 문화와 예술이 융성했다. 사람들 사이에는 낙관론이 팽배했다.

저자는 이렇게 묘사한다. "전쟁, 혁명, 전복 같은 것은 아무도 믿지 않았다. 과격한 것, 폭력적인 것 등은 모두 그런 이성의 시대에서는 이미 있을 수 없는 일처럼 생각됐다."[20]

그러나 벨에포크 시대의 오만한 낙관론은 파멸의 뿌리를 잉태했다. 그것은 낭만적인 국가주의의 유행이었다. 이탈리아의 파시즘, 독일의 나치즘, 러시아의 볼셰비즘이 대표적이다. 이 대목은 요즘 세계 전역에서 국가주의와 포퓰리즘이 대두되는 모습과 겹친다. 자유주의와 시장경제, 글로벌화가 역풍을 맞는 가운데, 전 세계에서 자국 이기주의와 힘의 논리가 새로운 질서가 되고 있다.

전쟁은 너무도 터무니없이 찾아온다. 오스트리아 제국의 왕위 계승자인 페르디난트 대공은 사라예보에서 암살당했다. 사실 대공은 국민으로부터 전혀 사랑받지 못했던 인물이다. 그 암살이 전쟁(제1차 세계대전)을 불러오리라고 예상한 사람은 아무도 없었다. 슈테판 츠바이크는 당시 벨기에의 한 해수욕장에서 평화로운 분위기에 젖어 휴양을 하고 있었다.

평화로운 분위기를 방해하는 유일한 것은 신문팔이 아이들이었다. 아이들은 신문을 팔기 위해 신문의 헤드라인을 소리 높여 외쳤다. "오스트리아, 러시아에 도전!" "독일, 동원을 준비 중!" 사람들은 신문을 사면서 잠시 안색이 흐려졌지만 "겨우 2~3분" 정도뿐이었다. 예전에도 비슷한 상황이 있었지만 늘 사태가 심각해지기 전의 마지막 순간에 잘 해결되곤 했기 때문이다. 사람들은 '이번에도 그렇게 되지 않을 이유는 없다'고 생각했다.

그러나 전쟁은 그 순간 그들의 옆으로 다가오고 있었다. 슈테판 츠바이크가 벨기에 휴양지를 떠나 독일 영토로 들어가기 10분 전 갑자기 기차가 멈춰 섰다. 사람들은 궁금해하며 창가로 몰려갔고, 슈테판 츠바이크는 어둠 속으로 화물열차가 줄지어 오는 것을 보았다. 포장으로 덮어놓긴 했지만 대포들이 실려 있다는 것을 직감했다. 그는 심장이 멎는 듯했다. 그것은 독일군의 진격이었다.

충격적이게도 이 책의 저자 슈테판 츠바이크는 1942년 부인과 함께 동반 자살한다. 유태인이었던 그는 박해를 견디다 못해 고향 빈을 떠나 미국과 브라질을 떠돈다. 그리고 히틀러의 광포가 절정으로 치닫고 일본이 진주만을 기습 공격하자 스스로 목숨을 끊음으로써 전쟁이라는 감옥으로부터 탈출한다.

　이 책은 그가 죽기 전 피를 토하듯이 내뱉은 절규다. 그는 시종일관 인류가 한순간에 전쟁이라는 나락에 빠질 수 있다고 경고한다. 그가 인용한 프로이드의 말이 잊히지 않는다.

　"우리의 문화와 문명이라는 것은 다만 표면의 얇은 층에 지나지 않는다. 그것은 어느 때고 심층 세계의 파괴적인 힘에 의해 와해될 수 있다."

유혹에 대처하는 두 가지 방법, GE와 듀폰의 경영진

이번에는 거절하기 힘든 유혹을 마주한 경우를 살펴보자. 기자로 일하던 시절, 특종을 강조하던 선배가 있었다. 그는 늘 특종을 잡아오라고 몰아붙였다. 과거에는 특종의 의미가 지금보다 훨씬 컸다. 요즘은 특종 기사가 있어도 1초 만에 인터넷에서 그대로 베껴 쓰니 그 의미가 별로 없지만, 과거에는 어느 신문에 대문짝만하게 특종 기사가 나면 경쟁지는 다음 날에야 그 소식을 실을 수 있었다. 그러니 낙종의 아픔이 클 수밖에 없었다.

　나는 특종과는 거리가 먼 기자였다. 특종을 많이 잡으려면 열심히 취재해야 하고, 마키아벨리적 술수와 정치 감각도 필요했다. 하지만 나는 그리 부지런하지도 않았고, 정치 감각도 젬병이었다. 특종의 압박이 너무 크다 보니 영혼이라도 팔고 싶다는 생각이 들기도 했다. 젊음을 얻기 위해 악마에게 영혼을 판 파우스트처럼 말이다. 최악의 기사 조작을 일으킨《뉴욕타임스》의 제이슨 블레어

기자도 비슷한 심정이었을 것이다.

　어디 기자만 그런 유혹을 받겠는가. 당신이 한 회사의 사장이라고 가정해보자. 주력 제품이 시장에서의 가격 경쟁이 너무 치열하고, 원가 이하로 덤핑을 하는 경쟁사도 있다. 이윤이 떨어지고 주가가 떨어진다. '이렇게 가면 모두가 망하는 길인데…' 하는 생각이 머리를 떠나지 않는다.

　직원들도 힘들어하기는 매한가지다. 실적이 악화되면서 회사에서는 계속해서 실적을 올리라고 압박을 가하기 때문이다. 이때 자연스럽게 담합의 유혹이 파고든다. 경쟁사들도 비슷한 생각일 것이다. 직원들은 당신도 모르는 사이에 경쟁사 직원과 담합을 한다.(어쩌면 사장인 당신이 마음속으로 바라던 일을 직원들이 대신해준 것일지도 모른다) 담합은 어느새 업계의 관행이 되어버린다. 물론 담합은 불법이다. 형사 처벌도 감수해야 한다. 하지만 직원들은 법 조항이 장식에 불과하다고 믿는다.

　그러던 어느 날 사장인 당신이 직원들의 담합 사실을 뒤늦게 알게 됐다. 당신이라면 어떻게 하겠는가? 진상조사위원회를 구성해 사실을 규명하고, 관련자를 적발해 고발하겠는가? 아니면 모른 척 넘어가겠는가? 초등학생이라면 1초 만에 대답할 문제이지만 막상 현실에 부딪히면 쉽게 마음을 결정하기 힘들다.

담합의 유혹, 1950년대의 GE

이 이야기는 실제로 1950년대 GE에서 벌어졌던 일이다. 언론인 존 브룩스 John Brooks 가 쓴 『경영의 모험』이라는 책에 소개된 사례다. 이 책은 1959년에 출간되었는데, 빌 게이츠가 인생의 경영서로 추천해 뒤늦게 유명세를 탔다.

이 책은 깊이 있고 냉정을 잃지 않는 것이 장점이다. 여러 경영 사례들을 통해 손쉽게 단순한 결론을 이끌어내는 대신, 주변 정황을 총체적이고 세밀하게 보여줌으로써 독자들로 하여금 스스로 느끼고 판단하게 한다.

GE는 변압기나 개폐기 등 대형 고가 장비를 전력 회사에 판매하는 과정에서 조직적인 담합을 저지른다. 경쟁 회사 중역들과 몇 년에 걸쳐 회의를 하면서 비경쟁적 가격 수준을 합의했고, 경쟁 입찰에 각본을 짜고 참여해 '돌려 먹기'를 하는 식으로 수주했다. 수요자인 전력 회사들은 결과적으로 장비를 비싸게 구입한 셈이고, 그것이 공공 전력 회사라면 피해는 궁극적으로 납세자의 부담으로 돌아간 셈이다. 결국 담합이 적발되어 GE를 비롯한 기업들은 큰 벌금을 물고 관련자들은 징역을 살게 된다.

GE에는 담합을 엄격히 금지하는 회사 규칙이 있었다. 그러나 일부 직원과 중역들은 그 조항이 선언적이고 형식적인 것일 뿐 반드시 지켜야 할 것으로 생각하지 않았다. 나중에 문제가 생겼을 때 "이런 규정이 있어"라고 핑계를 대기 위한 것쯤으로 여겼다. 벽에 걸려 있는 거창한 기업의 슬로건들처럼 말이다. 심지어 상사가 부하 직원에게 이 규칙을 지키라고 말할 때 부하는 실제로 그것을 어기라는 지시로 여기기도 했다.

책에는 코미디 같은 내용들이 많다. 이 회사의 어떤 상사들은 담합을 금지하는 그 규칙을 지키라고 말하면서 눈을 찡긋하는 버릇이 있었다고 한다. 지키지 않아도 된다는 암시였다. 어느 날 한 고위 임원이 영업부장 회의에서 연설을 하면서 담합 위반 행위에 대해 늘 하듯이 경고를 하자 부하 직원이 이렇게 말했다. "이사님이 눈을 찡긋하는 걸 한 번도 못 봤습니다." 그러자 임원은 그 부하 직원에게 말한다. "나는 눈을 찡긋하지 않았네. 내가 한 말은 액면 그대로 받아들여야 하네."

그러나 그 고위 임원 역시 사내에 눈을 찡긋하며 말하는 관행이 있다는 것을 알고는 있었다고 훗날 법정에서 증언했다. 그의 상사가 그에게 지시를 내릴 때도 그랬다면서 말이다. 문제는 앞서 말한 그 회의에서 고위 임원이 "눈을 찡긋하지 않았다"고 강조했는데도 회의가 끝나고 얼마 지나지 않아 부하 직원들이 밖에 나가 공공연히 가격 담합을 벌였다는 데 있다.

부하 직원들은 왜 그랬을까? 고위 임원이 경고를 해도 그 아래 직속 상사들은 그 말을 무시하라고 말했기 때문이다. 직속 상사들은 그 임원의 말을 "순진하다"고 일축하면서 가격 안정의 필요성을 강조했다. 부하 직원들에게는 그 말이 훨씬 설득력 있게 들렸다. 훗날 부하 직원들은 이렇게 고백했다. "악마를 옹호하는 사람들이 주님을 내세우는 철학자들보다 내게 더 와 닿았다."

다른 직속 상사는 그 부하 직원에게 이런 말도 했다. "지금까지 해온 방식대로 계속 해나가되 분별 있게 대처하고, 그 문제에 대해서는 머리를 쓰게."

많이 들어본 말 같지 않은가? 오늘도 여러 조직에서 "알아서 해!" 혹은 "눈치껏 해!"라는 말이 메아리치고 있을 것이다. 사실 부하 직원 입장에서는 "눈치껏 하라"는 말처럼 무서운 게 없다. 이 말에는 요령껏 규칙을 어기되 들키지 않게 하고, 들킨다면 "네가 책임져라"는 뜻이 내포되어 있다. 또 눈치껏 하기 싫다면 대안은 회사를 그만두는 것 외에는 없을 테니 말이다. 그야말로 진퇴양난이다.

GE의 저압 개폐기 사업본부장을 맡고 있던 스텔릭도 그런 상황에 처했다. 어느 날 사장으로부터 "경쟁사 사장과 점심 식사를 같이하라"는 지시가 내려왔다. 그 지시는 사장이 직접 전한 게 아니라 스텔릭의 상사를 통해 전달됐다. 사장은 나중에 법정 증언에서 "비록 경쟁사 사장과 점심을 같이하라고 요구한 건 사실이지만 가격에 대한 이야기는 하지 말라고 분명히 지시했다"고 말했다. 하지만 스텔릭의 상사는 스텔릭에게 그 경고를 전하지 않았다.

어쨌거나 고위층이 "주요 경쟁사 사장과 점심을 같이하라"고 지시했다는 사실은 스텔릭에게 '아주 큰 정신적 영향'을 미쳤다. 당시 사장이 직원에게 경쟁사 사장과 점심을 같이하라고 지시한 진짜 이유가 무엇인지, "가격에 대한 이야기는 하지 말라"고 했지만 속마음으로는 가격에 대한 이야기를 해주기를 바란 것은 아닌지, 진실은 오직 사장 본인과 그리고 신만이 알 것이다.

『경영의 모험』은 기업에서 일어나는 커뮤니케이션 문제가 실제로는 '나와 나 자신 사이에 커뮤니케이션이 제대로 일어나지 않아서' 생기는 문제일지 모른다고 반문한다. 무릎을 치게 하는 대목이다. 흔히 기업에서 소통이 잘 되지 않는다고들 말하는데, 실은 경영진의 마음부터가 뚜렷하지 않고 오락가락하기 때문에 그럴 수 있다.

특히 유혹의 시기에 경영진이 원칙을 지키는 결연한 모습을 보여주지 않는다면 부하 직원들은 겉과 속이 다르다고 느낄 테고, 경영진의 진심이 무엇인지 헷갈려할 게 뻔하다. 결국 상사에게 지시를 받고도 그것을 액면 그대로 해석해야 할지, 아니면 정반대 의미로 해석해야 할지 고민해야 할 것이다. 존 브룩스는 그에 대해 이렇게 말한다.

"만약 회사 소유주가 부하 직원들에게 반反 트러스트법을 지키라고 지시하지만 그가 자기 자신과 커뮤니케이션을 하는 문제에 있어서 그 지시가 지켜지길 원하는지 지켜지지 않길 원하는지 정확히 모른다고 하자. 만약 그의 지시가 지켜지지 않으면, 그 결과로 일어나는 가격 담합은 회사 금고를 두둑하게 할 것이다. 만약 그의 지시가 지켜진다면, 그는 옳은 일을 한 셈이다."

듀폰의 행동 강령

반대로 '나와 나 자신 사이에 커뮤니케이션이 정확히 일어난 경우'로는 미국의 화학 회사 듀폰을 들 수 있다. 2017년 다우와 합병해 '다우듀폰'이 된 회사다.

듀폰은 어느 회사보다 안전을 강조하기로 유명하다. 그러나 그런 전통이 하루아침에 얻어진 것은 아니다.

듀폰은 초기에 화약을 만들었는데 공장에 안전사고가 끊이지 않았다. 창업자 E. I. 듀폰 Eleuthere Irenee Du Pont de Nemours 은 끊임없이 안전을 강조했지만 직원들에게 제대로 전달되지 않았다. 그는 안전이 최우선임을 강조하기 위해 공장 한가운데 집을 짓고 가족과 함께 살기 시작했다.

공장 설립 계획 때부터 "책임자의 집은 창문을 통해 공장 전체를 볼 수 있는 위치에 있어야 한다"는 내용이 포함되어 있었다. 그는 그 집에서 7명의 자녀를 키웠는데, 사고 때문에 그의 아내가 부상을 입고 집이 크게 파손되기도 했다. 사고가 나면 사장이 가장 먼저 죽는다는 것보다 더 강렬한 메시지가 있을까? 그가 늘 입에 달고 다녔던 "If we can't do it safely, we won't do it at all(안전하게 하지 못한다면, 우리는 아예 하지 않는다)"이라는 말은 직원들에게 새롭게 각인됐다.

행동보다 사람의 진심을 믿게 하는 것도 없다. 듀폰에는 공장에 새로운 장비가 들어오거나 새로운 공정을 시작할 때 최고 경영진 가운데 한 사람이 직접 시험해보고 난 뒤에야 직원들이 공장에 들어올 수 있게 하는 규정도 있었다. 듀폰에서 아시아 태평양 지역 회장을 역임한 김동수 회장은 듀폰식 리더십을 이렇게 표현한다. "리더십은 행함으로써 보이고 믿게 하는 것이다." 리더가 행동하면 그것을 부하들이 보게 되고, 그러면 그들은 그것을 믿게 된다는 의미다.

듀폰은 윤리에 대해서도 매우 엄격한 기준을 갖고 있다. 중요한 것은 어떤 것도 예외 없이 적용된다는 점이다. 2000년대 초반 듀폰 일본 지사의 한 직원이 개인적인 용무로 택시를 탄 뒤 요금 5000엔을 업무 관련 비용으로 청구했다. 다음 날 그 직원은 해고됐다. 너무 심하다고 생각하는가?

비슷한 시기의 더 심한 사례도 있다. 대만에 듀폰의 나일론 공장이 있었다. 대만은 폐수의 불순물 농도가 일정 기준 이상이면 공장 가동을 정지해야 한다는 규정이 있다. 어느 날 농도가 기준을 넘었는데 공장장은 그 정도가 경미하다고 보고 가동을 계속했고, 얼마 뒤 농도를 정상 수준으로 바로잡았다.

다음 날 그에 대한 보고가 본사로 전해졌고, 그 공장장은 바로 해고됐다. 그 공장장과 가까운 사이였던 김동수 회장은 그 당시 매우 가슴이 아팠다고 한다. 그런데도 그는 공장장을 위해 아무런 일도 할 수 없었다. 법을 어겨서는 안 되기 때문이다.

듀폰은 회사의 핵심 가치와 윤리 규범, 직원들의 책임과 의무를 명시한 행동 강령집 code of conduct 를 만들어 전 직원이 수시로 참고하게 한다. 인터넷에도 오픈해 직원이 아니라도 누구나 볼 수 있다. 수시로 업데이트되며, 2017년판은 총 38쪽이다.

이 행동 강령에는 몇 가지 원칙이 있다. 그중 하나는 "경영진이 모범을 보이고 솔선수범한다"와 "회사의 규정은 모든 직원에게 동일하게 적용된다"이다. 좀 더 구체적인 원칙도 있다. "동료나 가족에게 당당하고 자신 있게 말할 수 있을 것"과 "신문에 보도되어도 자신이나 회사가 곤란하지 않을 것"이다. 이런 회사라면 과거 GE의 경우처럼 '나와 나 자신 사이에 커뮤니케이션이 정확히 일어나지 않는 경우'가 생기기는 힘들 것이다.

전 세계의 여러 나라 직원들과 함께 일한 김동수 회장은 "한국인은 그 어느 나라 사람보다 업무 능력이 뛰어나다"고 말한다. 하지만 그는 "윤리 의식에 관한 한 한국은 선진국에 비해 매우 뒤떨어져 있다"고 개탄한다.

당신도 가끔 유혹을 느낄 때가 있을 것이다. 그 유혹은 때로 치명적이어서 가족에게 말할 수 없는 경우도 있을 것이다. 그럴 때 GE와 듀폰의 사례를 음미한다면 중심을 잡는 데 도움이 될 것이다.

자신의 감정과 싸워 이겨라, 세네카의 충고

어느 조직이나 가장 큰 고민거리 중 하나는 직원의 퇴사다. 그들은 왜 그만두려는 것일까?

한국콜마의 윤동한 회장은 그 이유가 궁금해서 사표를 낸 직원이 있으면 반드시 면담을 실시한다. 다른 일은 위임해도 지난 30년간 이 일만큼은 자신이 직접 했다. 그리고 그 면담 내용을 노트에 일일이 기록했는데 무려 수십 권이다.

그만두려는 직원에게 그 이유를 물어보면 대개 "다른 회사에서 더 좋은 조건을 제시해서"라거나 "적성이 안 맞아서"라고 대답한다. 하지만 그것은 핑계일 뿐이다. 어떤 말을 해도 1년 동안 회사의 다른 누구에게도 이야기하지 않겠다고 약속하면 주저하다가 내놓는 답이 "상사 때문"이라는 것이다. 퇴사 직원의 99%는 그렇다고 한다.

상사의 어떤 점이 부하를 힘들게 할까? 여러 가지 유형이 있다. 깐깐한 상사, 지나치게 꼼꼼한 상사, 사사건건 간섭하는 상사, 무능한 상사… 그러나 그중에서도 가장 힘든 경우는 감정 관리를 못하는 상사일 것이다. 툭하면 분노를 터뜨리거나 부하 직원을 모욕하는 경우가 그렇다.

그런 상사와 일하는 직원은 아침에 눈을 떠 회사를 간다는 생각만 해도 끔찍하게 느껴진다. 그 직원도 집에서는 아이들의 존경을 받는 아빠거나 엄마다. 아이들이 회사에서 그런 취급을 받는 부모의 모습을 본다면 얼마나 마음이 아프겠는가.

그런데 문제는 그런 상사 노릇을 하는 사람이 따로 있는 게 아니라는 점이다. 다시 말해 누구나 권력을 잡으면 그런 분노 조절 장애를 일으킬 가능성이 커진다. 사람들은 흔히 이런 말을 한다. "그 사람 출세하더니 많이 변했어." 직원 시절에는 사람 좋다고 평가받던 사람이 승진해서 관리자가 되면 부하 직원을 혹독하게 몰아붙이고, 인간적으로 모욕을 주는 경우가 적지 않다.

실제로 사람이 변해서일까? 뇌신경 심리학자인 이안 로버트슨 Ian Robertson 교수에 따르면 대답은 "그렇다"이다. 성공하면 사람의 뇌 자체가 바뀐다고 한다. 그는 권력을 쥔 인간의 뇌에서는 도파민과 테스토스테론이 분출되어 공감 능력이 떨어지고 자기만족만 중시하게 된다고 말한다.[21]

도파민이라는 호르몬이 너무 많이 분비되면 모든 상황을 자신이 통제할 수 있다는 환상에 빠지게 되고, 다른 사람의 시각에서 자신을 바라보기 힘들게 된다. 다시 말해 권력은 공감의 적이라는 것이다. 나는 그 사실을 짧지 않은 직장 생활에서 생생히 체험할 수 있었다. 나 자신의 경우도 예외가 아니었다는 것을 나중에야 깨달았다.

캘리포니아 버클리대학의 대처 켈트너 Dacher Keltner 교수는 20년간 행동심리학 연구를 해오면서 충격적인 사실을 발견했다. 사람들은 대개 공감이나 협력, 관대함 등 이타적인 행동을 통해 권력을 얻는데, 막상 권력을 쥐고 나면 그런 덕목들이 사라지기 시작한다는 것이다.[22]

기업 내 권력자들은 사무실에서 모욕적인 말을 하거나 동료들의 말을 가로막거나 회의 중에 딴 짓을 하거나 목소리를 높일 가능성이 부하 직원들에 비해 3배나 높은 것으로 나타났다. 특히 막 고

위직으로 승진한 사람은 그럴 가능성이 특히 더 높게 나타났다.

이런 권력 남용의 폐해는 심각하다. 모욕을 당한 직원이 일이 손에 잡힐 리 없다. 사람이 스트레스를 받으면 아드레날린과 코르티솔이라는 호르몬이 다량 분비되어 사고력과 인지 능력이 저하된다. 일보다 상사의 협박에 신경이 꽂힌 직원에게서 창의성 따위는 기대하기 어렵다.

심지어 고의로 일을 덜하기도 한다. 대처 켈트너 교수가 17개 산업 800명의 관리자와 노동자를 대상으로 조사한 결과, 직장에서 무례한 대접을 받은 경험이 있다고 답변한 응답자의 절반 정도는 그에 반발해 고의로 노력을 안 하거나 업무의 질을 낮췄다고 대답했다.

더구나 감정에 휩쓸리면 리더 본인도 올바른 판단이 어려워져 잘못된 결정을 하기 쉽다. 감정에 휩쓸리면 뇌에서 이를 관장하는 변연계가 과잉 자극을 받아, 이성적 판단을 관장하는 전전두엽이 제대로 작동하기 어려워진다. 뇌가 작동하기 위해서는 산소와 포도당 같은 자원이 필요한데 그것이 변연계에 몰리면 전전두엽에서 사용할 양이 부족해지는 것이다. 결국 합리적인 판단을 하지 못하게 된다.

리더도 사람이다 보니 가끔은 화가 날 수 있다. 그러나 평정심은 리더의 필수 요건이다. 부하 직원들이 리더의 일거수일투족에 늘 촉각을 곤두세우고 있다는 사실을 잊어서는 안 된다. 리더의 얼굴 표정 하나가 부하들에게는 10배로 증폭되어 읽힐 수 있다.

예를 들어 부하 직원이 프레젠테이션을 하는 도중 상사가 허리가 아파서 얼굴을 찡그렸다면, 부하 직원은 자신이 곧 해고를 당할

지도 모른다고 생각할 수 있다. 한 연구에 따르면 우수한 CEO 후보 샘플 중 4분의 3 이상이 압박 속에서도 평정심을 유지하는 모습을 보였다.[23]

링컨은 이런 말을 했다. "사람의 인격을 알고 싶다면 권력을 쥐보라." 내가 힘들거나 무언가 열심히 하고 있을 때는 주변 사람들이 놀고 있는 것처럼 보인다. 부담스러운 문제를 잔뜩 짊어진 리더라면 더욱 그렇다. 억울하다는 생각도 들 것이다. '나는 이 고생을 하는데, 저 친구들은 뭘 하고 있지?'라는 생각이 들면 말투도 거칠어지기 마련이다.

그럴 때면 플라톤의 말을 되새기며 마음을 다잡을 필요가 있다. "친절히 대하라. 당신이 만나는 사람 모두가 나름대로 힘겨운 전투를 치르고 있다."

분노를 경계해야 하는 이유

아무리 참으려 해도 분노의 감정을 참지 못할 때가 있다. 승전보를 올린 뒤 휴브리스에 빠진, 일탈한 영웅의 모습이다. 그럴 때 로마의 철학자 세네카가 쓴 '분노에 관하여'라는 서간문을 읽어볼 것을 권한다. 나는 이 책을 보다 젊었을 때 읽었더라면 좋았을 것이라고 생각한다. 그러나 지금이라도 알았으니 다행이다.

세네카는 폭군 네로의 스승이었지만 네로의 권고로 자살을 택한 비운의 인물이기도 하다. 『세네카의 대화』는 세네카가 여러 가지 주제로 쓴 12개의 글을 모은 것이고, 그중 '분노에 관하여'는 세네카가 형 노바투스에게 쓴 편지 형식이다. 2000년 전에 쓴 글인데도 누군가가 바로 옆에서 나의 생각과 감정을 들여다보며 말하는 듯 생생하다.

'분노에 관하여'에서 세네카는 "분노보다 인류를 더 많이 희생시킨 재앙은 없다"고 말한다. 그는 분노에 빠진 사람의 얼굴을 다음과 같이 표현한다. 분노에 빠지려는 순간, 거울에 자신의 모습을 비춰보며 이런 얼굴이 아닌지 판단해보기 바란다.

> 분노에 사로잡힌 사람들의 모습을 보면 그들이 제정신이 아님을 알 수 있습니다. (…) 눈은 불타오르고, 피가 심장 깊은 곳에서 솟구쳐 얼굴 전체가 뻘겋게 달아오르며, 입술은 떨리고, 이를 꽉 물며, 머리카락은 곤두서고, 숨은 가쁘게 헉헉대며, 관절은 비틀려 우두둑 소리를 냅니다. 찌푸리고 열 받은 얼굴은 끔찍하고 소름이 끼칩니다.[24]

앞서 분노를 경계해야 하는 이유 중 하나로 올바른 판단을 하지 못하게 방해한다는 점을 들었는데, 이에 대해 세네카는 이렇게 말한다. "출렁이는 물결 위에서 사물을 정확히 판단하는 것은 불가능하다."

일터에서 리더가 분노하는 경우는 부하들이 잘못을 저지르거나 실수를 하거나 그들의 일처리가 마음에 안 들 때 등 다양할 것이다. 그런데 세네카는 "질책은 필요하지만 분노는 필요하지 않다"고 충고한다.

그 이유가 독특하다. 모든 잘못에 대해 분노한다면 자기 자신에게 먼저 분노하지 않을 수 없기 때문이다. 자기 자신도 수많은 잘못을 저질렀을 테니 말이다. 세네카는 우리 인간은 모두 악인이라며 "다른 사람에 대해 질타하는 모든 것들이 자신의 품 안에서 발견될 것"이라고 말한다. 그는 결국 우리는 "악인들 사이에서 사는 악인들" 아니냐고 반문한다. 그러니 서로에게 좀 더 다정한 태도를 가져야 한다면서.

'악인들 사이에서 사는 악인들'이라는 말에 공감한다. 정말 그렇다. 내 마음속에 얼마나 자주 악마가 출몰하는지. 그런 내가 누구를 질책할 수 있겠는가.

부하 직원이 선의를 가지고 열심히 했는데 역량 부족으로 일을 그르쳤다면 더욱 분노해서는 안 될 일이다. 그것은 귀가 안 들리는 이에게 명령을 듣지 못했다고 분노하거나 열매가 쓸모없다고 엉겅퀴와 찔레에게 분노하는 것과 무엇이 다르냐는 것이다. 그런데도 사람은 하찮기 짝이 없는 일로 화를 낼 때가 많다. 그러니 어리석다고 말할 수밖에.

세네카는 "누군가의 기침, 재채기, 조용히 날아다니는 파리, 눈앞으로 지나가는 개, 부주의한 노예의 손에서 떨어진 열쇠가 당신에게 왜 격노를 불러일으킵니까?" 하고 묻는다.

나는 집에 개를 한 마리 키우는데 녀석 때문에 적지 않게 화를 내곤 한다. 주인인 내가 집에 들어설 때도 짖어대기 때문이다. 하루 종일 힘들게 일하고 귀가하는데, 녀석이 짖어대면 기분이 상한다. 그래서 화가 치밀어 녀석을 혼내곤 했다. 그러다 세네카의 책을 읽고 나 자신이 한심하게 느껴졌다.

화내지 말고 꾸짖어라

물론 상대를 꾸짖어야 할 때도 있다. 이나모리 가즈오는 "소선小善은 대악大惡과 닮아 있고, 대선大善은 비정非情에 닮아 있다"고 하지 않던가. 아이들에게 마냥 오냐오냐 하면 오히려 비뚤어지기 쉽다. 작은 선을 베푸는 것이 오히려 큰 악을 저지르는 결과를 낳는다. 힘들어도 필요하면 꾸짖고 바로잡는 게 길게 보면 아이를 바르게 키우는 길이다.

"꾸짖음은 해를 끼치는 것처럼 보여도 실제로는 치료다"라는 세네카의 말은 이나모리 가즈오의 뜻과 상통한다. 다만 세네카는 "꾸짖음은 분노가 아니라 이성과 함께해야 한다"는 단서를 붙인다. 이 대목이 중요하다.

앞서 살펴보았듯이 분노는 리더가 특히 경계해야 하는 감정이다. 세네카는 그 이유를 이렇게 설명한다.

> 당신은 행운이 커질수록 분노도 더 커진다는 것을 알고 있지 않습니까? 이는 주로 부자들, 귀족들, 공직자들에게서 나타나는데, 그들의 영혼 안에 있는 가볍고 쓸데없는 것이 순풍에 힘입어 솟아오를 때 그렇습니다. 행복은 분노를 키웁니다.[25]

사실 주니어 사원 시절에는 분노가 치밀어도 참을 수밖에 없다. 그러나 나이가 들고 승진을 해서 윗자리에 오르면 분노에 대해 스스로 관대해지기 시작한다. 화를 내도 부하 직원들이 참아주니 자신의 화를 내는 행위를 자연스러운 것으로 받아들이기 시작하는 것이다. 그러면서 자신의 분노가 정당하다고까지 생각한다. 선의로 한 조언도 귀에 거슬리기 짝이 없고, 그 말을 한 사람이 미워지기 시작한다.

네패스라는 반도체 장비 회사가 있다. 2017년 한국경영학회로부터 강소기업가상을 받은 기업이다. 이 회사는 우호적이고 긍정적인 기업문화를 강조하는데, 매우 엄한 룰이 하나 있다. 어떤 상황에서든 직원이 욕설을 하면 경고를 거쳐 최악의 경우 퇴사까지 이른다. 학교도 아닌 성인들이 일하는 직장에서 욕 한마디 했다고 이런 극단적인 조치를 취하는 이유는 무엇일까? 이병구 대표는 "좋은 인풋이 있어야 좋은 아웃풋이 나오는 법인데, 직원들에게 인풋 되는 것 중 가장 부정적인 것이 욕과 거친 말들이기 때문"이라고 말한다.[26]

이 회사는 '감사 경영'으로 유명하다. 직원들에게 하루에 7회 이상 감사의 말을 전하라고 강조하고, 감사 메시지를 전할 수 있는 앱까지 개발했다. 2015년 8월 한 달 동안 감사 메시지는 무려 1만 3676건이 작성됐다. 이 회사는 심지어 주요 장비에 '감사합니다'라고 쓰여진 스티커를 붙여두고 엔지니어들이 아침마다 기계에 고개 숙여 "감사합니다"라고 인사를 하게 했다. 이후 한 달에 10건씩 발생하던 고장이 1건으로 줄었다고 한다.

이 회사가 이런 시도를 하게 된 것은 이병구 대표가 TV에 방영된 '양파 실험'을 본 뒤부터였다. 두 양파를 수경 재배했는데, 한쪽 양파에는 늘 감사의 말과 마음을 전하고, 다른 쪽 양파에는 욕을 했다. 그러자 앞의 양파는 쑥쑥 자란 반면, 뒤의 양파는 시들어버렸다. 이병구 대표는 똑같은 실험을 회사에서 직접 해보았다. 양파 6개를 사서 절반은 '감사합니다'라는 종이를 붙이고, 다른 절반은 '짜증 나'라고 붙였다. 3개월이 지나자 TV에서와 같은 결과가 나타나 두 양파를 쉽게 분간할 수 있을 정도였다.

이병구 대표는 일본의 다케다 와헤이란 기업가로부터 감사 경영을 착안했다. 다케다 제과 CEO이며 일본의 워런 버핏이라 불리는 투자가이기도 했던 다케다 와헤이는 직원들에게 늘 감사하라고 강조했다. 그는 '타마고보로'라는 계란과자를 만들기 시작하면서 직원들에게 하루에 수천 번 "감사합니다"를 외치게 했다.

다케다 와헤이가 감사 경영을 한 것 역시 어느 실험이 계기가 되어서였다. 화를 내는 사람의 호흡과 감사하는 마음을 가진 사람의 호흡을 병에 모은 뒤 그 안에 모기를 풀어놓았다. 그 결과 앞의 모기는 얼마 가지 않아 죽었다.

분노하면 망하고 통제하면 흥한다

세네카는 분노의 폐해를 보여주는 역사적인 사례들을 여럿 드는데, '인간이 이럴 수도 있구나' 싶을 만큼 끔찍스러운 이야기도 있다.

페르시아에 하르파고스라는 충신이 있었다. 그는 왕에게 곧잘 직언을 했고, 그럴 때마다 왕은 화가 치밀었다. 왕은 결국 그 충신의 아들들을 죽여서 요리한 뒤 아비에게 먹으라고 주었다. 그러고는 맛이 어떠냐고 물었다. 절대 권력의 시대이니 가능했던 일이기는 하지만 이런 일화들을 통해 우리 마음속에 악마가 깃들어 있다는 점을 늘 유념할 필요가 있다.

분노가 이렇게 무서운 것이라면, 그것을 극복하는 방법은 없을까? 세네카가 제시하는 최선의 처방은 시간이다. "우리 자신이 명령을 내릴 수 있는 시간이 올 때까지 기다리십시오. 지금 움직인다면 분노의 명령에 따르게 될 것입니다." 분노는 초기에는 강한 충동을 지니지만 시간이 지나면 약화된다는 것이다.

정신과 의사인 우종민 박사는 세네카의 조언을 좀 더 구체화해 "분노가 치밀면 우선 15초 참은 뒤 그 자리를 떠나 15분 기다리라"고 조언한다. 분노 호르몬은 15초가 지나면 정점을 찍고 분해되기 시작하고, 그 자리를 피해 15분 정도 지나면 감정의 파도가 지나가기 때문이다.[27]

조직 입장에서 분노의 가장 큰 대가 중 하나는 잘못된 판단으로 인한 손실이다. 사람이 분노하면 시스템적인 사고 대신 인지적 지름길에 의존하게 되어 최선의 판단을 못할 가능성이 커진다. 그렇다면 조직 차원에서 분노의 폐해를 막을 수 있는 체계적인 방법은 없을까?

하버드대학의 제니퍼 러너 교수와 캐더린 숑크 교수가 제안하는 방법은 해명 책임accountability을 부여하는 것이다. 누군가 중요한 결정을 할 경우 그가 모르는 제3자에게 평가하게 하는 것이다. 내 결정이 미지의 누군가에게 평가를 받는다는 사실만으로 스스로 분노가 판단에 영향을 미치는 것을 억제하게 된다.

제니퍼 러너 교수가 실시한 심리학 실험에서 피실험자들은 한 소년이 괴롭힘을 당하는 장면을 비디오로 보았다. 그 뒤에 그와 무관한 가상의 불법 행위를 저지른 피고에 대한 판단을 내리라고 하자 비디오를 보지 않은 그룹보다 가혹한 평결을 내렸다. 고의가 아닌 부주의로 저지른 행위라고 설명했는데도 말이다. 그러나 그들에게 왜 그런 판단을 내렸는지 나중에 제3의 전문가에게 설명해야 한다고 하자 관대한 평결을 했다. 기업들이 한번 검토할 만한 대안이다.[28]

다시 세네카로 돌아가 보자. 세네카가 제시한 분노 극복의 두 번째 방법은 '그러려니' 하는 것이다. "못난 사람들이 못난 짓을 하는 것은 놀랄 일이 아니지 않습니까? 적이 우리를 공격하고, 친구가 배신하고, 아들이 잘못을 범하고, 노예가 죄를 범하는 것은 새삼스러울 것이 없는 일 아닙니까?" 이 책을 읽으면서 내게 가장 와 닿았던 부분이다.

난폭 운전자 때문에 화가 났다고 하자. 오늘 그와 말싸움을 벌인다고 해서 난폭 운전자들이 모두 없어지겠는가. 애당초 있을 수 없는 일을 바라면서 화를 내는 것은 어리석은 일이다. 세네카의 조언을 좀 더 일찍 알고 묵상했다면 쓸데없이 화내는 일이 훨씬 적었을 것이다.

링컨은 세네카와는 또 다른 방법으로 분노를 다스렸다. 그의 방식은 편지 쓰기였다. 다만 누구에게도 보내지 않는 편지였다. 그는 '공개적으로 표출하기에는 어리석게 느껴지는 분노'를 그 편지에 표출했다고 한다.[29]

게티스버그 전투에서 북군의 미드 장군이 남군의 리 장군을 도망치게 내버려두었을 때도 최고사령관인 링컨은 분노가 치밀었으나 편지에만 쓰고 말았다. 그래서 미드 장군은 링컨이 화가 난 사실조차 몰랐다고 한다.

분노를 다스리는 최선의 방법은 유머다. 소크라테스가 장터에서 모욕을 당하는 것을 본 행인이 그에게 물었다. "그렇게 욕을 듣고도 괜찮습니까?" 그러자 소크라테스가 대답했다. "안 괜찮으면? 당나귀가 나를 걷어찼다고 내가 화를 내야 옳겠소?"[30]

물론 사람인 이상 분노를 완전히 피할 수는 없다. 하지만 분노의 정도가 문제다. 그리고 동기도 문제가 될 수 있다. 동기에 따라 사회적으로 분노가 용인되기도 한다.

　이를테면 지휘자 토스카니니의 분노가 그런 경우에 해당한다. 화가 난 토스카니니가 지휘봉을 부러뜨린 뒤 관현악단 쪽으로 던졌는데 한 연주자의 머리에 맞았다. 그는 곧바로 고소했다. 그러나 이탈리아 법정은 '신성한 분노'였다는 이유로 토스카니니에게 무죄를 선고했다.

순수한 분노, 토스카니니

『마에스트로 리더십』이라는 책을 보면, 토스카니니는 연주가 기대에 못 미칠 때 거센 분노를 표출했다. 그는 가끔 연주에서 리듬을 놓친 음악가들을 지목하며 고래고래 소리를 질렀다. "이렇게 소처럼 게을러서야! 더 빨리, 더 빨리! 질질 끌지 말란 말이야! (혐오스럽다는 표정을 지으며) 아아, 성모님! (도저히 참지 못하겠다는 목소리로) 더 빠르게!"

　그는 욕설을 내뱉고, 소리를 지르고, 물건을 부수거나 던지고, 꺼지라고 협박하고, 아예 자리를 뜨기도 했다. 그럼에도 토스카니니를 존경하고 사랑하는 연주자가 적지 않았다. 그것은 그가 소리를 질러도 결코 사적인 공격이 아니었기 때문이라고 이 책은 분석한다. 그는 연주자들이 각자의 잠재력을 제대로 발휘하지 못하는 것에 화를 낸 것이다. 그가 참지 못한 이유 중 하나는 그들의 재능을 깊이 신뢰했기 때문인 점도 있다.

　토스카니니가 늘 분노하기만 한 것은 아니다. 오케스트라의 리허설 도중 토스카니니의 지휘봉이 갑자기 멈췄다. 연주자들은 폭풍이 몰아칠 것이라고 예상했다. "다시 연주해보게." 토스카니니가 베이스 튜바 연주자에게 말했다. 연주자는 당황한 표정을 지었다. 토스카니니는 "아니아니, 그런 뜻으로 말한 게 아닐세"라며 아이 같은 미소를 지으며 말했다. "틀린 곳은 없네. 그저 나를 위해 다시 연주해줄 수 없겠나? 너무나 아름답군. 이 악절을 그런 아름다운 음색으로 연주한 건 내 평생 들어보지 못했어."

혼다의 창업자 혼다 소이치로도 종종 분노하는 리더였다. 그의 분노도 어떤 의미에서는 사회적으로 허용받은 분노였다고 볼 수 있다.

대의를 향한 분노, 혼다 소이치로

혼다 소이치로 本田宗一郎 는 일본 사람들이 가장 존경하는 기업인 두 명 중 한 명이다. 다른 한 명은 마쓰시다 고노스케다. 마쓰시다 고노스케 회장을 존경하는 사람들은 많지만 그들을 그의 팬이라고 부르기에는 조금 무리가 있다.

그런데 혼다 소이치로의 팬은 굉장히 많다. 혼다 직원들은 위로부터 아래까지 그를 회장님이 아니라 '오야지(아버지 혹은 영감)'라고 불렀을 정도다. 직원들은 그를 존경하기보다 좋아했다.

그가 은퇴한 후 창립 기념행사에 참여한 장면을 동영상으로 보았다. 그는 큰 강당의 2층 뒷자리에 앉아 있었다. 사회자가 그를 소개하자 그는 일어나 환하게 웃으면서 유머로 말문을 열었다. 그러자 많은 직원들이 박수를 치며 그의 이름을 외쳤다.

혼다 소이치로는 직원들을 가혹하게 혼내고 때로는 꿀밤을 먹이거나 물건을 던지기도 했다. 그런데도 왜 직원들은 그를 진심으로 따랐을까?

일본은 그 어느 곳보다 권위적인 나라다. 하지만 혼다 자동차는 수십 년 전부터 매우 수평적이고 탈권위적인 조직이었다. 그 중심에 혼다 소이치로가 있었다. 그는 늘 현장에서 팔을 걷어붙이고 기술자들과 함께 일했고, 점심시간에는 직원과 함께 어울려 카레라이스와 라면을 먹었다.

어느 날 회사 복도를 걷던 그는 벽에 걸린 사진을 보며 화를 냈다. 당시 새로 개발한 자동차 시제품을 젊은 엔지니어 몇 명이 둘러싸고 있는 모습이었다. 사진 위에는 "선택된 이들이 만든 자동차"라는 글이 붙어 있었다. 혼다 소이치로는 사진을 당장 떼라며 말했다. "식당 아줌마와 화장실 청소부 아저씨는 어디에 있나? 엘리트 몇 명만이 만드는 그런 자동차라면 안 만들어도 돼!"[31]

어느 날 자동차 설계를 담당하던 직원이 혼다 소이치로의 전화를 받았다. "빨리 와봐!" 지방에 있던 그 직원은 신칸센을 타고 달려왔다. 혼다 소이치로가 얼굴이 벌개져서 외쳤다. "자네는 사람들을 다 죽일 생각인가?"

문제는 새 자동차의 공정에 있었다. 자동차의 천정 부분인 루프 패널의 이음새는 납땜으로 용접을 하고, 그런 뒤 끝부분을 줄로 깎아내 정리한다. 그러다 보면 자연스럽게 분진이 발생하는데, 납땜의 재료가 납과 아연이기 때문에 인체에 해로울 수밖에 없다. 그런데 그 자동차 설계자는 생산 효율을 높이기 위해 납땜을 많이 넣는 디자인을 채택했던 것이다.

혼다 소이치로가 그렇게 화를 냈던 것은 생산 근로자들의 건강을 염려해서였다. 그는 디자인을 당장 고치라고 지시했다. 결국 그 직원은 인체에 무해한 생산 공정을 고민하게 됐고, 그 결과 용접

이음새 끝부분을 고무 띠로 감싸서 안 보이게 하는 방법을 창안했다. 지금은 전 세계 자동차 회사들의 표준이 됐다.

요컨대 혼다 소이치로가 사심에서 화를 내는 경우는 거의 없었다. 그는 대의를 위해서 화를 냈다. 기술이나 안전성처럼 누구나 납득할 수 있는 일에 화를 냈다. 그러니 직원들이 진심으로 받아들일 수 있었던 것이다.

그의 분노가 용인될 수 있었던 또 하나의 이유는 그가 현장의 리더였기 때문이다. GE의 제프리 이멜트 전 회장은 "리더란 15분 안에 6만 피트 상공에서 지상으로 내려올 수 있는 사람"이라고 했다.

혼다 소이치로가 바로 그런 사람이었다. 그는 원대한 목표를 지향한 이상의 리더인 동시에 작업복을 가장 화려한 예복으로 아는 현장의 리더였다. 늘 현장에서 생활하던 그의 손은 연장에 맞아 손톱이 수없이 깨지고 뽑혔으며 손끝은 짧아졌다. 심지어 쇠붙이가 손바닥을 관통한 적도 있다.

4막

나를 뛰어넘어
결국 이기는 힘

다시 돌아오는 것은 힘든 일이다.
엄청난 용기가 필요하다.
때문에 이 단계에서 주저앉는
영웅이 많다. 이때 영웅은
진정한 영웅이 되기를 포기한다.
돌아오지 않는 한
결코 모험을 완결할 수 없다.

7장

귀환

더 큰 사명에 눈떠라

> 임무가 수행되었다 하더라도 영웅은 아직 생을 역전시키는 전리품을 가지고 귀환하는 모험을 치러야 한다. 그래야 이 은혜가 사회, 국가, 그 천체, 아니면 일만 세계를 재생시키는 데 환원될 것이기 때문이다. 그러나 영웅이 이 책임을 회피한 예는 너무나 많다.
>
> —조지프 캠벨, 『천의 얼굴을 가진 영웅』

영웅은 최대의 적을 물리치고 보검을 얻는다. 그의 침대에는 그를 사랑하는 아름다운 여왕이 누워 있다. 이제 그는 편안한 삶을 누려도 된다. 그럼에도 그는 곧잘 밤잠을 설친다. 고향 혹은 속세의 가족, 지인, 백성의 지난한 삶이 떠오르기 때문이다. 그가 얻은 보물은 혼자 차지하려는 것이 아니라 공동체와 나누기 위한 것이다. 이

윽고 그는 안온한 삶을 뿌리치고 귀환의 길에 오른다. 신화는 영웅에게 지혜가 담긴 문서, 황금 양털, 십계명을 가지고 인간의 왕국으로 내려오는 또 한 번의 수고를 시작할 것을 요구한다.

바로 이 부분이 영웅 서사의 백미가 아닐까. 영웅은 좀 더 큰 사명에 대해 생각한다. 자신이 더욱 큰 무엇의 일부분이라고 생각한다. 그의 인생관은 확장된다. 그는 더 큰 도전을 위해 기꺼이 몸을 내맡긴다.

부처는 깨달음을 얻고도 다시 세상으로 내려왔다. 얼마나 힘들었을까. "사회 같은 건 악마에게 넘겨버리고, 자신은 천상의 바위굴에서 문을 닫고 은거하는 편이 훨씬 쉬웠을" 것이다.[1] 실제로 많은 은자들은 이 길을 택한다. 게다가 우매하고 세상의 이해에 사로잡힌 이들에게 천상의 깨달음을 전하기란 얼마나 어려운가.

로마의 건국 신화 『아이네이스』에 등장하는 영웅 아이네아스는 여왕 디도와 사랑에 빠진다. 하지만 그는 동포를 위해 떠나기로 결심한다. 디도가 그의 앞을 가로막자 아이네아스는 말한다.

> 만약 내가 내 인생을 나 자신의 선택에 따라 살아가고 내 문제들을 나 자신의 뜻에 따라 풀어가는 것을 운명이 허용한다면, 내 첫 번째 관심사는 트로이에서 살아남은 내 동포를 돌보는 것입니다.

트로이의 동포를 떠올리며 여왕의 품을 뿌리친 아이네아스는 블랙록의 래리 핑크 Lawrence Douglas Fink 회장을 떠올리게 한다. 블랙록은 세계 금융 시장에서 6조 2800억 달러를 굴리는, 세계 최대 자산운용사다. 그들은 우리나라 GDP의 4배가 훨씬 넘는 어마어마

한 돈을 다룬다. 보검을 차지한 영웅에 비견할 만하다. 막대한 돈을 투자하다 보니 블랙록이 투자하는 기업도 많으며, 기업에 대한 영향력 또한 막대하다.

그러나 래리 핑크는 성공을 독식하기보다 다시 세상으로 돌아가야 한다고 다짐하는 모습을 보여 경영계에 적지 않은 자극을 주었다. 그는 매년 초 기업 CEO들에게 공개 편지를 쓰는데, 2018년 편지의 제목은 '목적의식 A sense of purpose'이었다. 그는 기업들에게 "재무적 성과에만 매달릴 게 아니라 사회에 어떤 기여를 할지 보여줘야 한다"고 촉구했다.

그가 이렇게 말한 이유는 양극화 등 사회 문제를 기업과 무관한 것으로 내버려두다가는 기업의 존립 기반이 무너질 수 있다고 생각하기 때문이다. 미국발 금융위기 이후 자본가는 막대한 부를 축적했지만, 세계 전역의 많은 사람들이 저임금, 직업의 불안정성, 불충분한 노후 대비로 시름하고 있다고 그는 지적했다. 게다가 사회 문제에 대처할 역량이 없는 나라들이 그 해결을 기업에 의존하는 경우가 많아지고 있다고 말한다. 그는 이런 시대일수록 사회가 요구하는 책임을 기업이 회피하지 말고 기꺼이 떠안자고 촉구한 것이다.

래리 핑크는 기업은 주주뿐만 아니라 종업원, 고객 그리고 지역사회 구성원 등 이해 관계자 모두에게 도움을 줘야 한다고 말한다. 목적의식이 없다면 어떤 기업도 잠재력을 다 발휘할 수 없고, 지속 가능할 수도 없다는 것이다. 사회 문제를 모른 척하다가는 기업이 "주된 이해 관계자들로부터 영업 허가를 잃을 수도 있다"고 경고한다.

자본주의의 심장인 미국 금융시장의 수뇌부에서 나온 이 메시지가 범상치 않게 들린다. 미국 경제 잡지 《포천》은 래리 핑크의 용기 있는 '귀환'을 높이 평가하며, 그를 2018년 세계에서 가장 위대한 지도자 50인 중 8위로 선정했다.

플라톤은 『국가』에서 영웅의 사명을 상기시킨다. 그는 이상적인 국가를 만들기 위해 교육을 강조한다. '우수한 품성'들을 미몽의 동굴에서 데리고 나와 선善을 보도록 해 미몽에서 깨어나게 해야 한다는 것이다. 그러나 플라톤은 이 단계에서 끝내서는 안 된다고 강조한다. 그렇게 해서 깨어난 영웅이 있다면 그는 반드시 다시 세상 속으로 돌아가야 한다고 말한다. "다시 저 수감자들이 있는 곳으로 내려가서 보잘 것 없는 일이건 중대한 일이건 간에, 그들의 고통과 명예에 동참" 해야 한다는 것이다.

개인적 성취에 머무르지 않고 더 큰 사명에 눈뜨며, 세상의 고통에 눈감지 않고 기꺼이 세상 속으로 내려가는 사람과 기업이 있다. 그들은 진정한 현대의 영웅이다. 이번 장에서는 그들의 이야기를 전한다.

일은 사랑의 실천, 마이크로소프트 CEO 사티아 나델라

일에는 또 하나의 매우 중요한 의미가 있다. 그것은 사랑이다. 우리는 일을 통해 사랑을 실천한다. 저마다 하늘이 준 달란트를 살려 타인을 이롭게 하는 가치 있는 일을 한다. 그것이 바로 사랑이 아니고 무엇이겠는가.

이나모리 가즈오 회장의 경영 철학이 남다른 것도 이타심을 내세우기 때문이다. 그는 교세라라는 기업의 존재 이유를 두 가지로 압축했다. '전 직원의 물심양면에서의 행복을 추구하는 것'과 '인류, 사회의 진보와 발전에 기여하는 것'이다. 바꿔 말하자면 그에게 기업은 직원을 행복하게 하고 사회를 행복하게 하는 사랑의 실천이다. 이런 생각을 갖고 기업을 경영하는 것은 보물을 혼자 차지하는 것이 아니라 공동체와 나누기 위해 다시 내려오는 신화 속 영웅의 모습을 연상시킨다.

영혼에 호소하라

종업원에게 동기를 부여하는 최고의 방법은 일에 의미를 부여하는 것이다. 일이 사랑을 실천하고, 세상을 이롭게 하는 일이라는 점을 보여주는 것보다 더 좋은 동기 부여는 없을 것이다.

이런 점을 잘 드러낸 회사가 마이크로소프트다. 6500만 년 전 공룡의 멸종은 급격한 지구 환경의 변화에 적응하지 못해서다. 마이크로소프트도 그렇게 쇠락해가던 공룡이었다. 인터넷 검색과 모바일에 밀려난 마이크로소프트는 흘러간 제국 취급을 받았다.

그러나 최근 몇 년 사이 공룡이 다시 춤추기 시작했다. 기업용 클라우드 시장에서 아마존과 경쟁하고, 인공지능과 가상현실 분야를 선도하는 업체로 변신한 것이다. 2017년 순이익이 전년에 비해 26% 성장했고, 주가 상승률은 40%를 넘어 구글을 능가했다.

쇠락해가던 공룡이 다시 춤추게 된 것은 사티아 나델라^{Satya Narayana Nadella} CEO의 리더십과 무관하지 않다. 그는 1992년에 마이크로소프트에 입사해 24년 만인 2014년에 CEO가 됐다. 당시 마이크로소프트에는 패배감이 팽배했고, 직원들 사이에는 회사가 제대로 방향을 잡지 못하고 있다는 불만이 가득했다.

그러면서도 그들은 새로운 변화를 두려워했다. 사실 마이크로소프트는 아이패드보다 앞서 태블릿 PC를 개발했고, 킨들보다 앞서 전자책 기술을 갖고 있었다. 그러나 기존 사업의 성공이 오히려 변화를 가로막는 족쇄가 됐다. 어떻게 보면, 마이크로소프트는 빌 게이츠와 윈도우, 오피스의 옛 영광에 머물고 있는 영웅이었다. 구성원들은 더 큰 목적을 위해 세상으로 나아가길 거부했다.

사티아 나델라가 클라우드를 주력 사업으로 키우려고 할 때도 직원들은 강하게 반발했다. 캐시카우인 서버사업을 두고 왜 불확실한 신사업에 뒤늦게 뛰어드느냐는 것이었다. 게다가 클라우드 사업은 서버 사업을 잠식하는 부정적인 효과마저 있었다.

마이크로소프트를 다시 춤추게 하려면 그들을 지배하고 있는 문화부터 바꿔야만 했다. 관료주의, 부서 이기주의, 패배의식 그리고 변화에 대한 저항에서 벗어나는 게 가장 시급한 과제였다.

사티아 나델라는 구성원들에게 "마이크로소프트는 왜 존재하는가?", "우리는 왜 일하는가?"라고 반문하며 그들의 '영혼'에 호소했다. 빌 게이츠 시절 마이크로소프트는 '모든 가정에 PC를'이라는 사명으로 구성원들의 마음을 하나로 모았다.

그러나 모바일 시대의 도래는 새로운 방향을 요구했다. 사티아 나델라는 마이크로소프트의 영혼을 "사람들이 더 나은 삶을 살 수 있도록 임파워한다", 즉 '능력을 준다'로 재정의했다. 누구나 강력한 기술을 쓸 수 있게 함으로써 기술을 민주화 한다는 것이었다. 그 기술이 반드시 PC이거나 윈도우일 필요는 없었다.

CEO가 된 사티아 나델라는 먼저 고위 관리자 워크숍을 열었다. 각자의 개인적 열망과 철학을 이야기하며, 나는 누구인가, 일터의 나와 가정의 나는 어떻게 다른가, 일터의 열정을 개인의 삶에 어떻게 연결시킬 수 있는가에 대해 생각하는 시간을 가졌다.

처음에는 주저하던 이들이 조금씩 자신의 속내를 꺼내기 시작했고 눈물도 흘렸다. 사티아 나델라는 구성원들에게 개인의 삶과 일터의 삶이 공존할 수 있다고 외쳤다. "우리는 돈 때문에만 일하는 게 아닙니다. 자아실현을 위해 일합니다. 조직이 그것을 돕는 곳이 될 때 구성원과 조직 모두 성장할 수 있습니다." 그러면서 클라우드 기술이 난독증을 미리 진단하거나 산불 확산을 막는 것처럼 숭고한 일을 할 수 있다고 덧붙였다.

개인적 성취에 머물지 않고 더 큰 사명에 눈뜨는 영웅의 모습을 연상시킨다. 사티아 나델라도 나름의 절절한 사연을 갖고 있었다. 그의 첫째아들은 태어나면서 자궁 질식으로 심한 뇌손상을 입어 뇌성마비 판정을 받았다. 그는 그 아이가 태어난 이후 자신의 삶이 달라지기 시작했으며, 그것이 "생각하고, 사람들과 관계를 맺고, 그들을 리드하는 데 깊은 영향을 미쳤다"고 말했다. 그는 아이를 힘들게 돌보는 과정에서 공감이라는 큰 선물을 받았으며, 삶의 목적이 다른 사람의 아픔을 공감하고 돕는 것으로 바뀌었다고도 말했다.

이런 이야기를 나누면서 관리자들은 개인의 자아와 일터의 자아가 같은 방향에 설 수 있음을 깨달았다. 그들은 팀을 나눠 병원, 학교, 중소기업 등 고객들이 있는 곳을 방문하고 그들의 고민을 함께 나누었다. 이렇게 새롭게 부여된 사명감은 구성원들의 마음을 하나로 모으는 변화의 원동력이 됐다.

그 뒤로 마이크로소프트의 구성원들은 클라우드와 서버 서비스를 혼합한 비즈니스 모델과 사무용 소프트웨어인 오피스를 빌려 쓸 수 있게 하는 비즈니스 모델을 개발하는 등 새로운 변화에 발 벗고 나섰다. 사티아 나델라는 클라우드를 매출 200억 달러가 넘는 주력 사업으로 키워냈다. 과거에는 존재하지도 않았던 사업이 마이크로소프트 전체 매출액의 약 28%를 차지하게 된 것이다.

CEO로 부임한 지 두 달 후, 사티아 나델라는 오랜 앙숙관계였던 애플에 러브콜을 보내 세상을 깜짝 놀라게 했다. 그동안 자사의 제품에만 작동하도록 제한했던 핵심 제품 오피스 소프트웨어를 애플의 아이폰과 아이패드에도 오픈해서 쓸 수 있도록 한다는 것이었다. 적과의 동침인 셈이었다.

뒤이어 마이크로소프트가 리눅스와 제휴한 사건은 더더욱 놀라운 일이었다. 한때 독점 소프트웨어를 꿈꾼 마이크로소프트로서는 공개 소프트웨어인 리눅스가 눈엣가시일 수밖에 없었기 때문이다.

사티아 나델라는 "게임 이론에선 협력을 제로섬 게임으로 묘사하지만 나는 결코 동의하지 않는다"고 말한다. 제대로만 하면 모든 사람의 파이를 키울 수 있다는 것이다. 아이폰에서 오피스가 돌아간다면 아이폰의 가치는 물론 오피스의 가치도 올라갈 테고, 무엇보다 고객이 편리해질 것이기 때문이다.

그는 새로운 사명감으로 구성원들의 혼을 일깨웠다. 엘리트주의와 폐쇄주의에 경도된 기업문화를 변화와 다양성에 추구하는 열린 문화로 바꾸었다. 그는 공대를 나와 기술자의 삶을 살았다.

그러나 그는 기술에 앞서 문화를 더 중시해야 하며, 새로운 일을 시작하기 위해서는 세 가지 'C'가 필요하다고 말한다. concept(개념), capability(능력) 그리고 culture(문화)다. 그는 앞의 두 C를 제대로 갖췄더라도 마지막 C가 없다면 모든 것이 무용지물이라고 생각한다. 그래서 그는 CEO의 C는 곧 문화의 C를 나타내며 "CEO는 문화의 큐레이터"라고 말한다.

"기술이란 그것을 만든 사람들의 영혼의 총화다." 사티아 나델라가 가장 좋아하는 말이다. 공룡을 춤추게 하고 싶다면 영혼에 호소하라. 일터의 삶과 개인의 삶이 공존할 수 있다고 외쳐라. 이것이 바로 사티아 나델라가 당신에게 주는 메시지다.

좋은 리더십은 사람을 바꾼다

정치도 마찬가지다. 정치는 국민을 행복하게 하기 위한 사랑의 실천 행위다. 그 당연한 사실을 망각한 사람이 너무 많다는 게 안타까울 뿐이다.

이와 관련해 소개할 책은 이사벨라 버드 비숍Isabella Bird Bishop 의 『조선과 그 이웃나라들』이다. 영국의 역사가 이사벨라 버드 비숍은 1894년~1897년 사이에 한국을 네 차례나 방문했다. 그때 쓴 기행문이 바로 이 책이다. 왕의 친척인 그녀는 영국 공사의 도움을 받아 고종이나 민비를 비롯해 한국의 주요 인사들을 만났다.

한국인에 대한 그녀의 인상은 시간이 갈수록 바뀌었다. 첫인상은 일본인이나 중국인에 비해 잘생기고, 지적이며, 외국어도 빨리 배운다는 것이었다. 그러나 한국 곳곳을 여행하면서 한국인에 대한 그녀의 생각이 부정적으로 바뀌었다.

예를 들면 한강 유람을 위해 뱃사공에게 일주일치 돈을 먼저 지불했는데, 뱃사공이 약속한 날 나타나지 않고 술을 먹고 놀다가는 일주일 후에 다시 나타나서 돈을 달라고 하거나, 민박집에서 대낮부터 취한 남편이 아이와 아내를 때리는 장면을 목격한 것이다.

그녀는 민비의 고향이었던 여주를 여행하고 관아를 방문한 경험을 "가난, 나태, 우울함 등이 곳곳에 널려 있다. 관아 안에는 한국의 생명력을 빨아먹는 기생충들이 우글거렸다. 거기엔 조잡한 면직 제복을 입은 군인들, 포졸들, 문필가들, 부정한 관리들, 늘 일이 손에 달린 척 가장하는 전령들이 있었다"[2]고 기록했다.

결국 그녀는 한국은 도저히 가망성이 없는 나라라며 떠나버린다. 그녀는 한국인이 세계에서 가장 열등한 민족이 아닌가 의심한 적이 있다고 토로하기도 했다.

그녀는 한국을 떠나 북간도, 연해주로 향했다. 중국을 가기 위해서였다. 그곳에서 그녀는 뜻밖의 경험을 하게 된다. 호텔이 없어 민박을 해야 했다. 그곳은 러시아, 일본, 중국, 한국 등에서 온 여러 민족이 경쟁하며 살고 있었다. 그런데 깨끗한 잠자리와 음식을 제공받을 수 있는 유일한 곳이 한국인의 집이었다.

그녀는 한국인들이 모여 사는 마을들을 돌아다니며 더욱 놀랐다. 마을들이 매우 번영하고 있었기 때문이다. 그녀는 하바롭스크 근처에 거주하는 한국인들이 농산물 유통업에서 중국인들과 경쟁해 완승을 거두었다고 기록했다. 야채 공급이 거의 한국인들 손에 달려 있었던 것이다. 그녀는 그곳의 한국 남자들은, 나태하고 의심 많고 노예근성을 갖고 있던 고국의 남자들과 달리 주체적이고 독립적이며 터프한 모습이었다고 기억한다.

똑같은 한국 사람이 북간도와 연해주에서는 부농이 되었고, 성품도 근면하고 성실한 사람으로 변해 있었다. 그들은 대부분 기근으로부터 도망친 난민에 불과했는데도 말이다. 왜였을까? 이사벨라 버드 비숍의 분석은 이렇다. 한국에서는 농부들이 열심히 일해봐야 이익이 안전하게 보장되지 않기 때문에 가족을 먹여 살리고 옷을 입힐 정도로만 생산하는 데 만족한다는 것이다.

당연하다. 재산권조차 보장이 안 되는 곳에서 국민이 열심히 일할 이유가 무엇이겠는가. 다시 말해 한국 사람을 바꿔놓은 것은 생계를 보호해주는 정직한 정부였다. 착취와 불신이 기반인 나라에서 신뢰가 기반인 나라로 옮겨가자 사람들이 저절로 근면하고 성실한 사람으로 바뀐 것이다.

당시 조선은 농토의 소유권이 모두 나라에 있었다. 그래서 백성들은 나라에 높은 소작료를 납부해야 했다. 또 농사를 잘 지어 수확이 많더라도 탐관오리들은 물론 동네 양반들이 몰려와 돈이나 쌀을 꾸어가는 경우가 많았다. 그런데 말이 좋아 꾸어가는 것이지 한 번 꾸면 갚지 않는 경우가 다반사였고, 요구에 응하지 않으면 도리어 곤장으로 응징하는 일도 있었다. 사정이 그렇다 보니 농민들은 그저 굶지 않을 정도로만 농사를 지었던 것이다.[3]

반면 연해주는 러시아의 조선족 자치구였다. 유민들이 토지를 개간해 많은 수확을 올리면 토지를 구입해 소유할 수 있는 권리가 부여됐다. 그래서 스스로 열심히 농사짓고 윤택한 삶을 살 수 있었던 것이다. 이사벨라 버드 비숍은 이 큰 변화를 목격한 뒤 한국인에 대한 자신의 견해를 수정했다.

> 한국에 남아 있는 백성들이 정직한 정부 밑에서 그들의 생계를 보

호받을 수만 있다면 진정한 의미의 시민으로 발전할 수 있을 것이라는 믿음을 나에게 주었다. 처음에 한국에 대해서 느꼈던 혐오감은 이젠 거의 애정이랄 수 있는 관심으로 바뀌었다.[4]

이사벨라 버드 비숍의 이야기를 다소 길게 한 이유는, 리더의 사명이 이런 데 있다는 것을 말하기 위해서다. 당시 연해주의 지도자들이 누구였고, 그런 정치 제도를 어떻게 도입했는지는 잘 모르지만 그들이 조선과 달리 신뢰와 사랑에 바탕을 둔 제도를 도입하고 운영한 것만은 확실해 보인다.

MIT 경제학과의 대런 애쓰모글루 Daron Acemoglu 교수는 『국가는 왜 실패하는가』라는 책에서 국가의 성패를 가르는 것은 이른바 포용적인 inclusive 정치경제 제도의 유무라고 말한다. 말하자면 과거 조선에는 그것이 없었고, 연해주에는 있었던 것이다. 포용적 제도 하에서는 규칙과 법이 살아 있고, 사람들은 자신이 창출한 것을 소유할 수 있는 권리와 적절한 보상을 보장받는다. 또한 누구에게나 올바른 기회, 즉 원하는 직업을 가질 기회가 열려 있고, 좋은 아이디어를 가진 사람은 사업을 할 수 있는 기회도 있다.

문제는 아직도 많은 나라가 이런 식으로 운영되지 않는다는 것이라고 대런 애쓰모글루는 말한다. 그는 《조선일보》와의 인터뷰에서 대부분 나라의 국민은 적절한 보상을 받지 못한다고 말했다. 소수 계층이 기회를 독점하여 개개인이 창출한 것에 대한 적절한 보장을 받을 수 있는 시스템도, 무언가를 시도할 기회조차도 없기 때문이라는 것이다.

그는 소수 계층이 포용적 제도의 발전 가능성을 알면서도 착취적 제도를 고집하는 이면에는 포용적 제도가 불러올 창조적 파괴의 공포가 숨어 있다고 주장한다. 창조적 파괴는 부와 소득뿐만 아니라 정치권력도 재분배하기 때문이다. 콩고의 지배자가 쟁기를 보급하지 않고, 합스부르크 황제가 철도를 놓지 않으며, 이슬람 왕조가 인쇄 기술 보급을 막은 것이 다 이 때문이라는 이야기다.

리더는 사람들을 행복하게도, 불행하게도 만들 수 있다. 리더인 당신이 사랑의 힘으로 고객과 직원들을 행복하게 만든다면 그보다 더 가치 있는 일이 어디 있겠는가. 그리고 그 보람이 당신과 조직을 한 단계 높은 차원으로 성숙시킨다. 세상은 도움을 필요로 한다. 신화에서 영웅들이 왜 보검을 차지하고도 다시 세상 속으로 내려오는지를 잘 음미해볼 필요가 있다.

기업은 왜 존재하는가

사람마다 일을 하는 이유는 다를 것이다. 먹고살기 위해서, 자아실현을 위해서 등등. 그러나 경영학의 관점에서 일하는 목적은 '가치를 창출하기 위해서'다. 그리고 그 가치는 고객에 의해 정의된다. 다시 말해 고객에게 가치 있는 일을 하는 것이 우리가 일하는 목적이고, 기업이 존재하는 이유다.

이 점을 아주 쉽게 설명해주는 것이 이른바 '기업 생존 부등식'이다. 기업이 존재하는 조건을 설명하는 공식이다. "가치 〉가격 〉원가" 정말 간단하지 않은가. 이 식에서 '가치'란 소비자가 어떤 제품에 대해 마음속으로 부여하는 값어치를 말한다. 예를 들어 내게 "아이스크림 하나 사는데 최대 얼마까지 지불할 용의가 있느냐?" 고 물었을 때 1200원이라고 생각한다면 그것이 바로 내가 생각하는 아이스크림의 가치다.

위의 식은 두 부분으로 나눌 수 있다. 먼저 '가치 > 가격'이다. 소비자가 제품에 부여하는 가치가 그 제품의 실제 가격보다 높아야 한다는 의미다. 아이스크림의 가격이 1000원인데, 소비자들이 아이스크림에 대해 부여하는 가치가 1200원이라면 소비자들은 기꺼이 구매할 것이다. 만일 그 가치가 800원밖에 안 된다면 소비자는 구매하지 않을 테고, 기업은 살아남지 못한다.

부등식의 두 번째 부분은 '가격 > 원가'다. 기업이 원가보다 높은 가격을 받아야 한다는 것이다. 그래야 '가격 – 원가' 만큼의 이익을 낼 수 있고, 그것으로 세금을 내고, 배당을 주고, 성장을 위해 재투자할 수 있기 때문이다.

알고 보면 쉽고 당연한 것 같은데, 막상 일을 하다 보면 잊어버리는 경우가 많다. 특히 가격이 원가보다 높아야(가격 > 원가) 이윤이 난다는 점은 누구나 잘 안다. 하지만 소비자가 느끼는 가치가 가격보다 높아야 한다는 점(가치 > 가격)은 곧잘 잊어버린다.

우리가 특히 명심해야 할 것은, 가치에서 가격을 뺀 부분이 기업의 경쟁력을 결정한다는 점이다. 예를 들어 아이스크림의 가격이 1000원인데 소비자가 느끼는 가치가 1200원이면, 그 차이인 200원을 소비자가 향유하게 된다. 이를 경제학에서 '소비자 잉여'라고 한다. 소비자 잉여가 크면 클수록 소비자는 기뻐할 것이고, 충성 고객이 될 것이다.

그렇다면 아이스크림 값을 1150원으로 올려도 되지 않느냐는 생각이 들 수 있다. 그러더라도 가치(1200원)가 가격(1150원)보다 여전히 높을 테니 말이다. 하지만 그렇게 생각하는 것은 단견이다.

경영 석학인 윤석철 교수는 이 점을 알프레드 테니슨의 시 「참나무」를 예로 들어 설득력 있게 설명한다. 시를 먼저 읽어보자.

젊거나 늙거나

저기 저 참나무같이

네 삶을 살아라.

봄에는 싱싱한

황금빛으로 빛나며

여름에는 무성하지만

그러고, 그러고 나서

가을이 오면

더욱더 맑은

황금빛이 되고

마침내 나뭇잎

모두 떨어지면

보라, 줄기와 가지로

나목 되어 선

발가벗은 저 '힘'을.

알프레드 테니슨은 시에서 참나무를 인생에 비유했다. 그는 낙엽이 지는 겨울을 인생의 노년기에 대비시키는데, 여기에 "발가벗은 힘 naked strenth"이라는 표현이 등장한다. 참나무는 나뭇잎이 모두 떨어진 후, 즉 옷을 벗은 뒤에도 당당히 우뚝 서 살아가는 힘이 있다. 그것이 바로 발가벗은 힘이다.

사람의 경우도 마찬가지다. 유명 기업인이나 정치인이 돈이나 명예 같은 '옷'을 벗은 뒤에도 자연인으로서 존경받을 수 있다면 그는 발가벗은 힘을 가진 사람이다. 도덕성과 자기희생이 녹아 있는 삶의 자세를 견지할 때 그는 발가벗은 힘을 가진 사람이 된다.

우리는 자라면서 사회가 정해놓은 배역을 맡는다. 경찰관이 되고, 교사가 되고, 기업의 중역이 된다. 마치 배우가 의상을 갈아입고 이런저런 역할을 하는 것과 비슷하다고 해서 칼 융은 이를 '페르소나'라고 불렀다.

그러나 칼 융은 우리 자신을 페르소나와 동일시하는 것이 가장 위험하다고 말한다. 내가 회사에서 중역이라고 해서 집에 가서도 중역이고, 동네 목욕탕에 가서도 중역으로 살려고 한다면 사람들은 슬금슬금 나를 피할 것이다. 우리에게 주어진 역할을 하되 그것이 우리 자신이 아니라는 것을 알아야 한다. 페르소나에서 자유로울 수 있는 힘, 그것이 바로 발가벗은 힘이다.

기업의 '발가벗은 힘'

그렇다면 기업의 발가벗은 힘은 무엇일까? 그것이 바로 '가치 〉 가격'이라고 윤석철 교수는 말한다. 가치가 가격보다 크면 클수록 오랫동안 소비자의 사랑을 받을 것이고, 그렇지 못하면 경쟁력을 잃고 소멸할 것이다. 아이스크림 가격이 1000원인데 소비자가 느끼는 가치가 1200원이라면, 그 차이인 200원이 바로 옷을 벗은 뒤에도 아이스크림에 남아 있는 '발가벗은 힘'이라고 할 수 있다. 바로 이것이 진정한 의미에서의 제품 경쟁력이다.

그러나 많은 기업들이 '가격 〉 원가', 다시 말해 이윤 극대화에만 신경을 쓴다. 이런 기업은 발가벗은 힘을 가졌다고 보기 힘들다. 그런 기업이 옷을 벗는다고 해서(다시 말해 문을 닫는다고 해도) 슬퍼할 소비자는 아무도 없을 테니 말이다.

사람의 경우도 마찬가지다. 만약 어떤 사람이 취직해서 월급을 200만 원 받는다고 해보자. 그 사람이 만약 '200만 원 어치만 일하면 충분하지'라고 생각한다면 그는 곧 도태당할 것이다. 200만 원 월급을 받는 직원이 예를 들어 400만 원의 가치를 창출할 때 그 직원은 400만 원에서 200만 원을 뺀 나머지 200만 원 어치의 발가벗은 힘을 갖게 되는 것이고, 그것이 곧 이 직원의 경쟁력이다.

기업 생존 부등식을 곱씹어보면 삶에 대한 자세를 다잡을 수 있다. 사람은 누구나 대가를 받고 일한다. 그러나 우리의 삶이 진정 의미 있는 것은 그 일로 인해 사회에 가치를 제공한다는 점, 그것도 우리가 받는 대가 이상의 가치를 제공한다는 점이다. 영웅은 곧 발가벗은 힘을 가진 사람이라고 정의할 수도 있다.

윤석철 교수는 『문학에서 경영을 배우다』라는 책에서 이 발가벗은 힘을 구현한 경영인으로 스티브 잡스의 예를 든다.

스티브 잡스가 픽사를 설립해 〈토이 스토리〉를 성공시켰을 때의 이야기다. 한 인터뷰에서 사회자가 "도대체 어떻게 하면 이렇게 이익을 많이 내는 비즈니스 모델을 만들어낼 수 있느냐?"고 묻자 스티브 잡스는 아마 이익을 생각하고 사업을 했다면 그렇게 큰 성공을 거두지 못했을 것이라고 대답했다. 그는 "이런 새로운 사업이 사람들에게 미래에 보다 큰 가치를 줄 것이기 때문에 그런 믿음 하에서 전력투구했고, 그 결과로 이런 큰 성공을 거두었다"고 덧붙였다.

'발가벗은 힘'은 혼창통의 '혼'과 매우 밀접한 개념이라고 볼 수 있다. 혼이란 '자기 자신을 뛰어넘는 큰 목적'이기 때문이다. 나는 이전의 책 『혼창통』에서 이렇게 표현했다.

> 경영자라면 이해득실을 전부 버려도 포기해서는 안 되는, 죽어도 지키고 싶은 무엇을 최소한 한 가지는 마음속 깊이 갖고 있어야 한다. 그래야 사람의 마음을 움직일 수 있다. 그것이 바로 철학이고 혼일 것이다. 혼은 '사람을 움직이는 힘'이다.

혼이 있는 기업이라야 '가격 > 원가'에만 머물지 않고 '가치 > 가격'을 생각하며, 사람의 마음을 움직이는 발가벗은 힘을 가질 수 있다. 피터 드러커가 말한 "목적을 위한 경영"과도 통하는 개념이다.

기업 경영뿐 아니라 우리의 삶에서도 가장 위대한 힘은 '옷 벗은 후의 힘'이 아닐까? 당신이라면 지금의 지위와 돈을 모두 벗어던진 뒤에도 과연 지금만큼의 대우와 존경을 받을 수 있을까?

공감하는 자가 천하를 얻는다, 츠타야 대표 마스다 무네아키

> 성배로 향하는 열쇠는 공감, 다른 사람의 슬픔을 마치 여러분의 것인 양 느끼고 또 같이 고통받는 것이다.[5]

영웅은 성공의 과실을 혼자 누리지 않고, 세상으로 다시 내려간다.

왜일까? 연민 때문이다. 남의 아픔이 눈에 밟혀서 자기희생의 길로 나아간다. 그런데 그 희생의 행위가 곧 성공의 길이요, 자기구원의 길이 된다. 신비로운 우주의 오의奧義다.

인간의 능력 중 가장 귀중한 것 하나를 꼽는다면 공감력이다. 남의 아픔을 내 것처럼 느끼는 공감력, 연민력, 동병상련의 감정은 인간만이 갖고 있는 고귀함이다.

일본의 하레사쿠 마사히데晴佐久昌英 신부는 다른 능력을 다 갖추어도 공감력이 없다면 다른 사람을 행복하게 해줄 수도, 자신이 행복해질 수도 없다고 말한다.[6]

예수는 "네 이웃을 너 자신처럼 사랑해야 한다"고 했다. 이 세계를 만들고 지탱하고 더 나아가 이 세계가 최종적으로 지향하는 목표는 공감하는 능력임을 드러낸 말이다.

소비자로부터 멀어지고, 소비자가 외면한다고 느끼는 기업이 있다면 경영진과 구성원의 공감력에 문제가 없는지 살펴볼 필요가 있다. 공감력이 없는 기업은 귀환을 회피하는 영웅과 마찬가지다. 많은 잠재적 영웅들이 불로불사 여신의 축복받은 섬에 영원히 눌러앉아버리면서 진정한 영웅이 되기를 포기한다.

내가 잘나갈 때는 남의 아픔은 먼 산의 불이다. 내가 아파야 비로소 남의 아픔이 눈에 밟히고 느껴진다. 나 역시 정신적으로 매우 힘들고 불면에 시달렸을 때는 그동안 무수히 외면했던 길거리의 걸인도 예사롭게 보이지 않았다. 지하철에서 어느 할머니가 길을 물으면 아무리 바빠도 친절하게 가르쳐주었다. 그러나 힘든 시기가 지나자 어느새 옛날의 나로 돌아가는 모습을 발견했다.

고통에 의해서만 상대의 입장이 될 수 있고, 공감할 수 있다. 그렇다면 고통은 축복일 수도 있다. 하레사쿠 마사히데는 "그 체험이 정말 쓰라릴 수도 있지만 세상의 궁극적인 목적이 '공감'에 있다면 고통스러운 체험을 함께했다는 것은 이미 천국에 아주 가까이 와 있는 것을 의미한다"[7]고 말한다.

공감하는 자만이 깨닫는다

톨스토이의 중편 『이반 일리치의 죽음』에서 잘나가던 판사 이반 일리치는 어느 날 사다리에서 떨어져 가벼운 부상을 입는다. 그런데 대수롭지 않게 생각했던 상처가 깊어져 목숨까지 위협하게 된다. 그가 병상에 누워 겪은 고통은 육체적 고통만이 아니었다. 더 큰 아픔은 누구도 진심으로 자신을 동정하지 않는다는 사실이었다. 가족도, 의사도 관심을 기울이는 시늉만 할 뿐 정작 그들의 관심사는 일상의 평화가 깨지지 않았으면 하는 바람이었다. 이반 일리치는 증오를 느낀다.

> 저들에게는 상관도 없지만 저들도 역시 언젠가는 죽는다. 바보들 같으니라고. 내가 조금 먼저고 저들이 조금 늦을 뿐인 것이다. 결국은 마찬가지가 된다. 그런데 저들은 기뻐하고 있다. 망할 것들!

아무도 나의 고통을 이해해주지 않고, 심지어 이해하려 노력조차 하지 않는다는 것을 지켜보는 일은 지옥이다. 이반 일리치는 진심으로 동정받기를 원했다. 그는 "사람들이 어린애를 쓰다듬고 달래고 하듯이 애무해주고, 입을 맞춰주고, 자신을 위해서 울어주었으면" 싶었다.

나는 이 대목을 읽으며 감탄했다. 톨스토이는 죽을 듯한 고통을 견뎌본 사람임에 틀림없다는 생각이 들었다. 그렇지 않으면 어떻게 이런 표현이 가능하겠는가.

아내가 이런 말을 한 적이 있다. 언제부터인가 노인들이 다르게 보인다는 것이다. 그들도 예전에는 어린아이였고 귀염받는 존재였을 것이다. 나이가 들어 얼굴에 주름이 깊이 패이긴 했지만 그 마음이야 어디 크게 다르겠는가. 나만 해도 마음만큼은 20대와 크게 다르지 않다는 생각을 곧잘 하니 말이다. 그런데도 나이가 들었다는 이유만으로 이제는 누구도 어여삐 여기지 않고, 모두의 관심에서 점점 멀어진다. 그러나 사랑받고 싶은 마음이야 어찌 다르겠는가. 그래서 그들이 외롭게 느껴진다는 것이다. 아이를 키우고, 스스로 나이가 들다 보니 그런 공감력이 생긴 모양이다.

다시 이반 일리치로 돌아가 보자. 그는 그렇게 혐오스러운 인간들의 모습이 과거의 자신의 모습이라는 것을 깨닫는다. 자신이 지난날 그렇게 살아왔고, 지금 살고 있는 것도 모두 허위이고 기만이라고 생각했다. 그는 의사가 자신을 건성으로 대하는 것처럼 판사로서의 자신도 그랬을지 모른다고 생각했다. 그는 죽음 직전에야 한 점의 빛을 본다.

> 그때 그는 누군가가 자기 손에 입을 맞추고 있음을 느꼈다. 그는 눈을 뜨고 힐끗 아들을 쳐다보았다. 그는 아들이 가엾다는 생각을 했다. 아내가 옆으로 다가왔다. (…) 그는 그녀도 가엾게 느껴졌다.

그가 이렇게 가족의 아픔에 공감하는 순간, 죽음의 공포가 사라지고 빛이 찾아온다. 그는 "이제 죽음은 없다"고 혼잣말을 하며 눈을 감는다. 이반 일리치는 공감력을 되찾음으로써 죽지만 비로소 살았다. 톨스토이는 바로 이 말을 하고 싶었으리라.

포드가 고급차 링컨을 되살린 비결

기업도 이런 공감력이 필요하다. 포드는 글로벌 금융위기에서 가장 먼저 탈출한 미국 자동차 브랜드다. 포드의 부활을 앞당긴 것 역시 공감력이었다.

몇 년 전 포드는 쇠락하는 고급차 브랜드인 링컨을 되살리는 프로젝트에 착수했다. 과거와 달랐던 점은 '기술'이 아니라 '경험'에 초점을 맞추기로 한 것이다. 포드는 대도시 거주자 60명을 6개월에 걸쳐 관찰했다. 집과 직장을 쫓아다니고, 같이 점심도 먹고, 직장 동료를 인터뷰하는 식이었다.

그 결과 드러난 것은 '운전 자체는 고객의 자동차 경험에서 아주 작은 요소에 불과하다'는 점이었다. 고객의 자동차는 95%의 시간 동안 어딘가에 주차되어 있다. 운행되는 5%의 시간도 지루한 정체 속에서 보낸다. 운전자는 기본적으로 늘 멈춰 있는 상태에 있다. 그래서 아이러니하게도 운전에 초점을 맞춘 포드의 전략이 소비자의 불만을 샀던 것이다.

운전이 아니라면 무엇이 자동차를 소유하게 만들까? 그것은 삶을 풍부하게 만드는 경험이었다. 누구는 혼자 편하게 차를 몰고 다니는 데서 자유를 느끼고, 누구는 친구나 가족과 함께 차에서 보내는 시간을 대단히 좋아했다. 이 발견 이후로 포드의 직원들은 더 이상 "기술을 위해 일한다"고 생각하지 않고, "기술을 통해 사람의 경험을 뒷받침하는 방법"에 집중했다.

컨설팅업체 레드어소시에이츠가 포드의 변신을 도왔다. 이 업체의 모토는 "사자를 알고 싶다면 동물원이 아니라 초원으로 가라"다. 이 회사의 철학적 기반은 하이데거다. "사람들을 이해하길 바란다면, 그 사람들의 눈이 되어 그들이 사는 세계를 경험하며 그들의 시각으로 봐야 한다"는 철학이다. 그래야만 피상적 데이터 thin data 가 아닌 심층적 데이터 thick data 를 얻을 수 있다. 그런 방법론을 이 회사는 '센스메이킹'이라고 부른다.

이 회사의 창업자인 크리스티안 마두스베르그 Christian Madsbjerg 는 같은 제목의 책도 썼다. 코카콜라는 중국 차茶 시장에 처음 진입했을 때 실패를 맛보았다. 미국에서 차 문화는 늦은 오후에 활기를 불어넣기 위해 달고 기운 나는 것, 즉 설탕과 카페인을 '더하는' 것이다. 그러나 중국의 차 문화는 전혀 다르다는 것을 알았다. 중국에서 차의 핵심은 '덜어내는' 것이다. 차는 명상처럼 진정한 자아를 드러내는 도구였다. 이 점을 반영했을 때 코카콜라는 비로소 시장 점유율을 확보할 수 있었다.

몇 년 전 빅데이터라는 말이 유행했다. 그러나 빅데이터 만능론은 위험하다. 결코 수치가 진실을 말해주지는 않는다. 데이터 더미에서 맥락을 도출하려면 인문학적 소양이 필수다. 가장 좋은 방법은 사람들 속으로 뛰어드는 것이고, 차선책은 문학작품을 읽는 것이다. "인문학은 호사가 아니라 경쟁력"이다.

신발 회사 경영자가 신발 매장에 갈 생각조차 하지 않고, 자동차 회사 경영자들은 직접 차를 산 적이 없는 경우가 많다. 그렇다면 그들이 고객의 세계에 대해 아는 게 무엇일까? 경험의 질감이 없다면, 그들에게 제공된 데이터는 모든 진실을 잃는다.

크리스티안 마두스베르그는 이렇게 경고한다. "수치가 저절로 진실을 말해줄 것이라는 믿음은 오디세우스를 위험에 빠뜨렸던 사이렌의 노랫소리만큼이나 위험하다."

먼저 초원으로 가라

'공감'을 사업의 출발점으로 삼은 기업을 소개한다. 요즘 도쿄에 여행을 가면 사람들이 꼭 들르는 곳이 있다. 도쿄의 청담동 격인 다이칸야마에 자리 잡은 츠타야 티사이트 서점이다. 책만 살 수 있는 게 아니라 커피를 마시고 음악을 들으며 편히 쉴 수 있는 공간이다. 서점을 라이프 스타일을 제안하는 공간으로 변모시켜 유통의 미래를 보여준다는 평가를 받았다.

예를 들면 북구의 라이프 스타일에 관한 책을 모아 진열한 뒤 북구의 조명기기와 인테리어 제품을 함께 판매하는 식이다. 이런 독특한 콘셉트를 창안한 마스다 무네아키增田宗昭 대표는 늘 청바지에 티셔츠, 운동화 차림이다. 스티브 잡스를 흉내 내는 것 아닌가 싶지만 다른 이유가 있다. 경쟁점에 손님으로 방문하기도 하고, 고객의 눈높이에서 정보를 수집해야 하는데 옷차림이 방해가 되면 안 되기 때문이다.

그는 1983년, 책과 음반, DVD를 함께 판매하고 대여하는 렌털 체인 츠타야를 창립했고, 현재 점포가 1400개에 달한다. 그 뒤 츠타야 티사이트, 츠타야 가전처럼 서점을 기반으로 한 라이프 스타일 공간을 창안해 혁신의 아이콘으로 떠올랐다. 뿐만 아니라 자신의 기획력을 활용해 고민이 있는 기업들의 문제를 풀어주는 기획 회사 일도 하고 있다.

　기획의 달인으로 불리는 그의 원천은 두 다리다. 도쿄 후타고타마가와 지역에 가면 츠타야 가전이라는 매장이 있다. 역시 마스다 무네아키가 만든 공간이다. 2015년에 문을 열었는데, 책과 가전제품을 함께 판매하는 파격적인 콘셉트다.

　이 매장을 만들 때도 그는 청바지 차림으로 수없이 현장을 답사했다. 아침 일찍 가기도 하고, 저녁에 달려서 가기도 하고, 주변 주택가를 걸어서 빙빙 돌아다니기도 했다. 평일에도 가고, 주말에도 가고, 저녁 늦게도 갔다. 또 20대 여성의 기분으로 걸어보기도 하고, 대학생의 기분, 노년 여성의 기분으로 걸어보기도 했다. 그렇게 걷다 보면 고객이 새 점포에 무엇을 원하고, 자신이 기획하는 내용의 어떤 점에 매력을 느낄지가 눈에 보이기 시작했다.

　2011년에 츠타야 티사이트를 만들기 전까지 그는 주말이면 늘 부근에 있는 카페에 앉아 사람들이 가고 싶어 하는 장소를 어떻게 만들지 머릿속으로 수없이 시뮬레이션을 했다. 그의 눈을 잡아끈 것 중 하나는 애완견을 동반한 노인이나 젊은 여성이 많다는 점이었다. 그 관찰의 결과로 펫숍과 반려견 놀이터가 만들어졌고, 지금 그곳은 반려견 산책의 메카가 됐다.

　그가 생각하는 성공의 요체는 불가능에 도전하는 것이다. 모든 기획은 처음에는 생소하고 불가능해 보인다. 하지만 그것에 도전하는 과정에서만 성장할 수 있다.

　최근 그가 쓴 『취향을 설계하는 곳, 츠타야』라는 책을 읽으면서 나는 많은 곳에 밑줄을 그었다. 그중 한 구절을 소개한다.

> 혼은 디테일에 머문다. 고객이 오지 않으면 손해 본다는 생각이 들 정도의 기획을 1센티미터 단위로 쌓아올리지 않으면, 고객이 일부러 찾아오는 공간이 될 수 없다.[8]

그가 사회생활을 처음 시작한 곳은 어느 여성복 회사였다. 그가 맡은 일은 회사가 만드는 쇼핑센터의 주차장 설계였다. 그가 주차장에 대해 알 리 만무했다. 그렇다고 사내에 전문가가 있는 것도 아니었다. 그는 도쿄에 있는 주차장들을 찾아다니기 시작했다. 그리고 스톱위치를 들고 조사했다. 네 명이 탄 자동차에서 네 명 모두 내리는 데 몇 초가 걸릴까? 세 명이면? 한 명이면? 그는 많은 주차장을 조사해 평균값을 구했다. 그는 이렇게 발로 모은 데이터를 토대로 적절한 주차장의 규모를 찾아냈다.

그는 고객을 위해 기획을 하다 보니 프레젠테이션으로 제안할 경우가 많다. 그의 프레젠테이션 방법 역시 '고객의 입장에서 바라보는 것'이다. 기본 자료를 모으고 슬라이드를 만든 뒤 고객이 어떤 대목에서 흥분할지, 고객이 어떤 질문을 하고 자신은 어떤 대답을 할지 구체적으로 시뮬레이션을 한다. 고객의 느낌과 기분을 자신의 중심으로부터 끌어내 그 장면이 생생하게 떠오를 때까지 만족하지 않는다. 그런 뒤 고객 앞에 서면 이미 상대의 기분을 손에 쥘 듯 알고 있는 느낌이라고 한다.

그가 정의하는 기획은 선입관과의 싸움이기도 하다. 츠타야 티사이트에 가보면 서점 한가운데 스타벅스가 있다. 고객은 책을 스타벅스에 갖고 들어가 편하게 앉아서 읽는다. 지금이야 우리에게 익숙한 풍경이지만 예전에는 아무도 생각하지 못했던 일이다.

츠타야 티사이트를 만들 때 그는 자신이 기존에 갖고 있던 감각을 모두 버리지 않으면 안 될 정도의 위화감이 매일 찾아왔다고 고백한다. 그래서 기획이란 결국 위화감을 받아들이는 것이라고 그는 말한다.

그의 아이디어는 방대한 데이터에서 나온다. 주요 사업 중 하나는 'T카드'라는 통합 포인트 카드다. 이 카드만 있으면 츠타야 티사이트에서 책을 사도, 편의점에서 물건을 사도, 주유소에서 휘발유를 넣어도 통합 포인트가 적립되며, 6000만 명이 사용한다. 그리고 여기서 얻어진 방대한 고객 데이터를 사업 전반에 활용한다.

그러나 그는 데이터는 그 자체만으로는 아무 의미가 없다고 말한다. 중요한 것은 데이터에서 의미를 읽어내는 감성과 경험이고, 그것은 현장에서만 찾을 수 있다는 것이다. 현대의 영웅으로 불리는 기업인이 내려가야 하는 세상은 바로 현장이다.

마스다 무네아키가 가장 좋아하는 말 중 하나는 〈춤추는 대수사선〉이라는 영화에서 주인공 형사가 한 말이다. "사건은 회의실에서 일어나지 않는다. 현장에서 일어난다." 현장을 중시하는 그의 정신은 토요타의 '삼현주의 三現主義'를 연상시킨다. 현장으로 가서, 현물을 보고, 현실을 알아야 한다는 의미다. 정몽구 현대차 회장과 권오준 포스코 회장도 삼현주의를 경영의 모토로 삼았다.

결국 영웅은 적을 물리치고 승리하며,
자기 자신을 정화해 새로 태어날 것이다.
신비로운 것은 적을 물리친 원동력이
자기 내면의 힘에서 비롯된다는 점이다.
영웅 여정의 끝에는 자기 자신이 있다.

8장

부활

결국 나는
나로 설 것이다

세상을 구하기 위해 다시 모험을 떠난 영웅은 최후의 시련에 맞닥 뜨린다. 생사를 좌우하는 가장 위험한 싸움이다. 앞서의 시련이 중간고사였다면, 이번의 그것은 기말고사에 해당한다. 영웅 개인의 존재를 뛰어넘어 세상 사람 모두의 운명과도 관계된 큰 싸움이다.

결국 영웅은 적을 물리치고 승리하며, 자기 자신을 정화해 새로 태어날 것이다. 신비로운 것은 적을 물리친 원동력이 영웅 스스로도 몰랐던 내면의 힘에서 비롯되었다는 점이다. 영웅은 무언가를 찾아 여정에 오르는데, 결국 다른 무언가를 찾아오는 것으로 끝난다. 다른 무언가는 바로 자기 자신이다.[9]

영화 〈8마일〉을 보자. 이 영화에서 주인공 래빗은 공장 노동자로 일하면서 랩퍼가 되기를 꿈꾼다. 그의 치명적인 단점은 백인이라는 것이다. 게다가 경제적 어려움에 봉착한 그는 어머니의 트레일러 하우스에 얹혀 사는 신세다. 그는 남들이 이 사실을 알까 두려워한다.

이 영화의 백미는 주인공이 클럽에서 랩 배틀을 벌이는 마지막 장면이다. 그전까지 래빗의 삶은 계속 꼬이기만 했고, 더이상 내려갈 곳 없는 바닥까지 추락한 터였다. 그는 마지막 용기를 내 배틀에 참여한다. 그는 상대 래퍼가 자신을 어떻게 도발할지 잘 알고 있다. 그는 그 점을 역이용한다. 자신의 약점, 치부를 스스로 드러내는 것이다. 그는 관객들 앞에서 포효한다. "나는 이 친구가 나를 어떻게 씹을지 잘 알고 있어. 나는 백인이야, 양아치야, 엄마 트레일러에 얹혀 살아."

영혼에서 우러난 당당함이다. 자신의 모든 것을 긍정하는 용기이다. 상대 래퍼는 크게 당황하고, 배틀을 포기한다. 결국 영웅의 여정의 목표는 자기 자신을 찾는 것이다. 힘은 '저 바깥에' 있는 것이 아니라 '내 안에' 있다.

〈쿵푸 팬더〉를 보자. 주인공 포는 어려운 수련을 거쳐 전사로 거듭난다. 스승은 포에게 쿵푸의 비법이 담긴 '용의 문서' 두루마리를 건네준다. 득의양양한 표정으로 두루마리를 펼친 순간, 포는 소스라치게 놀란다. 용의 문서에는 아무것도 적혀 있지 않다.

포는 실망해서 하산한다. 그리고 머지않아 깨닫는다. '무언가를 소중하다고 믿으면 그것은 진짜 소중해진다'는 것을. 그리고 '모든 열쇠는 나 자신에게 있다'는 것을. 그것이 아무것도 적혀 있지 않은 용의 문서의 비밀이었다.

포가 이 깨달음을 얻는 과정은 꽤나 흥미롭다. 포는 아버지의 국숯집에 대대로 전해 내려오는 비법이 무엇인지 궁금해했다. 포가 돌아오자 아버지는 그 비법이 무엇인지 털어놓는다. 사실은 비법이 따로 없다는 것이다.

결국 산에 다시 올라가 용의 전사가 된 포는 파괴자 타이렁과 최후의 일전을 벌이는데, 그 무시무시한 '똥배'로 타이렁을 받아치는 장면은 꽤나 인상적이다. 조롱의 대상이었던 똥배가 가공할 무기가 된 것이다. 과거에 영웅 스스로 자신의 약점이라고 생각했던 바로 그 부분이 그를 높은 단계로 끌어올리고, 적에게는 가장 치명적인 무기가 된다. 신화와 전설에는 이와 유사한 이야기가 거듭 등장한다.

어떤 사슴이 자신의 아름다운 뿔을 사랑했지만 못생긴 다리는 부끄러워했다. 어느 날 사슴은 사냥꾼에게 쫓기게 됐다. 아름다운 뿔은 사슴이 몸을 숨기는 것을 방해했지만 못생긴 두 다리는 잘 달려 사슴의 목숨을 구했다.

어느 날 마케팅 석학인 홍성태 교수의 강의를 듣는데 한 대목이 귀에 박혔다. "어떤 기업이 가진 강점은 뒤집어보면 약점이고, 약점은 뒤집어보면 강점이다"라는 말이었다. 사람도 마찬가지다. 어느 심리학자가 사람들에게 자신의 성격 중 가장 바꾸고 싶은 특성과 가장 마음에 드는 특성이 무엇인지 물었다. 그 결과 커다란 모순점이 발견됐다. 스스로에 대해 가장 좋아하는 특성이 가장 바꾸고 싶은 특성의 긍정적 버전이었던 것이다.

예를 들어 어떤 사람은 자신의 즉흥적인 면을 좋아했지만 자신의 충동적인 면을 바꾸고 싶어 했다. 그러나 충동적일 수밖에 없는 것은 자신의 즉흥적인 성향을 소중하게 여기기 때문이 아닌가.[10]

영웅의 여정의 끝을 향해 가는 이 부활의 단계는 가장 힘든 시련이 닥치는 시기다. 오늘날 리더들이 맞닥뜨리는 생사를 건 시련은 무엇일까? 여러 경영자에게 물어보니 공통적인 답이 있었다. 미래를 예측할 수 없을 때, 그리고 경쟁자가 너무 강할 때였다.

문제는 미래를 정확히 예측하기란 불가능하고, 경쟁자가 없는 경우는 없다는 데 있다. 이번 장에서는 영원히 풀리지 않을 난제를 지혜롭게 극복한 이들의 지혜를 전한다. 특히 극복의 열쇠가 그들의 내면의 성숙에 있음을 눈여겨보라.

강한 경쟁자를 마주한 순간, 발레리나 강수진

발레리나 강수진의 책 『한 걸음을 걸어도 나답게』는 무척 흥미롭다. 특히 '나와 경쟁한다'는 부분에 나는 밑줄을 그어가며 읽었다.

그녀가 몸담았던 슈투트가르트 발레단은 협력을 중시하는 문화가 있었다. 그렇다 해도 남들보다 더 주목받고 싶은 것은 인지상정이다. 발레의 세계에서 경쟁이 얼마나 살벌한지는 〈블랙 스완〉이라는 영화에도 잘 드러나 있다.

그런데 강수진은 "경쟁은 시간 낭비처럼 느껴졌고, 경쟁하지 않았다"고 말한다. 왜였을까? 그녀는 이렇게 말한다.

"경쟁에 빠지면 자아실현이라는 본질적인 목표에 도달하지 못한 채 몸과 마음이 먼저 지쳐 쓰러지고 마는 경우가 많다. 다른 사람과 비교하고 경쟁하고 욕심내다 보면 나도 모르게 그 사람을 의식하게 되고, 내 스타일마저 잃는다."

그래서 그녀는 경쟁하지 않고 "단지 하루하루를 불태웠다"고 말한다. 유일한 경쟁자는 어제의 자기 자신뿐이었다는 것이다. 그녀는 만약 자신이 '30세가 될 때까지 〈백조의 호수〉의 주인공을 못 맡으면 끝장이야!'라고 생각했다면 일찌감치 발레를 그만두었을 것이라고 한다. 긴 무명시절을 버티고 뒤늦게 스타가 되어 장수한 비결은 남과 경쟁하지 않은 것이었다. 앞서 예로 들었던 경영 대가들이 기준을 자기가 세우는 것처럼 강수진도 예외는 아니다.

기업의 고위 경영자인 지인들에게 "리더로서 가장 고민스런 때가 언제였나?"라고 묻자 한 친구가 "경쟁자가 너무 강해 보일 때"라고 했다. 맞다. 요즘은 어떤 일을 하든 경쟁이 지나치게 치열하다. 나의 책 『단』에도 썼듯이 이 시대가 '공급 과잉의 시대'이기 때문에 그렇지 않은가 싶다.

경영자를 대상으로 한 여러 강의에서 "공급 과잉이 아닌 시장이 있으면 하나라도 예를 들어보라"고 하면 선뜻 대답이 나오지 않는다. 게다가 글로벌 시대이고, 인터넷으로 세계가 하나 되는 시대이다 보니 강한 기업만이 살아남는 승자독식의 시대가 됐다. 안방에서도 세계 1위의 공룡들과 경쟁해야 한다.

하지만 강수진은 경쟁자를 지나치게 의식하면 안 된다고 말한다. 굳이 경쟁하겠다면 자기 자신과 경쟁하라, 완벽과 경쟁하라, 그것이 강수진이 우리에게 주는 교훈이다. "나의 경쟁자는 언제나 어제의 강수진이었다. 연습실에 들어서면서 나는 어제 강수진이 연습한 것보다 강도 높은 연습을 1분이라도 더 하기로 마음먹는다."

경쟁의 가장 큰 해악은 그것이 삶의 기준을 나 자신이 아니라 '다른 사람과의 비교'로 옮겨놓는 데 있다고 생각한다. 그래서일까. 쇼펜하우어는 "다른 사람들의 머리는 진정한 행복이 자리를 잡기에는 너무 초라한 곳이다"라고 말한다.

경쟁 없는 세상은 행복할까

경쟁에 의미가 있다면 그것은 나를 분발시키는 점이리라. 강수진은 경쟁자 없이도 스스로를 분발시킬 수 있다고 했지만 사실 경쟁이 없다면 나태해지고 해이해지기 쉬운 게 인지상정이다.

'경쟁 시대를 즐기는 전략'이라는 제목으로 강의를 한 적이 있다. 강연의 시작은 이랬다. "'나가수'에 경연이 없고, 프로야구에 친선경기만 있다면 재미있을까요?"

당시 '나는 가수다'라는 노래 경연 프로그램이 있었는데 '나가수'라고 줄여서 불렀다. 이미 정상에 오른 가수들끼리 경연을 하는 프로그램이었는데, 패자는 탈락한다는 규칙 때문에 경쟁이 매우 치열했다. 그래서 아주 흥미진진하게 보았던 기억이 난다.

긴장이 얼마나 컸던지 국민가수 김건모조차 마이크를 잡은 손을 떠는 모습을 보여주어 화제가 되기도 했다. 그런데 그 치열한 경쟁 속에서 그 어디에서도 볼 수 없었던 창의적이고 열정적인 무대가 태어나곤 했다. 김건모는 무대에서 내려와 "나가수가 내 인생의 터닝 포인트다. 나를 관리하게 되었고 다시 새로운 발을 내딛는 계기가 됐다"고 말했다.

피겨 스케이팅 선수 김연아와 일본의 아사다 마오도 서로 선의의 경쟁을 펼친 경험이 세계 정상의 선수로 발전하는 동력이 됐다. 아사다 마오는 2017년 4월 은퇴 기자회견에서 "김연아는 어떤 존재였느냐?"는 질문을 받았다. 그녀는 "우리는 15~16세부터 함께 대회를 치렀다. 서로 좋은 자극을 주고받으면서 성장할 수 있었다"고 대답했다.

"내가 성공하는 것으로는 충분치 않다. 다른 사람들이 모두 실패해야만 한다." 칭기즈칸이 한 말이다. 다시 말해 경쟁자가 아무도 없을 때까지 이기는 게 목표라는 것이다. 그러나 잭 웰치는 칭기즈칸의 생각에 동의하지 않는다. 그는 "경쟁자는 반드시 필요하다"고 말한다. 그 스스로 누구보다도 승리를 목말라한 사람이었는데도 말이다. 그는 그 이유를 이렇게 설명한다.

> 경쟁자들은 초점을 분명하게 알려준다. 그중에서도 최상의 경쟁자들은 혁신에서 물류에 이르기까지 모든 부문의 기준을 강화시켜 상대가 더욱 분발하도록 만드는 이들이다. 경쟁이 사라지는 순간부터 기업은 비대해지고 게을러진다.[11]

물론 경쟁자가 승리하기를 원하는 사람은 아무도 없다. 하지만 탁월함을 추구하는 개인이나 조직은 칭기즈칸과 달리 경쟁자가 모두 패배해 사라지는 것 또한 원하지 않는다. 잭 웰치는 "(경쟁자란 존재는) 다소 고통스러운 일이긴 하지만 고객과 자신 그리고 비즈니스 전반을 위해서도 반드시 필요하다"고 말한다.

알아야 할 모든 것은 쓰레기통 속에 있다

맥도널드를 세계적 체인으로 만든 레이 크록은 경쟁사의 영업에 대한 모든 것은 그쪽 쓰레기통을 들여다보면 알 수 있다고 말한다.

그는 자서전 『로켓 CEO』에서 "새벽 2시에 경쟁 업체의 쓰레기통을 뒤진 적이 한두 번이 아니었다"고 고백한다. 경쟁 업체가 전날 고기를 몇 상자나 사용했는지, 빵을 몇 봉지나 사용했는지 알아보기 위해 그랬다는 것이다.[12]

외식업은 어느 업종보다 경쟁이 치열하다. 맥도널드가 어느 지역에서 성공을 거두면 이를 모방한 패스트푸드점들이 그 지역에 우후죽순 생겨나곤 했다. 심지어 맥도널드 매장 바로 옆에 자리를 잡기도 했다.

치열한 경쟁에 신물 났을 법도 한데, 레이 크록은 경쟁을 찬미했다. 맥도널드의 200번째 프랜차이즈 매장을 운영하던 사람은 해병대 소령 출신이었다. 그런데 매장 몇 집 건너에 경쟁 햄버거 업체가 있었고 그곳 역시 유명한 체인점이었다. 소령이 맥도널드 매장을 오픈하는 날 경쟁 업체는 5개의 햄버거를 30센트에 판다고 발표했고, 특별 할인은 1개월간 계속됐다. 소령이 계속 버티자 경쟁 업체는 더 강력한 카드를 꺼냈다. 이번에는 햄버거뿐만 아니라 밀크셰이크, 프렌치프라이를 10센트에 할인 판매하기 시작한 것이다.

그러자 소령의 아는 변호사가 그에게 조언했다. 덤핑 판매로 경쟁사를 몰아내려는 것은 법 위반이니 소송을 해보라는 것이었다. 소령은 레이 크록을 찾아와 이런 이야기를 털어놓으며 의견을 물었다. 소령은 혹독한 충고를 들어야 했다.

"이 문제를 정부에 떠넘겨서 경쟁 업체를 물리치느니 파산하는 게 나아요. 더 좋은 15센트짜리 햄버거를 만들거나, 더 나은 상인이 되거나, 더 빠른 서비스를 제공하거나, 더 깨끗한 매장을 만들어서 경쟁자를 이길 수 없다면 파산을 선언하고 이 사업에서 손을 떼는 게 좋을 겁니다."

그 뒤로 크록은 더 이상 소령으로부터 경쟁사와 관련된 이야기는 듣지 못했다고 한다. 소령은 이후 10개의 맥도널드 매장을 소유하게 됐다. 또한 그는 종종 강연도 했다. 특히 '자유기업 체제'의 가치에 대해 열정적으로 토로했다고 한다.

맥도널드는 늘 새로운 메뉴를 개발해 내놓는데 필레오피시, 빅맥, 핫애플파이, 에그맥머핀이 그것이다. 그런 "모든 새로운 아이템의 촉매는 경쟁이었다"라고 크록은 말한다. 필레오피시는 신시내티 가톨릭 교구의 한 점주가 다른 체인과 맞서기 위해 고안해냈고, 빅맥은 버거킹과 경쟁하기 위해 큰 샌드위치를 만들면 어떨까 하는 생각이 계기가 되어 탄생했다.

적에게서 이익을 얻는 법, 플루타르코스 『도덕론』

『영웅전』으로 유명한 플루타르코스의 저서 가운데 『도덕론』이라는 책이 있다. 거기에 '적에게서 어떻게 이익을 얻을 수 있는가'라는 장이 있다. 적이란 존재는 여러 가지 방식으로 우리를 향상시킨다는 것이다. 그는 왜 그런 생각을 했을까?

물론 경쟁 상대와 적은 다르다. 경쟁 상대는 선의의 경쟁을 벌이지만 적은 내 목숨까지 원한다. 그러나 그런 적에게서조차 이익을 얻을 수 있다는 점을 수긍하면 당신이 경쟁 상대에게서 느끼는 압박감도 훨씬 줄어들 수 있다.

플루타르코스는 적이 우리에게 어떤 이익을 줄 수 있다고 생각한 것일까?[13]

플루타르코스는 먼저 현명한 사람은 적의 증오와 적의조차 자신에게 유리하게 이용할 줄 안다고 말한다. 사람이 마실 수조차 없는 물이 물고기에게는 영양분의 공급원이고, 위험하기 짝이 없는 불이 공예가들에게는 꼭 필요한 수단인 것처럼 말이다. 플루타르코스 역시 "적이 나를 분발하게 한다"고 한 점에서는 김연아나 김건모의 경우와 비슷하다. 적보다 앞서고 싶은 마음을 불러일으켜 뛰어난 업적을 세우는 데 자극이 되기 때문이다.

그러나 플루타르코스가 생각하는 적의 가장 큰 덕목은 따로 있다. 그것은 바로 적은 우리를 늘 경계하게 만든다는 점이다. 적은 늘 우리를 덫에 빠뜨릴 궁리를 하고, 그러기 위해 항상 우리의 약점을 살핀다. 내 몸과 마음의 질병이 무엇인지, 남에게 진 빚이 무엇인지, 가족에게 어떤 일이 생겼는지 등등. 그러다 보니 적은 심지어 나 자신보다 내 약점에 대해 더 잘 알고, 조금이라도 잘못이 있으면 드러내어 무자비하게 비판하고 널리 알린다. 마치 독수리가 썩은 사체를 노리듯이 말이다.

그러나 바로 그런 존재가 있기에 우리는 적이 내 옆에 앉아 감시하는 것처럼 언행에 늘 신중할 수밖에 없다. 또 그렇기에 남에게 해를 끼치지 않는 떳떳한 삶을 살아가는 법을 체득하게 된다. 그런 의미에서 적은 오히려 우리가 고마워해야 할 대상인 셈이다.

플루타르코스는 비난의 여지없이 당당한 삶을 살기 위해서는 둘 중 하나가 필요하다고 한다. 정직한 친구를 두는 것이 하나이고, 분노한 적을 두는 것이 다른 하나다. 친구는 솔직한 충고로, 적은 험담과 욕설로 내가 죄를 저지르는 것을 막는다. 그러나 문제는 정직한 친구를 찾기가 힘들다는 데 있다. 그에 대해 플루타르코스는 이렇게 말한다.

"그러나 이 시대에 우정은 거의 침묵으로 바뀌었고, 예전에 갖고 있던 자유로움을 잃어버렸다. 그것은 아첨에는 달변이지만, 충고에는 눌변이다. 결국 우리는 적의 입을 통해서만 진실을 들을 수 있다."

'친구가 아니라 적을 통해서 진실을 알 수 있다'는 구절이 크게 와 닿는다. 사실 오늘날 우리는 가까운 친구에게조차 입에 쓴 충고를 하기를 극도로 꺼린다. 하물며 직장 상사나 동료에게는 말해 무엇 하겠는가. 그렇기에 적의 말에서 오히려 숨겨진 진실을 발견할 수 있는지도 모른다.

적은 미래에 닥칠 위험을 경고해주는 역할도 한다. 적이 근거 없이 나를 비방하고 모욕할 때 현자라면 분노하기에 앞서 그들로 하여금 그런 착각을 하도록 내 언행에 책잡힐 만한 부분이 있었는지 생각해본다. 그래서 부지불식간에라도 적이 나를 비방했던 행동이나 그 비슷한 행동을 저지르지 않기 위해 조심하게 된다.

로마에 스키피오 나시카라는 사람이 있었다. 그는 카르타고를 멸망시키려고 선동하는 카토에 대해 반대한 것으로 유명하다. 그런데 그 반대의 논리가 무엇이었는지 아는가. "잠재적인 경쟁자가 없는 로마는 부패하고 쇠망할 것"이기 때문이었다. 두려워할 대상이 아무도 없다는 것 자체가 가장 위험하다는 뜻이다. 경쟁자가 너무 강해 고민하거나 반대로 경쟁자를 모두 물리쳐 의기양양한 경우 모두 새겨들어야 할 이야기다.

약점에 대해서도 비슷한 이야기를 할 수 있다. 우리는 약점이 마치 적인 양 생각한다. 하지만 약점이 곧 도약을 촉발하기도 한다.

매우 못생기고 가난했던 안데르센은 동화 작가로 성공한 뒤 이렇게 말했다. "나는 못생긴 덕분에 '미운 오리새끼'를 쓸 수 있었고, 가난했던 덕분에 '성냥팔이 소녀'를 쓸 수 있었다."

마쓰시다 고노스케는 자신은 하늘로부터 세 가지 은혜를 입고 태어났다고 말한다. 가난한 것, 몸이 약한 것, 못 배운 것이다. 가난했기에 구두닦이와 신문팔이 등 세상 경험을 할 수 있었고, 몸이 약했기에 늘 건강에 신경 썼고, 제대로 못 배웠기에 누구에게도 배우려 했으니 하늘의 은혜가 아니고 무엇이냐는 것이다.

자신의 약점을 수용하는 단계를 넘어 자신을 도약시킨 힘으로 받아들이는 열린 마음, 세상의 무경계성에 대한 자각이야말로 신화 속 영웅의 덕목이다.

플루타르코스가 꼽은, 적이 내게 주는 두 번째 이득은 타산지석他山之石이다. 적이 악행을 하거나 나에 대한 터무니없는 비방을 했다고 하자. 그럴 때 현자라면 '내 성격이나 기질에도 저런 측면이 있는 건 아닐까?'라고 생각한다. 다시 말해 적을 비방하기에 앞서 내게도 같은 잘못이 없는지 스스로를 되돌아보게 한다는 것이다.

또한 플루타르코스는 적이 부정한 수단으로 성공했다면, 나의 정직한 삶의 방식과 비교함으로써 기쁨을 얻을 수 있다고 말한다.

적이 오히려 내게 도움이 되는 측면이 생각보다 많지 않은가. '쓴 약은 입에 쓰지만 몸에 좋고, 옳은 소리는 귀에 거슬리지만 행동에는 이롭다'는 말이 있다. 적과 경쟁자의 존재를 몸에 좋지만 쓴 약으로 생각해보기 바란다.

이번에는 헤라클레스의 아들 텔레푸스의 이야기다. 미시아의 왕이던 텔레푸스는 트로이 전쟁에 참전했다가 그만 아킬레우스의 창에 맞는다. 다행히 급소를 비껴갔으나 온갖 약을 써도 좀처럼 낫지 않았다. 8년의 세월이 흘러도 상처는 그대로였다. 참다못한 그는 델피로 가서 아폴론의 신탁을 들었다. 여사제가 입을 열었다. "상처를 입힌 자가 고치리라." 텔레푸스는 이래 죽나 저래 죽나 마찬가지라는 심정으로 아킬레우스를 찾아갔다. 그리고 아킬레우스의 창에서 녹을 떼어내 상처에 발라 병을 치료했다.[14]

현대의 영웅인 기업의 리더는 경쟁자가 너무 강할 때 최고의 시련을 맞이한다. 경쟁에서 패하면 우리 회사가 존폐의 기로에 설 수도 있다. 힘들겠지만 경쟁자가 너무 강하다고 느껴지면 텔레푸스의 경우를 떠올리며 마음의 평정을 찾아보기 바란다. 경쟁자의 존재가 내 상처를 치료하고 나를 더욱 강하게 만들 수 있다고 믿으면서.

문제 없는 세상이 행복할까

앞서 '경쟁 없는 세상이 행복할까?'라는 질문을 던졌는데, 이번에는 다른 질문을 해볼까 한다. '문제 없는 세상이 과연 행복할까?'

사실 이는 영국의 정치철학자 존 스튜어트 밀 John Stuart Mill 을 우울증에 빠지게 한 질문이었다. 그는 젊은 시절, 공리주의 철학자이자 아버지의 친구인 제러미 벤담의 영향을 크게 받았다. 그는 벤담이 주창하는 '최대 다수의 최대 행복'을 위해 젊은 에너지를 쏟아부으며, 여성 인권 신장, 언론의 자유, 선거권 확대 등에 앞장섰다.

20세가 되던 해 어느 날, 그는 몽상에 빠진다. '인생의 모든 목적이 실현된다면 과연 나는 행복할까' 하는 생각이었다. 그는 당시 떠오른 생각을 자서전에 자세히 기록했다. "내가 추구해온 모든 변화와 의견이 지금 이 순간 완벽히 이뤄진다고 했을 때, 과연 그것이 큰 기쁨이요 행복이 될까?"[15]

그의 마음속 목소리는 뚜렷하게 "아니오"라고 외쳤다. 그 순간, 존 스튜어트 밀은 자신을 지탱해온 삶의 기반이 무너지는 것처럼 느꼈다고 술회했다. 자신의 삶의 의미는 끊임없이 숭고한 목적을 추구하는 데 있었는데, 그것을 달성하고도 행복해지지 않는다면 무슨 의미가 있을까 하는 생각을 한 것이다. 그는 심각한 신경쇠약에 빠진다.

그가 했던 고민은 '문제 없는 세상이 행복할까?' 혹은 '완벽한 세상이 행복할까?'라는 말로 바꿔 표현할 수 있다. 우리는 늘 문제 없고 완벽한 세상을 만들려고 노력하는데, 막상 그런 세상에서도 행복하지 않다니, 그가 이런 생각을 한 이유는 무엇일까?

존 스튜어트 밀은 자세히 설명하고 있지 않지만 추정해볼 수는 있다. 만일 우리가 사회적 이상을 구현하기 위해 분투했는데, 막상 이루고 나면 그것을 당연한 일로 받아들일 수 있다는 것이다. 무언가를 얻으려고 보채던 어린아이가 막상 그것을 손에 쥐고 나면 이번에는 다른 것을 달라고 보채는 식이다.

반대로 결핍과 분투는 우리가 추구하는 것이 얼마나 의미 있는가를 상기하게 해주는 역할을 하며, 그런 의미에서 행복의 필수적인 요소라고 할 수 있다.

아니면 그는 완벽한 세상에서는 더 이상 무언가를 얻으려 노력할 필요가 없기에 지루하다고 생각했을 수도 있다. 사실 인간은 결핍 못지않게 권태 때문에 고통받는 것도 사실이니 말이다.

그는 이런 상태를 음악에 비유해 설명한 적이 있다. 음악에서 한 옥타브는 5개의 장음과 2개의 반음으로 구성된다. 여기서 나올 수 있는 조합은 많지만 수학적으로 제한된다. 만일 작곡가들이 모든 조합을 다 발견한 뒤에는 어떻게 될까? 엉뚱한 상상이지만 그에게는 아주 중요한 질문이었다.

존 스튜어트 밀이 정신적 위기를 극복하는 데는 2년이 걸렸다. 윌리엄 워즈워드의 시가 그에게 도움을 주었다. 그는 워즈워드의 시를 통해 "외적으로 조건지워지지 않는 내적 행복의 원천을 발견했다"고 자서전에 썼다. 아름다움에 감동하고 조용히 명상하고 관조하는 데서도 행복을 얻을 수 있다는 것이다.

그는 공리주의를 포기하지 않았으며, 쾌락의 계량 가능성을 주장한 제러미 벤담과 달리 쾌락의 질적인 차이를 주장하며 그의 사상을 수정했다. 그는 인간이 동물적인 본성 이상의 능력을 가지고 있으므로 질적으로 높고 고상한 쾌락을 추구한다고 보았다.

결핍, 투쟁, 문제가 없는 세상, 완벽한 세상은 결코 오지 않을 것이다. 그러나 그런 세상이 온다 하더라도 행복하지는 않을 것이라는 점을 그는 일깨워준다. 그는 또한 결핍과 투쟁, 문제의 존재 의미도 일깨워준다. 그런 것들이 있기에 우리는 극복하려 노력하고 그 과정에 삶의 의미가 있는 것이다.

해야 할 일, 해결해야 할 문제가 너무 많다고 생각한다면 밀이 했던 고민에 대해 음미해보라. 위안을 얻을 수 있을 것이다.

『일리아스』에서 발견한, 예측 불가능한 미래에 맞서는 법

사업하는 분들을 보면 존경스러울 때가 많다. 내 한 몸 건사하기도 힘든 세상에 직원들은 물론 그 가족까지 챙겨야 하니 말이다. 월급날은 또 얼마나 빨리 돌아오는가.

이나모리 가즈오 회장이 창업 당시에는 획기적인 기술을 개발하는 것이 목표였다고 한다. 그러나 머지않아 그는 새로운 진실과 마주하게 된다. 자신이 직원들과 그 가족들의 생계까지 책임져야 한다는 사실이었다.

그는 '내가 왜 직원들 가족의 안위까지 책임져야 하는가?'라고 생각했지만 곧 그것이 기업가의 숙명임을 깨달았다. 기업 경영이란 단순히 자신의 기술을 펼치는 것이 아니라 직원과 사회에 대한 무거운 책임을 져야 하는 일이기 때문이다. 그는 "전 직원의 물심양면에 걸친 행복을 추구하고 인류 사회의 발전에 공헌한다"는, 그 유명한 사명을 발표한다.

그 대목을 읽으면서 경영자 그리고 리더의 책임이 얼마나 무거운지를 실감할 수 있었다. 무거운 짐을 지고 걸어가는 길에 장애물은 또 얼마나 많은가. 사업을 하다 보면 변수가 여간 많은 게 아니다. 요즘처럼 4차 산업혁명이다 뭐다 해서 세상이 급변하는 때는 더욱 그렇다. 영웅이 맞이하는 최후의 시련에 비할 만하다.

최근 기술의 기하급수적 발전을 묘사한 말 중에서 토머스 프리드먼의 말이 특히 와닿는다. 《뉴욕타임스》의 칼럼니스트인 그는 『늦어서 고마워』라는 책에서 최근의 기술 변화를 "고체가 액체로 변하는 것"에 비유했다. 고체는 온갖 마찰이 일어나는 반면, 액체는 마찰이 일어나지 않는다. 이 시대는 모든 기술의 융합을 통해 복잡성에서 비롯되는 마찰을 제거한다.

일본의 낙농업자들이 컴퓨터업체 후지쯔를 찾아가 물었다. "귀사의 기술로 암소들이 번식에 성공할 확률을 높여줄 수 있는가?" 후지쯔의 해결책은 만보계를 소에 채우는 것이었다. 암소의 발정은 21일 주기이며, 한 차례에 12~18시간에 불과하다. 빅데이터 분석 결과 젖소의 걸음 수가 크게 늘어나면 발정기 신호라는 것이 95% 확률로 나타났다. 만보계는 이때의 신호를 농부의 스마트폰에 알려준다. 인공지능이 인공수정을 만난 순간이다.

인공지능 분야의 대가인 앤드류 응$^{Andrew\ Ng}$ 교수는 "인공지능은 새로운 전기"라고 말한다. 마치 전기처럼 누구나 쉽게 쓸 수 있고 급속히 보급될 것이며, 비용 역시 가파르게 떨어져 결국 인공지능 없이는 살 수 없게 될 것이라는 뜻이다. 문제는 기술의 발전을 인간의 적응 능력이 따라잡기 힘들다는 점이다. 급류를 만나서도 계속 노를 저어보지만 마음이 좌불안석인 것은 어쩔 수가 없다.

문제는 기술뿐만이 아니다. 정치나 외교 등 대외 환경은 또 얼마나 불투명한가. 대공황 이후 최악이라는 글로벌 금융위기를 10년 만에 간신히 넘어서고 나니 이번에는 북핵이다 중국이다 해서 새로운 복병이 나타났다. 중국에서 비즈니스를 해오던 한 중견기업 사장이 이런 말을 했다. "이제부터는 버티는 게임입니다. 언제 무슨 일이 일어날지 모르니까요. 빚이 많지 않아 그나마 다행입니다."

이는 비단 경영자만의 문제는 아니다. 2017년 미국심리학회는 미국인들이 정치, 변화의 속도, 세상의 불확실성 때문에 유례없이 심한 스트레스에 시달리고 있다고 밝혔다. 내 앞에 무엇이 도사리고 있는지 한 치 앞을 내다보기 힘들 때는 무력감을 느낄 수밖에 없다.

『일리아스』가 주는 위안

그럴 때 호메로스의 『일리아스』를 읽어볼 것을 권한다. 그리스 고전을 강독하는 공부 모임에서 접하게 된 책이다. 〈트로이〉라는 영화로도 만들어진 스토리다. 아킬레우스와 헥토르가 싸우는 유명하고도 뻔한 이야기가 묘하게 위안을 준다.

아킬레우스가 헥토르를 죽이기 위해 끈질기게 쫓아가던 그날, 12신은 올림포스 산에서 그 장면을 함께 바라보고 있었다. 제우스가 헥토르를 불쌍히 여겨 이렇게 말한다. "아아! 내가 사랑하는 인간이 성벽 주위로 쫓기는 꼴을 내 두 눈으로 보아야 하다니. 헥토르 때문에 나는 마음이 아프구나."

그러자 헥토르를 미워했던 전쟁의 여신이자 제우스의 딸 아테나가 반발했다. "번쩍이는 번개를 치시고 검은 구름을 모으시는 아버지시여! 무슨 말씀을 하시는 거예요? 이미 오래전에 운명이 정해져 있는 한낱 필멸의 인간을 가증스러운 죽음에서 도로 구하려 하시다니요."

딸이 의외로 강하게 나오자 제우스가 한 발 물러서며 말한다. "안심해라. 내 딸이여! 내 진심에서 한 말은 아니며, 또 너에게는 상냥하게 대해주고 싶구나. 그러니 네 마음에 좋을 대로 행하고 더 이상 주저하지 마라."

여기서 헥토르의 운명이 결정된다. 헥토르가 죽은 것은 아킬레우스보다 무공이 뒤져서가 아니다. 아테나가 술수를 쓰며 간섭했기 때문이다. 심지어 아킬레우스가 던진 창을 헥토르가 피하자, 아테나는 그걸 집어 몰래 아킬레우스에게 돌려주기까지 한다. 이렇게 트로이 전쟁의 고비고비마다 신들은 교묘하게 간섭하고 방향을 튼다. 그들은 그리 진지해 보이지도 않으며, 엉뚱한 방식으로 행동하기 일쑤다.

그런데 이런 장면들이 묘하게 카타르시스를 준다. 내가 할 수 없는 것도 있다는 생각이 들면서 역설적으로 해방감을 느끼게 된다. 우리는 모든 것이 원인과 결과로 설명된다는 사고에 익숙해 있다. 하지만 신들은 우리의 의지와 무관하게 우리의 운명을 마치 공깃돌 다루듯 갖고 논다.

그걸 보면서 '그래, 그럼 어디 마음껏 갖고 놀아보라지' 하는 반발심도 들고, '이러나저러나 운명에 메인 신세라면 한번 맘껏 아우성이나 쳐보고 죽어야지' 하는 생각도 든다. 알베르 카뮈는 『시시포스 신화』에서 역설적으로 삶에 대한 긍정을 발견했는데 아마 비슷한 심정이었을 것이다. '그럼에도 불구하고' 살아내려는 반항적 의지 말이다. 오직 인간만이 운명이라는 저주를 한몸에 받아들여 감수하면서도 씩 웃으며 절망을 뛰어넘는다.

1990년 콜롬비아 정부는 산간벽지에 사는 사람들에게 책을 빌려주는 이동식 도서관 제도를 만들었다. 그런데 대출해준 책이 반환되지 않은 사례가 단 한 건 발생했다. 바로 『일리아스』였다. 마을 사람들이 그 책을 돌려주려 하지 않아 결국 도서관은 그 책을 선물하기로 했다. 도서관 직원이 마을 사람들에게 물었다. "왜 그 책을 간직하려는 겁니까?" 마을 사람들은 『일리아스』가 바로 자신들의 이야기를 하고 있어서라고 대답했다.

『일리아스』는 나라를 갈기갈기 찢어놓은 전쟁에 관한 내용이다. 사람들은 그 전쟁에서 도대체 무엇을 위해 싸우는지, 언제 행복해질 수 있는지, 왜 죽어야 하는지조차 제대로 알지 못한 채 정신이 나가 신들과 뒤섞여 있다. 마을 사람들은 그 모습이 바로 자신들의 삶과 같다고 공감했던 것이다.[16]

『일리아스』는 결코 읽기 쉬운 책이 아니다. 나 또한 큰 맘 먹고 읽었다. 천병희 선생의 훌륭한 번역으로 읽었는데, 책의 분량이 무려 839쪽이나 된다. 무수히 많은 사람들의 이름, 신의 이름, 지명地名, 영웅과 신들의 복잡한 가계도가 읽기를 방해한다. 뒤에 인명과 지명을 따로 모은 부록이 있을 정도다. 그 부분을 가위로 오려놓고 사전처럼 들춰가며 읽은 기억이 난다.

때로는 묘사가 너무 장황해서 질릴 수도 있다. 하지만 2500년 전의 책이라는 점을 감안해 적절히 강약을 조절한다면 조금은 쉽게 읽을 수 있다. 힘들겠지만 읽다 보면 2500년의 시간을 뛰어넘어 가슴에 와닿는 부분이 분명 있을 것이다.

다시 본론으로 돌아가 보자. 진보하는 과학은 우리로 하여금 모든 것을 예측하고 대비할 수 있다고 생각하게 만든다. 하지만 사실 우리는 사소한 것들은 예측할 수 있을지 몰라도, 정작 큰 파도는 예측하지 못하는 경우가 다반사다.

나심 니콜라스 탈레브가 말하는 '블랙 스완' 같은 것 말이다. 그는 "(사람들은) 2001년 9월 11일 테러 사건을 경험하고도 중요한 사건들이 예측 불가능하다는 사실을 절대 깨닫지 못한다."고 말한다. 당시에는 쌍둥이빌딩 붕괴조차 예측할 수 있는 것처럼 보였다는 것이다.[17]

몽테뉴는 『수상록』에서 이와 비슷한 생각을 토로한다. "광풍과 거대한 파도가 거만하게 높이 솟은 건물에 가서 더 맹위를 떨치듯이, 저 위에는 이 사바세계의 위대성을 시기하는 정령들이 있기 때문이다." 그는 그리스의 철학자 루크레티우스의 글을 인용한다.

> 어떤 숨겨진 힘이 인간의 사물들을 부수기까지 하며
> 권한의 상징인 휘황한 창 다발과 잔인한 도끼를
> 유린하며 희롱하는 것같이 보인다.

운명의 장난, 에드셀의 실패

블랙 스완은 언제든 찾아올 수 있다. 그래서 우리가 애써 쌓은 것들을 단숨에 허물어버린다. 우리가 특히 좌절감을 느끼는 순간은, 누구보다 많이 고민하고 준비했는데 실패를 경험할 때일 것이다.

존 브룩스의 『경영의 모험』에는 그 대표적인 사례라고 할 수 있는 포드의 에드셀 자동차 이야기가 실려 있다. 에드셀은 1955년 포드가 총력을 기울여 만든 자동차 모델이다. 그러나 기대의 5분의 1밖에 되지 않는 저조한 판매 실적으로 회사에 3억 5000만 달러의 손실을 안겨준 채 2년 만에 생산이 중단됐다.

에드셀이 이렇게 퇴장하자 언론에는 진작부터 그럴 줄 알았다는 식의 분석 기사가 넘쳐났다. 어떤 비판은 너무 터무니없는가 하면, 잘 알려지지 않은 실패의 원인이 밝혀지기도 했다. 예를 들어 포드는 차의 이름 하나를 짓기 위해 6000개의 이름 후보를 검토하고, 어느 시인과 서신을 통해 이름에 대한 의견을 교환할 정도였다. 그러나 하나도 마음에 드는 게 없다는 이사회 의장의 한마디에 가차 없이 쓰레기통에 내팽개치고, 결국 사장의 아버지 이름을 따서 자동차의 이름을 지었다.

다른 문제도 있었다. 사전 홍보 및 광고를 통해 대중의 관심이 한껏 에드셀에 모아졌으나 막상 출시되고 보니 오일이 샌다거나 트렁크가 열리지 않는다거나 하는 식의 결함이 너무 많았다. 이런 문제들은 분명 인재人災에 해당한다.

그러나 책은 "에드셀은 그렇게 나쁜 차는 아니었고, 불운했던 게 분명하다"고 말한다. 사실 이 차가 처음 나왔을 때 혹평을 하는 평론가들은 소수에 불과했다. 에드셀이 실패한 뒤에 뒤늦게 디자인이 형편없다고 지적하는 경우가 많았고, 포드 내부 사람들도 그랬다. 하지만 처음 사내에서 디자인 시안을 공개했을 때는 경영진이 일제히 박수갈채를 터뜨렸다. 당시 차의 스타일링 책임자는 "에드셀은 결정을 내릴 당시에 얻을 수 있는 최선의 정보를 바탕으로 만들어졌다"고 회고한다.

어떤 안 좋은 일이 생기면 "그럴 줄 알았어" 하고 비판하는 이들이 많다. 선견지명先見之明이 아니라 후견지명後見之明이라 할 수 있다. 심리학 용어로는 사후 과잉 확신 편향hindsight bias이라고 한다. 그러나 미리 결론을 알고 말하는 것보다 쉬운 일이 어디 있겠는가. 존 브룩스는 이 책을 통해 기업이 아무리 노력해도 소비자의 지갑을 여는 데 실패할 수 있으며, 어떤 분석도 100% 들어맞기는 어렵다는 것을 보여주려 한 듯하다.

에드셀의 실패를 불운으로 볼 수 있는 몇 가지 간접적인 증거가 있다. 에드셀의 실패에도 불구하고 다른 차종들은 성공을 거두어 포드가 살아남은 것이 그렇고, 당시 프로젝트에 참여했던 주요 인물들이 대체로 인생이 잘 풀린 것도 그렇다. 불운이 아니라 필연이었다면, 다시 말해 100% 인재였다면 대실패한 자동차를 만든 회사가 만든 다른 차종들이 모두 성공을 거둘 리 없다. 또 그 일에 몸담았던 인물들의 인생이 한결같이 잘 풀리기도 힘들었을 것이다.

"지옥으로 가는 길은 선의로 포장되어 있다"는 말이 있다. 잘해 보려 한 일이 결과적으로 나쁜 결과를 가져온다는 경구다. 에드셀 프로젝트에 참여했던 주역 중 한 사람은 개발 당시를 회상하며 "우린 정말 놀라운 팀이었고, 그야말로 모든 것을 거기에 쏟아 부었다"고 말한다. 다른 이는 "그토록 흥미진진한 일은 그전에도 그 후에도 없었다. 평생 동안 가장 열심히 일한 때가 그때였던 것 같다"고 회고한다. 그럼에도 에드셀은 결국 실패했으니 아이러니가 아닐 수 없다.

운명론자가 되자는 이야기가 아니다. 인간은 자신의 의지와 노력으로 운명을 내게 유리한 쪽으로 상당 부분 바꿀 수 있다고 생각한다. 여기에 대해 마키아벨리가 한 적절한 말이 있다. 그는 어떤 일에 운명은 절반만 영향을 미치고, 나머지 절반은 우리 자신에게 맡겨져 있다고 주장한다. 그는 운명의 여신을 강에 비유한다. 강이 노하면 평야를 덮치고, 집들을 파괴하지만 그렇다고 해서 평온한 시기에 제방과 둑을 쌓아 예방조치를 하지 않아도 된다는 의미는 아니라는 것이다.[18]

나 역시 마키아벨리와 같은 생각이다. 이를 악물고 예방 조치를 해야 한다. 내 말은, 그러면서도 우리 삶에는 예측할 수 없는 것, 운에 좌우되는 것도 많다는 사실을 받아들이자는 이야기다. '운칠기삼'이라는 말이 있다. 사람의 성공에 운이 70%, 기는 30%라는 뜻이다. 그런데 어떤 사업가는 '운칠기삼'이 아니라 '운구기일'이라고 말한다. 아마도 쓰라린 경험 끝에 나온 표현일 것이다.

    그렇다면 이렇게 신 혹은 운명이 공깃돌처럼 나를 갖고 노는 세상에서 내가 살아야 하는 의미는 무엇일까? 참으로 어려운 문제다. 이는 선조들 또한 수천 년 동안 고민해온 문제이나 정답은 없다. 하지만 호메로스는 『일리아스』에서 헥토르의 입을 빌려 이렇게 말한다. 헥토르가 죽음이 다가왔음을 느끼는 순간이다.

> 아아, 이제야말로 신들께서 나를 죽음으로 부르시는구나.
> 이제 사악한 죽음이 가까이 있고 더 이상 멀리 있지 않으니 피할 길이 없구나.
> 그분들께서는 전에는 나를 기꺼이 도와주셨건만!
> 하지만 이제는 운명이 나를 따라잡았구나!
> 그러나 내 결코 싸우지도 않고 명성도 없이 죽고 싶지 않으니
> 후세 사람들도 들어서 알게 될 큰일을 하고 나서 죽으리라!

    영국의 계관 시인 알프레드 테니슨은 헥토르와 비슷한 다짐을 서사시 「율리시스」에서 율리시스의 입을 통해 말한다.

> 죽음은 모든 것을 종결시킨다. 그러나 그 종말이 있기 전에,
> 무엇인가 고상한 일을, 신들과 겨룬 사람들이 한 일에
> 못지않은 일을 아직도 할 수 있다. (…)
> 오라, 나의 친구들이여,
> 더 새로운 세계를 찾기에 너무 늦지는 않았다.

율리시스는 오디세우스의 라틴어 이름이다. 오디세우스는 고향 이타카로 돌아와 아내의 구혼자들을 물리치고 평화를 얻는다. 그러나 평화롭게 살다 보니 좀이 쑤셨다. 방랑벽이 도진 것이다. 일설에 의하면, 노인이 된 그는 옛 부하들을 규합해 해가 지는 서쪽 끝 파라다이스를 향해 새로운 모험을 시작했다고 한다. 알프레드 테니슨이 쓴 위의 시는 오디세우스가 새 모험을 시작하는 모습을 그리고 있다.

다시 『일리아스』로 돌아가 보자. 호메로스가 여기서 말하고자 한 것은 무엇이었을까? 영웅이 된 이유가 전쟁의 승패 때문이라고 말하는 것은 아닐 것이다. 그는 영웅이 되는 과정, 즉 행동이 영웅적이었기에 영웅이 된 것이라고 말하고 싶었으리라.[19]

니코스 카잔차키스는 『영혼의 자서전』에서 이렇게 말한다. "달성이 아니라, '오름'을 절대 쉬지 않아야 한다. 오직 그것만이 삶에 숭고함과 단일성을 부여한다."

알프레드 테니슨은 이렇게 노래한다.

배를 저어라, 줄지어 앉아서
소리치는 파도 이랑을 만들며 가자.
나의 목표는 내가 죽을 때까지, 석양 저 너머로,
모든 서녘별이 자맥질하는 저 너머로 항해하는 것.

'심연이 우리를 삼킬지도 모르지만' 우리는 계속해서 노를 저어야 하지 않겠는가.

인식이 확장되고 경계가 없어진다.
피아의 구별이 의미 없어지고,
우리는 큰 우주 속에 존재하는
한몸임을 자각하게 된다.
거대한 공감, 거대한 소통이다.

9장

융합

모험의 끝에서
새로운 세상을 만나다

최후의 투쟁에서 승리한 영웅은 일상 세계로 돌아온다. 때로 영웅은 카퍼레이드를 하며 금의환향하지만 깊이 있는 영웅담은 그리 화려하지도, 단순하지도 않다.

평범한 일상으로 돌아간 영웅의 겉모습은 모험을 떠나기 전과 전혀 달라 보이지 않는다. 그러나 그는 결코 같은 사람이 아니다. 바로 이 점이 깊이를 더한다.

영화〈8마일〉의 래빗은 랩 배틀에 승리한 뒤 파티를 벌이자는 친구들을 뿌리치고 공장으로 돌아간다. 배틀에 참여하기 위해 친구에게 야근을 대신해줄 것을 부탁한 것이다. 밤거리를 걸어가는 그의 표표한 모습이 영화를 더욱 감동적으로 만든다. 그는 이제 자신의 처지를 부끄러워하고 싸움에서 뒷걸음질치던 과거의 낙타가 아니다. 그는 사자가 되어 용을 죽였다.

영웅은 모험을 성공적으로 마친 대가로 영약靈藥 혹은 불로초를 얻는다. 그 영약은 유형의 것일 수도 있지만, 무형의 깨달음인 경우가 많다. 무엇을 깨닫는가? 필멸의 운명에 대한 사랑, 모순으로 가득 찬 이 세계가 영원히 멸하지 않고 존재한다는 깨달음일 수도 있다.

> 이 세계는 완벽하다. 그것은 혼란의 도가니이다. 이 세계는 항상 그렇게 혼란의 도가니이었다.[20]

영웅이 얻는 깨달음은 저마다 다르지만 공통점이 있다면 인식이 확장되고 경계가 없어진다는 점이다. 피아의 구별이 의미 없어지고, 큰 우주 속에 존재하는 한몸임을 자각하게 된다. '거대한 공감', '거대한 소통'이라고도 표현할 수 있다.

> 고대의 상징체계에 따르면 빛과 어둠을 표상하는 자매, 즉 이난나와 에레쉬키갈은 두 얼굴의 한 여신이다. (…) 이윽고 영웅은 자신과 적대자가 사실은 둘이 아닌 하나임을 깨닫게 된다.[21]

아프리카의 전설을 바탕으로 한 〈키리쿠와 마녀〉라는 애니메이션이 있다. 영웅의 여정 모티브를 충실하게 활용한 이 영화의 마지막 장면은 특히 감동적이다. 첫 장면에서 키리쿠는 엄마 뱃속에서 스스로 걸어 나온다. 아이는 몸집이 아주 작지만 태어나자마자 말을 할 수 있을 뿐 아니라 어른의 지혜를 가졌다. 그는 엄마에게 아빠가 어디 있느냐고 묻는다. 카라바라는 마녀가 아빠와 마을의 남자들을 잡아갔다고 하자 키리쿠는 마녀를 찾아 떠난다.

키리쿠는 천신만고 끝에 마녀의 비밀을 알게 된다. 마녀가 사악해진 것은 등에 독이 든 가시가 박혔기 때문이었다. 키리쿠는 마녀를 유인한 뒤 등에 달라붙어 힘겹게 가시를 빼낸다. 마녀는 외마디 비명을 지르지만 잠시 후 오랫동안 자신을 괴롭혀온 고통이 사라졌음을 깨닫는다. 마녀가 키리쿠에게 입을 맞추자 키리쿠는 갑자기 성인이 되고, 둘은 결혼한다. 마녀의 가시는 그녀가 세상에서 받은 상처를 의미한다. 그 상처가 분노와 공격성을 낳은 것이다.[22] 키리쿠는 그 상처를 공유함으로써 마녀, 나아가 세상과 거대한 소통을 이룬다.

현대 조직에서 피할 수 없는 갈등이 있다면, 그것은 '자유와 질서의 갈등'이다. 우리는 한 개인으로 어디에도 구속받지 않고 자유롭게 훨훨 날기를 소망한다. 하지만 조직에 모여 같은 목적을 추구하려면 질서가 필요하고, 어쩔 수 없이 개인은 구속받는다는 느낌을 갖는다.

위대한 기업들은 자유와 질서라는 상극을 하나로 녹여 영약을 획득한 영웅들이다. 이는 '못난이 아기와 배고픈 짐승의 조화'(픽사), '변화와 질서의 조화'(메리어트호텔), '자유와 책임의 조화'(넷플릭스)처럼 저마다 다른 상징으로 표현되지만 의미하는 바는 같다. 다시 말해 불교가 말하는 사사무애 事事無碍, 즉 사물과 사물 사이에 아무 구분이 없다는 깨달음이다. 겉으로는 따로따로인 듯 보이는 사물들도 근본적으로는 하나에 불과하다는 것이다.

4차 산업혁명의 시대정신은 '무경계'와 '초연결'이다. 모든 것들이 서로 연결되고 융합되어 분야별 경계를 나눌 수 없는 사회다. 누가 적이고 누가 아군인가 하는 구분도 무의미하다. 이는 영웅 서사의 마지막 단계에서 영웅이 얻는 깨달음과 놀랄 정도로 닮아 있다. 사물의 경계가 없어지고, 우주라는 전체성의 견지에서 누구나 한몸이라는 '하나됨oneness'의 깨달음을 얻는 것이 영웅의 마지막 단계 아니던가. 4차 산업혁명의 시대정신은 확실히 진일보한 정신임이 틀림없다.

이번 장에서는 상극을 녹인 지혜로운 이들과 기업의 이야기를 전한다.

믿음의 경영이 현실이 되는 순간, 픽사 CFO 로런스 레비

앞서도 소개한 바 있는 조카의 면접 이야기다. 회사 사장이 직접 이런 질문을 하더란다. "워라밸(work life balance, 일과 삶의 균형)에 대해 어떻게 생각하세요?"

미처 예상하지 못했던 질문에 조카는 약간 당황하면서 "둘 다 중요하다"고 얼버무렸다. 그런데 옆의 다른 참가자들은 자신과 달리 "일이 훨씬 중요하다", "일이 재밌으면 라이프는 포기해도 된다"는 식의 대답을 했단다.

사장이 어떤 대답을 긍정적으로 받아들였는지는 알 수 없다. 중요한 것은 일과 삶의 균형은 여전히 경영계에서 논란이 뜨거운 이슈라는 것이다. 정답은 없다. 누구는 그것이 매우 중요하다고 역설하는 반면, 잭 웰치나 전 야후 CEO인 메리사 마이어 같은 이들은 몽상일 뿐이라고 매도한다.

사실 워라밸을 유지하기란 매우 힘든 일이다. 어떤 일을 하든 최고의 경지에 오르려면 밤잠을 잊고 매달려야 할 때도 있다. 그러기 위해서는 삶의 희생이 불가피해 보인다.

후배 기자가 잭 웰치를 인터뷰한 적이 있다. 그와의 일문일답 중에 지금도 생생하게 기억나는 말이 있다.

"일과 삶의 균형 따위는 없습니다. 일과 삶 중에 선택만 가능합니다. 인생은 그 자체가 균형적이지 않습니다. 저는 정말 죽도록 일했습니다. 기업에서는 하드워킹, 그게 아니면 NOT 하드워킹 두 가지만 존재합니다."

이렇게 일에 미쳐도 될까 말까 한데 워라밸이라니, 너무 한가한 소리처럼 들릴 수도 있다. 그러나 다른 한편으로 가족과의 안온한 시간을 포기하면서까지 얻는 일의 성취가 무슨 의미가 있을까 하는 생각도 든다.

일본전산이라는 회사가 있다. 신입 사원 채용 때 목소리 크고, 밥 빨리 먹고, 용변 빨리 보는 직원을 뽑는다는 그 화제의 회사다. 그 회사의 나가모리 시게노부 永守重信 회장은 미국발 금융위기 때 어려움을 겪었지만 이를 극복하고 눈부신 성장세를 보여 일본 기업 CEO들을 대상으로 한 설문조사에서 가장 훌륭한 CEO로 꼽히기도 했다. 그를 인터뷰한 적이 있다. 그는 "성공하는 방법은 간단하다. 남들보다 두 배 일하면 된다"는 말을 했다.

그런 철학을 갖고 있다 보니 "종업원을 착취하는 블랙기업"이라는 비난도 받았다. 그래서인지 인터뷰를 할 때 배석한 홍보부장이 그 대목에서 끼어들며 "두 배 일하라는 것이 무조건 '오래' 일하라는 것과는 구별되어야 한다"고 덧붙였다. 다시 말해 일본전산의 하드워킹이란 '지적 하드워킹'을 말한다는 것이다. 생각으로 일하는 것, 일을 쉬고 있을 때나 무의식중에도 일에 대해 고민하는 것을 의미한다.

쓸데없는 논란을 피하기 위한 말이었겠지만, 나는 그 말이 정답에 가까울 수도 있다고 생각한다. 내가 만약 조카가 지원한 그 회사 사장에게서 같은 질문을 받는다면 어떻게 대답할까 곰곰이 생각해보았다. 나라면 이렇게 대답하지 않았을까.

"저는 새벽 6시에 출근해서 밤 12시에 퇴근할 수 있습니다. 그러나 그 시간에 PC를 켜놓고 게임만 하고 있다면 무슨 의미가 있을까요? 회사에 있는 것은 빈껍데기일 뿐일 테니까요. 반대로 어떤 사람은 퇴근해 가족과 대화하고, 쇼핑을 하고, 서점에서 잡지를 보고, 외식을 하고, 영화를 보면서도 일에 대한 아이디어를 떠올릴 수 있습니다. 몸이 어디에 있든 조직과 비전을 공유하면서 스스로 흥이 나서 일을 하고, 누가 시키지 않아도 새로운 아이디어를 찾고 실험하는 그런 직원이 되고 싶습니다."

빈껍데기뿐인 10시간이 아니라 정수를 담은 10분을 일에 쏟게 하는 것, 그것이 바로 이 시대 리더의 사명 아닐까.

워라밸을 이루는 최적의 방법은 직원들에게 일 자체가 놀이가 되게 하는 것이라고 생각한다. 그렇게 되면 누가 시키지 않아도, 직원들이 어디에 있어도 스스로 재미있게 일하려 할 테니 말이다. 물론 그것도 결코 쉬운 일은 아니다. 얼마 전 어느 대기업 CEO에게 요즘 가장 신경 쓰는 일이 무엇이냐고 묻자 그는 이렇게 대답했다. "직원들이 한편으로 재미있게 일하면서, 다른 한편으로 철저히 일하게 만드는 것입니다."

조직의 창의성을 높이기 위해서는 자유롭게 해주어야 한다는데, 그러자니 규율이 없어지고 목표의식을 잃을까 봐, 그리고 당장 실적이 악화될까 봐 두려운 것이다. 일을 놀이로 만들면서 성과도 내게 하는 것. 사실 그 CEO의 바람은 모든 리더의 로망이다.

어떻게 그것을 이룰 수 있는지에 대해 생각해보자. 결론부터 말하자면 그 비결은 바로 '자유와 질서의 조화'다. 현대의 영웅인 기업인들이 모험의 끝에서 찾아낸 불로초, 즉 백년기업의 비결이다. 자유와 질서의 조화가 무슨 의미인지 이해하려면 먼저 한 인물에 대한 이야기부터 알아야 한다. 로런스 레비라는 사람이다.

변호사 출신의 로런스 레비 Lawrence Levy 는 실리콘밸리의 한 상장 IT 기업의 CFO(최고재무책임자)로 일하고 있었다. 1994년 어느 날 그에게 전화가 걸려왔다. 전혀 예상치 못한 전화였다. "저는 스티브 잡스입니다. 몇 년 전 잡지에서 뵙고 언젠가는 함께 일해보고 싶다고 생각했습니다."

그 유명한 스티브 잡스가 함께 일하자는 제안을 한 것이다. 그러나 로런스 레비는 망설였다. 당시 스티브 잡스는 애플에서 쫓겨나 명성이 바닥에 떨어져 있던 시기였다. 넥스트라는 컴퓨터 회사와 픽사라는 영화 특수효과 회사를 경영하고 있었는데, 둘 다 실적이 부진했다. 또 스티브 잡스의 성격이 워낙 괴팍해서 함께 일하기 어렵다며 말리는 지인도 있었다.

로런스 레비는 결국 스티브 잡스의 제의를 받아들여 픽사의 CFO가 되기로 했다. 그가 픽사에서 일한 12년을 회고한 책 『레비씨, 픽사에 뛰어들다』는 픽사의 위대한 창의성 이면에 감춰져 있던 사업적 면모를 엿볼 수 있게 한다. 현대 기업의 CFO가 어떤 사람이어야 하는가에 대한 모범 사례이기도 하다.

픽사는 어떻게 세계에서 가장 창의적인 조직이 되었는가

로런스 레비가 픽사에 입사할 때만 해도 픽사는 적자투성이였고, 스티브 잡스의 개인 돈을 수혈해 간신히 버티고 있었다. 당시에는 영화사가 아니었고, 영화에 특수효과를 내는 소프트웨어와 애니메이션 광고 제작 등 여러 일에 손을 대고 있었다. 하지만 어느 것 하나 제대로 수익을 내지 못했다.

단 하나의 희망은 픽사에 모인 다이아몬드 원석 같은 인재들이었다. 그들은 한 가지 큰 꿈에 매달려 있었다. 세계 최초로 100% 컴퓨터로 장편 애니메이션 영화를 만들겠다는 것이었다. 하지만 당시의 기술 수준에 비춰볼 때 그 계획은 누가 생각해도 '미친 꿈'이었다.

물론 픽사는 단편 애니메이션을 만든 적이 있고, 그것으로 아카데미상을 받기도 했다. 하지만 그건 픽사의 특수효과 기술을 보여주기 위한 수단에 지나지 않았으며 본업은 아니었다. 돈을 벌기 위한 사업도 아니었다. 게다가 장편 영화를 만든다는 것은 단편과는 전혀 다른 차원의 이야기였다.

당시 픽사 사람들이 만들고 있던 세계 최초의 컴퓨터 애니메이션 영화는 바로 〈토이 스토리〉였다. 로런스 레비는 바로 그 〈토이 스토리〉의 3분짜리 시험 영상을 보고 매료되어 입사를 결정했다. 그는 그것을 보면서 "이럴 수가! 이런 건 한번도 본 적이 없어요"라며 감탄사를 연발했다.

그러나 몇 주 후, 그는 입사를 심각하게 후회했다. 회사를 둘러보니 마치 '아사 직전의 예술가'처럼 희망이 없어 보였기 때문이다. 전략도 없고, 비즈니스 모델도 불투명하고, 돈을 벌 만한 사업도 거의 없어 보였다. 버는 돈이 적다 보니 늘 운영 자금이 모자랐다. 그때 할 수 있는 일이라고는 고작 오너인 스티브 잡스에게 달려가 손을 내미는 것뿐이었다.

어쨌든 픽사에 입사한 로런스 레비는 스티브 잡스와 함께 픽사에 희망의 발판을 마련해나갔다. CFO는 단순히 회계 정보의 해석자가 아니라 기업의 미래 비전에 대한 전략가이자 조언가라고 할 수 있다. 로런스 레비가 바로 그랬다. 그는 스티브 잡스와 함께 픽사의 생존 전략을 짜나갔다.

그들은 우선 핵심을 재정의하는 일부터 시작했다. 애니메이션 영화 제작을 본업으로 하고, 소프트웨어와 광고 등 다른 사업들을 접기로 했다. 예를 들어 특수효과 소프트웨어는 고객층이 한정되어 있는데다 가격이 너무 비싸서 많은 직원들을 먹여 살릴 만한 안정적인 사업이 아니라고 판단했다.

결국 남은 선택지는 애니메이션 영화 제작 하나였다. 애니메이션 영화로 성공한다는 것은 디즈니 외에는 누구도 이루지 못한 일이었다. 게다가 한술 더 떠 사상 최초의 100% 컴퓨터 애니메이션 영화를 만드는 데 올인하기로 한 것이다. 그것은 마치 동네 뒷산이나 오르던 사람이 에베레스트 등정에 도전하는 것처럼 무모한 일이었다. 하지만 모든 대안을 검토한 끝에 나온 유일한 생존 전략이기도 했다.

로런스 레비와 스티브 잡스가 다음으로 한 일은 로드맵을 짜는 것이었다. 그들은 어떻게 하면 조직으로 생존할 수 있을지 구체적인 전술을 짜야 했다. 디즈니와 맺고 있던 협력 계약을 갱신하는 일이 첫 번째 과제였다. 당시 돈이 부족했던 픽사는 디즈니로부터 제작비를 지원받고 있었다. 디즈니도 컴퓨터 애니메이션은 처음이다 보니 픽사에 외주를 주는 형식을 취한 것이다.

문제는 영화 수익 중 픽사에 돌아오는 몫이 고작 10%에 불과하다는 점이었다. 어렵사리 영화가 흥행에 성공해도 픽사는 간신히 유지나 하는 정도였다. 스티브 잡스와 로런스 레비는 픽사의 몫을 반드시 50%로 늘려야 한다는 목표를 세웠다.

그들은 또한 픽사가 디즈니에 손을 벌리지 않고 자력으로 살아남기 위해서는 최소한 7500만 달러의 제작비를 확보해야 하며, 그러기 위해서는 주식시장에 상장해야 한다는 로드맵을 그렸다. 뿐만 아니라 픽사를 브랜드로 확립해야 한다는 계획도 세웠다. 영화가 개봉될 때 디즈니 이름으로만 나가서는 안 된다고 생각했다. 그들은 간접비 부담을 줄이기 위해 연간 제작하는 영화 편수를 늘려야 한다는 목표도 세웠다.

결국 어떻게 되었는지에 대해서는 굳이 설명하지 않아도 잘 알 것이다. 달나라 여행처럼 무모해 보였던 〈토이 스토리〉는 예상을 뛰어넘는 대흥행을 기록했고, 거의 같은 시기에 진행되었던 기업공개도 역시나 대박을 터뜨렸다.

그 뒤 스티브 잡스와 로런스 레비는 디즈니와의 재협상 전략을 짰다. 재협상은 결국 픽사의 의도대로 진행됐다.

세계 최고 창조적 집단의 비결, 자유와 질서의 조화

그러나 로런스 레비와 스티브 잡스에게 주목할 점은 따로 있다. 그것은 바로 '참고 기다릴 줄 알았다'는 것이다. 그들은 어려운 여건 속에서도 픽사의 천재적인 인재들이 마음껏 일할 수 있도록 기다려주었다. 닦달하거나 채근하지 않았다.

창의성은 어느 날 갑자기 튀어나오지 않는다. 한 발 물러서고 품어주며 햇볕을 쬐어줄 때 싹을 내민다. 로런스 레비는 영화를 많이 제작해야 수익성이 높아진다면서 어느 날 갑자기 '1년에 3편씩 훌륭한 이야기를 창작하라'는 식으로 목표를 명시한다는 것은 얼토당토않은 일이라고 말한다.

로런스 레비는 질서를 도입하기 위해 픽사에 합류한 사람이다. 그러나 그는 자신이 도입하려는 질서가 픽사 혁신의 밑거름인 자유와 창의성의 문화를 파괴해서는 안 된다는 점을 늘 유념했다. 다음은 그의 진정성을 엿볼 수 있는 대목이다.

> 기업이 성공을 거두면 보수적인 성향을 갖게 되는 것이 일반적이다. 회사를 일으킨 창의력의 불꽃은 성과에 대한 압박에 너무 쉽게 잦아든다.[23]

로런스 레비와 스티브 잡스는 영화 제작에 대한 승인 권한을 누가 갖느냐를 놓고 고심 끝에 용단을 내린다. 감독들로 구성된 제작팀에 전권을 주기로 한 것이다. 제작의 모든 과정에 경영진과 재무팀이 깊이 관여하는 할리우드의 관행에서 보면 상상할 수 없는 일이다. 그들은 제작팀에 돈주머니를 맡기는 위험성을 잘 알고 있었지만 믿고 맡기기로 했다.

사실 리더에게 가장 힘든 일 중 하나는 기다리는 것인지도 모른다. 그것도 그냥 기다리는 것이 아니라 '믿고' 기다려야 하니 더욱 그렇다.

어떤 대표는 언제부터인가 일부러 회의실에 들어가지 않는다고 한다. 자신이 회의에 참석하면 누구도 자신의 말에 이의를 제기하지 않기 때문이란다. 그런데 회의에 참석하지 않으니 궁금해서 견딜 수가 없더란다. 일을 맡길 때도 마찬가지였다. "알아서 하라"고 맡겨두었으니 참견할 수도 없고, 그렇다고 모른 척하자니 실수를 하지 않을까 조마조마하기만 했다. 하지만 그렇게 기다리고 또 기다려주니 비로소 바라던 말이 나왔다.[24] "제가 한번 해보겠습니다."

윤종용 전 삼성전자 부회장은 재임 시절 《조선일보》와의 인터뷰에서 삼성전자의 강점으로 임파워먼트, 즉 권한 이양을 들었다. 그는 이렇게 말한다.

> 이건희 회장의 가장 큰 장점이 전문경영인에게 완전히 임파워먼트(권한 이양) 하는 것입니다. 임파워먼트는 기업에서 정말 중요합니다. 임파워먼트를 해야 밑의 사람이 큽니다. 위에서 모두 챙기면 밑에 있는 사람은 자주 잊어버리죠. 그러다가 가끔씩 위의 사람이 안 챙기면 사고가 납니다. 부하를 믿지 못할 이유가 없어요. 사람은 모두 자존심이 있어서, 맡기면 해냅니다. 그 과정에서 크는 거죠.[25]

요즘 떠오르는 세계적인 IT 기업들은 몸집이 거대한데도 스타트업 회사처럼 의사 결정이 빠르다. 실리콘밸리에서 모바일 광고 플랫폼 회사를 경영하는 안익진 대표에게 들은 말이다. 그가 어느 대형 모바일 커머스 회사와 업무 제휴를 하기로 하고 담당자와 미팅을 한 뒤였다. 사무실로 돌아가 계약서를 보내주겠다고 하자 담당자가 "계약서가 왜 필요하냐. 지금 법인카드로 비용을 결제할 테니 오늘 바로 시작하자"고 했다고 한다. 그만큼 권한 위임이 되어 있으니 빠른 의사결정이 이뤄질 수 있는 것이다.

로런스 레비는 『레비 씨, 픽사에 뛰어들다』에서 픽사가 세계에서 가장 창조적인 조직이 된 비결을 '자유와 질서의 조화'로 풀이한다. 그는 "픽사의 성공은 창조적 정신을 죽이지 않으면서 성장 동력을 부여해줄 전략, 질서, 행정 체제를 충분히 만들어내는 데 달려 있었다"고 회고한다.

자유와 질서의 조화란 어떤 의미일까. 그는 우리 내면에 두 개의 영혼, 즉 관료적인 영혼과 예술가적 영혼이 있는데 이 두 가지 상태 중 어느 한쪽에 갇혀버리면 필시 좌절할 수밖에 없다고 말한다.

"기능, 축적, 성과에만 몰입해온 사람은 내가 내 삶을 진정으로 살고 있는지 의문에 사로잡힐 것이다. 반대로 자유분방한 삶과 열정을 좇는 일만을 전부로 여기는 이는 자신을 밀어붙이는 힘이나 발 딛고 설 기반이 없어 낙담하기 쉽다. 이 두 가지를 조화시키는 데서 최고의 결과가 나온다."

픽사에서 7년간 아티스트로 근무한 박석원 교수의 강의를 들은 적이 있다. 그는 픽사에는 양면성이 있다고 설명한다. 로런스 레비의 책을 읽고 나니 그것은 바로 자유와 질서에 해당하는 것이었다.

픽사의 앞 얼굴은 '동화 속 왕국'이다. 자유에 해당한다. 픽사는 그 어느 회사보다 자유분방한 회사로 유명하다. 박석원 교수는 "너무 자유분방해서 한국 직장 문화에 익숙해진 나로서는 적응하기 힘들었다"고 말한다.

모든 부서에 바^{bar}가 있어서 언제든지 술을 마실 수 있고, 야외에서는 늘 파티가 벌어진다. 박석원 교수가 3시에 어느 기술자와 미팅을 했는데, 그가 서핑복을 입고 나타났다. 그날 3시 30분에 큰 파도가 온다며 퇴근하자마자 바다로 달려가려고 한다는 것이었다. 또 그가 입사한 뒤 매일 9시까지 일을 하자 매니저가 "뭔가 문제가 있느냐?"라고 묻더니 퇴근하지 않으면 오버타임 수당을 주어야 하니 빨리 퇴근하라고 말했단다. 그 뒤로 그는 5~6시면 칼퇴근을 했다.

픽사는 직원 개인별로 칸막이가 된 방을 주어 독립성을 보장하며, 방을 직원이 마음껏 꾸밀 수도 있다. 부서마다 아티스트 5명당 비서 역할을 하는 코디네이터 1명을 배정해 잡무에서 해방시키고 일에 몰두할 수 있게 했다. 박석원이 처음 입사하자 영어 때문에 불편하지 않을까 염려해 "필요하면 영어 선생을 붙여주겠다"고 배려했다고 한다. 근무 환경은 가히 천국이라 할 만하다.

그러나 픽사에는 또 다른 얼굴이 있으니 그것은 '무서운 세계'다. 질서에 해당한다. 예를 들어 픽사에는 캐스팅 제도라는 게 있다. 배우가 영화에 캐스팅되듯이 픽사 직원들은 감독에게 캐스팅이 되어야 한다. 새로운 영화 제작이 시작되면 감독은 슈퍼바이저를 캐스팅하고, 슈퍼바이저는 아티스트를 캐스팅한다. 인기 있는 직원은 서로 캐스팅하려고 하지만 인기 없는 직원은 어디에도 끼지 못한다. 결국 일 없이 놀아야 한다. 그렇다고 회사에서 나가라고 하지는 않지만 그렇게 6개월, 1년이 지나면 대개 스스로 그만둔다고 한다.

세계 최고 창조적 집단의 비결, 집요함과 완벽주의

픽사의 무서운 면 중 하나는 집요할 정도로 완벽에 집착하는 문화다. 박석원 교수는 "완벽주의가 너무 심해서 때로는 이 정도면 되었다고 생각해도 수정은 계속 된다"고 말한다.

픽사에서는 3~4개의 영화 제작이 동시에 진행되며, 영화 하나에 200~300명이 매달린다. 그런데 제작팀이 매일 오전 의식처럼 치르는 행사가 있다. 그룹별로 작은 영화방에 모여 전날의 업무 진척 상황(미완성 작품)을 발표한 뒤 상사와 동료의 피드백을 받는 일일 리뷰 회의다. 소파에 반쯤 누워 커피와 과자를 즐기면서 하는 회의지만 피드백은 칼날처럼 예리하다.

영화 하나를 만들기까지 이런 회의를 꼬박 2년간 한다. 처음에는 다른 사람에게 매일 자신의 작품을 보여주는 게 부끄럽기도 하지만 받아들일 수밖에 없다. 피드백을 통해 문제의 원인을 발견하고 수백 번, 수천 번 수정을 거치다 보면 명작이 나오기 때문이다.

또 픽사는 좋은 영화를 만들기 위해 집요하게 관찰한다. 예를 들어 쥐가 요리사가 되는 영화 〈라따뚜이〉를 만들 때 제작팀은 프랑스 파리 최고의 레스토랑에 들어가 주방을 샅샅이 살펴보았다. 심지어 바닥에 먼지가 어떻게 쌓여 있는지까지 보고 왔다. 보통 사람들은 고급 레스토랑에 가서 식사는 해도 그 주방까지 들어가지는 않는다. 그래서 영화를 보는 관객은 그게 진짜인지 아닌지 모른다. 그러나 관객은 그런 장면을 보면서 '아, 이 영화가 뭔가 진짜다'라는 직감을 갖게 된다는 것이다. 또한 픽사에는 영화의 데드라인를 두 번 어기면 해고라는 불문율도 있다.

픽사에 대해서도, 구글에 대해서도 자유로운 조직 문화를 이야기하지만 그 내면에는 이처럼 심하다 싶을 정도의 완벽주의가 자리 잡고 있다.

로런스 레비는 훗날 픽사를 떠나 불교에 심취한다. 어느 날 그는 픽사가 불교의 중도中道의 개념을 멋있게 보여준 사례라는 생각을 했다. 픽사가 예술성과 사업적 규율 사이에서 균형을 잡기 위해 노력해온 것이, 부처가 감각적 쾌락과 극단적 고행을 뛰어넘는 제3의 길, 즉 중도를 제시한 것과 비슷하다고 생각했기 때문이다. 그는 이런 의미심장한 말을 한다 "중도는 질서와 자유, 효율성과 예술성, 관료주의와 영혼 사이에서 벌이는 춤판이다. 픽사가 만든 모든 영화는 이런 긴장 속의 고투를 거쳐 결국 더 나은 방향으로 자신을 마무리했다."

실리콘밸리에서 치열하게 살았던 기업인이 불교와 중도를 이야기한다는 게 놀랍다. 중도의 개념을 좀 더 깊이 알고 싶어서 일묵이라는 스님과 이야기를 나눈 적이 있다. 스님은 중도는 일터에서 우리가 살아가는 방식에 대해서도 알려준다고 말한다. 그는 내게 이런 질문을 던졌다. "수행이란 지금을 희생하고 천상의 행복을 찾는 것일까요?" 그러면서 그는 부처는 단연코 "아니다"라고 말할 것이라고 했다. 균형을 잘 잡아 수행한다면 '초중후선初中後善', 즉 지금도 좋고, 중간도 좋고, 마지막도 좋을 수 있다는 것이다.

질문을 조금 바꾸어보겠다. "개인은 천상의 목표를 위해 지금을 희생해야 하는 존재일까?" 부처는 역시 아니라고 말할 것이다. 개인은 조직의 부속품이 아니다. 조직이 아무리 훌륭한 이상과 목표를 가지고 있어도 개인을 수단으로만 다룬다면 개인은 불행해질 것이고, 결국은 조직의 목표도 달성하기 힘들다. 자유와 질서의 균형을 이룰 수 있는 조직문화를 만든다면 자발적으로 재미있게 일하면서 높은 성과를 달성할 수 있다.

이청준의 소설 『당신들의 천국』은 바로 이런 문제를 다루고 있다. 소록도에 새로 부임한 원장은 나환자의 천국을 만들고자 했고, 원생들도 처음에는 꿈에 부푼다. 그러나 힘든 매립 공사를 하면서 갈등이 벌어진다. 목표를 달성하기 위해서는 강제와 질서가 필요했고, 그 과정에서 원생들은 희생을 강요받기 시작한다.

결국 원장이 만들기로 한 천국은 원생들 입장에서는 '우리들의 천국'이 아니라 '당신들의 천국'이 되어버린다. 다음은 책의 한 대목이다. 자유와 질서를 논하는 리더라면 음미할 필요가 있다.

> 문제는 명분이 아니라 그것을 갖게 되는 과정이었다. 명분이 과정을 속이지 말아야 한다. 명분이 제물을 요구하지 않아야 한다. 천국이 무엇인가. 천국은 결과가 아니라 과정 속에서 마음으로 얻을 수 있는 것이어야 했다. 스스로 구하고, 즐겁게 봉사하며, 그 천국을 위한 봉사를 후회하지 않아야 진짜 천국을 얻을 수 있다.[26]

배고픈 짐승과 못난이 아기

재미있는 것은 픽사의 창립자인 에드윈 캣멀이 생각하는 픽사의 성공 비결 역시 로런스 레비와 비슷하다는 점이다. 에드윈 캣멀은 『창의성을 지휘하라』라는 책에서 '배고픈 짐승'과 '못난이 아기'라는 비유를 든다.[27] '짐승'은 조직으로서 생존하기 위해 필요한 규율을 말하며, '아기'는 새로운 아이디어, 창의성을 말한다. 짐승은 질서, 아기는 자유라고 볼 수 있다.

에드윈 캣멀은 "사람들이 픽사 작품의 초기 스토리릴[28]을 보면 너무 형편없어서 놀랄 것"이라고 말한다. 바로 못난이 아기다. 이를 작품으로 완성하려면 시간과 인내심이 필요하다. 빨리 수익을 올려 조직을 먹여 살려야 한다는 짐승의 압박을 견뎌내야 한다.

에드윈 캣멀은 "짐승은 대식가지만 귀중한 동기부여자"라고 말한다. 반면 아기는 잠재력이 많지만 예측 불가능하고 많은 시간을 들여 보살펴야 한다. 그렇기에 기업은 짐승을 먹여 살리고, 아기를 키워야 할 필요성을 조화롭게 충족시켜야 한다는 것이다. 다만 짐승을 적절히 통제하지 않으면 안 된다고 그는 말한다. 그렇지 않으면 짐승이 비대해져서 아기가 크기 힘들어지기 때문이다.

아기와 짐승 모두가 중요하다고 하면서도 아기 쪽에 무게중심을 두고 짐승을 경계한다는 것을 알 수 있다. 사실 아이를 키울 때 가장 필요한 것은 참고 기다려주는 것이다. 어딘가 비뚤어진다 싶을 때마다 간섭하면 오히려 아이를 망친다. 아이들은 넘어지고 무릎이 깨지면서 스스로 삶을 개척하는 힘을 키운다.

에드윈 캣멀은 디즈니가 한때 쇠퇴했던 이유도 짐승이 너무 비대해진 데서 찾는다. 디즈니는 1994년 〈라이온 킹〉 이후 2010년까지 16년간 쇠퇴기를 겪었다. 개봉 1주 만에 박스오피스 1위를 차지한 작품이 전무했던 것이다.

그는 그 이유를 "직원들이 자신의 임무를 조직을 먹여 살리는 것으로 착각한 결과"라고 풀이한다. 성공할수록 더 많은 직원을 채용하게 되고, 더 많은 작품을 흥행시켜 돈을 벌어야 한다는 압박이 심해지게 된다. 결국 빨리 작품을 제작하는 게 지상 과제가 되고, 결과는 품질 저하로 나타난다. 그는 "효율성만 추구하다가는 못난이 아기를 보호할 생각을 하지 못하게 된다"고 말한다.

디즈니가 부활한 계기는 픽사를 인수한 것이었다. 디즈니가 픽사를 인수했을 때 픽사 직원들은 공포에 떨었다. 픽사와 디즈니는 앙숙지간이었기 때문이다. 그런데 상황은 정반대로 흘렀다. 오히려 디즈니가 픽사에 손을 내민 것이다.

디즈니의 밥 아이거 회장은 픽사의 에드윈 캣멀 회장에게 디즈니 계열사인 디즈니애니메이션 사장과 CCO를 겸임하게 함으로써 애니메이션 종가 디즈니의 명성을 되살리는 일을 맡겼다. 피점령군의 사령관이 점령군의 사령관을 겸직한 셈이다. 에드윈 캣멀은 지금도 두 회사 CEO를 겸임하고 있다.

에드윈 캣멀이 처음 디즈니에 갔을 때, 그는 왜 디즈니가 쇠퇴했는지 그 이유를 금방 알아챘다. 그는 《조선일보》 '위클리비즈'와의 인터뷰에서 이렇게 말했다. "문제는 디즈니가 과정을 통제하는 회사였다는 겁니다. 일부 감독의 시각으로만 결정된 스토리로 영화를 만들어 참패했습니다. 또 너무 극심한 마이크로 매니지먼트(미시 경영)가 벌어지고 있었어요."

혹시 '왕의 역설'이라는 말을 들어본 적이 있는가? 왕이 신하를 억압하고 지배하며 그들이 하는 일을 하나하나 통제하면 할수록 신하는 더 약하고, 우유부단하고, 평범해져서 결국 그 왕은 노예의 왕이 될 뿐이라는 의미다. 현대의 조직에 대입하면 관리자가 강압적일수록 팀이 오히려 무능해진다는 뜻이다. 헤겔은 이런 현상

을 두고 '주인과 노예의 문제'라고 표현했다.[29]

　로런스 레비의 책을 읽으면서 〈토이 스토리〉의 개봉 장면에서 찡했던 기억이 났다. 못난이 아기가 이룬 기적적인 성취, 그리고 그것을 기다려준 경영진의 말 못할 가슴앓이가 절절하게 와 닿았기 때문이다. 질서와 자유, 관료주의와 영혼, 효율성과 예술성. 세상에는 어느 한 가지만으로는 이룰 수 없는 게 대부분이다. 서로 모순된 것들을 두루 끌어안아야 한다. 그래서 삶이란 어렵고, 그래서 재미있기도 하다.

　당신의 조직에는 어떤 아기가 자라고 있는가? 천진난만하고 호기심과 잠재력으로 충만한 아기인가? 그러나 아기는 종종 못난이인데다 말썽꾸러기이기도 하다. 당신은 그 아기를 참고 기다려줄 용기를 가지고 있는가?

픽사의 터닝 포인트

세상에 거저 얻는 것은 없다. 픽사가 자유와 질서의 조화를 이룰 수 있었던 것은 탁월함을 추구하는 문화가 형성되어 있었기 때문이다. 그러기에 아무리 자유롭게 일하더라도 제품의 질을 포기하지 않을 수 있었다.

　그런 문화를 갖게 되기까지는 상당한 시행착오가 있었다. 박석원 교수는 픽사의 오늘이 있기까지 두 번의 터닝포인트가 있었다고 말한다. 첫 번째는 〈토이 스토리〉의 제작이고, 두 번째는 〈토이 스토리 2〉의 제작이다. 영웅의 여정에 대입한다면 전자는 영웅이 겪는 첫 번째 큰 시련이고, 후자는 생사를 가르는 마지막 시련, 즉 부활의 단계에 해당한다.

앞서 말한 대로 영화사로서의 픽사는 처음에 디즈니의 하청업체로 출발했다. 디즈니가 돈을 대주고 배급까지 해주는 조건이었다. 게다가 픽사는 상업용 영화 제작 경험이 전혀 없었다. 〈토이 스토리〉가 픽사의 첫 작품이었다. 픽사가 컴퓨터 애니메이션을 만드는 유일한 회사이기는 해도 디즈니로서는 늘 불안할 수밖에 없었다. 디즈니는 제작 과정에 상당 부분 관여했다.

처음 스토리 라인을 잡을 때도 디즈니 쪽의 사람이 와서 늘 방향을 지시하곤 했다. 그런데 그런 지침을 받아 반영하면 할수록 스토리는 더 나빠졌다. 그때 존 래스터 감독이 모든 직원을 모아놓고 이렇게 말했다. "우리가 만들고 싶은 애니메이션을 만듭시다. 우리가 좋아하고 즐기는 것 말입니다. 창작자인 우리가 즐겨야 좋은 작품이 나오고, 관객도 좋아할 수 있습니다. 만드는 사람이 '이건 내 것이 아닌데' 해서는 결코 좋은 것을 만들 수 없습니다."

그들은 스토리에 관해 디즈니가 제시한 모든 방향성을 무시하고, 픽사 내부에서 스토리를 다시 짰다. 디즈니의 모든 성공 공식도 무시했다. 디즈니식의 공주, 왕자, 성, 뮤지컬이 픽사 영화에 등장하지 않게 된 이유다. 창작에 있어서 디즈니로부터의 독립선언이었다. 디즈니 쪽에는 "우리 스스로 만들어볼 테니 지켜봐달라"고 설득했다.

결국 일주일 만에 스토리를 전면 개편했는데, 디즈니도 개편된 내용을 더 좋아했다. 이 일은 픽사가 어떤 외부의 영향과 입김도 차단하고 스스로 문화를 만든 전기가 됐다. 픽사는 다른 영화사와 달리 모든 아이디어를 내부에서 만들어내는 전통을 갖고 있다.

두 번째 터닝 포인트는 〈토이 스토리 2〉를 제작할 때 찾아왔다.

〈토이 스토리〉가 예상 밖의 큰 흥행 성공을 거두자 속편을 만들기로 했다. 그런데 디즈니에서는 극장 개봉용이 아닌 비디오용으로 만들자고 제안했다. 그 편이 제작비와 리스크를 줄이면서 수익을 극대화할 수 있다고 판단했기 때문이다.

그런데 당시 픽사는 〈벅스〉라는 영화도 만들고 있었다. 회사의 주요 인재도 그 영화에 투입되어 있었다. 결국 비디오용으로 만드는 〈토이 스토리 2〉는 아무래도 마이너리그가 될 수밖에 없었다. 최고의 인재, 최고의 자원이 투입될 수 없었던 것이다.

얼마 후 픽사는 비디오용 저급 영화는 만들 수 없다고 반발했고, 결국 극장용으로 만드는 것으로 노선을 수정했다. 그래서 극장용 시제품을 만들고 내부 시사회를 가졌으나 부정적인 반응이 태반이었다. 처음부터 B급을 염두에 두고 만들었으니 좋은 작품이 나오지 않은 것이다. 픽사인들의 자존심이 용납하지 않았다. 그들은 영화를 처음부터 새로 만들기로 했다.

개봉 예정일이 9개월밖에 남지 않은 상태였고, 디즈니에서도 "이 정도면 괜찮다"고 했지만 무시했다. 그들은 지난 3년간 진행해온 모든 것들을 다 버리기로 했다. 3개월 만에 스토리를 다시 썼고, 촬영은 6개월이 걸렸다. 그렇게 9개월 만에 〈토이 스토리 2〉를 새로 만들었다. 보통 장편 애니메이션 영화 제작은 7년이 걸린다. 7년 걸리는 작업을 9개월에 만드니 부작용이 없을 리 없다.

야근이 예사였고, 직원의 3분의 1 정도가 근육통 등 육체적 질병에 시달렸다. 부부 모두 픽사 직원인 경우가 있었는데, 그들은 늘 아이를 유치원에 맡겼다. 어느 날 밤 이상한 느낌이 들어 차에 가보니 차 안에 아이가 그대로 있었다. 아이를 유치원에 맡긴 것으로 착각한 것이다. 다행히 아이는 별 일이 없었지만 큰 사고로 이어질 뻔한 일이었다. 그 뒤로 픽사는 사내에 의사와 안마사가 상주하는 시스템을 갖췄다.

이런 힘든 과정을 겪으면서 픽사에는 품질에 대한 완벽주의가 문화로 정착했다. 어려운 일을 함께 겪으면서 남다른 동료애도 싹텄다. 박석원 교수는 "픽사는 사내 정치가 없는 회사"라고 말한다. 누가 감독을 하든 다른 감독과 제작진들이 합심해서 돕는다.

영화가 끝나면 엔딩 크레디트에 영화에 기여한 인물들의 이름이 오르는데, 픽사 영화의 엔딩 크레디트에는 그들만의 특징이 있다. A라는 사람이 감독한 작품인데 B감독, C감독, D감독의 이름이 함께 오른다. 서로 경쟁하는 게 아니라 좋은 작품을 함께 만든다는 목적을 공유하는 것이다.

예를 들어 피트 닥터가 감독한 〈몬스터 주식회사〉의 엔딩 크레디트를 보면 존 래스터가 제작하고, 스토리는 피트 닥터와 앤드루 스탠던이 함께 참여했고, 조 랜프트가 스토리를 지원한 것으로 되어 있다. 특히 조 랜프트 감독은 제작 경험이 가장 많았는데도 다른 감독들에게 모두 양보하고 마치 "공기처럼" 도와주었던 감독이었다고 박석원 교수는 회고한다. 안타깝게도 조 랜프트 감독은 자동차 사고로 사망했다.

질서 속에서 변화하라, 빌 메리어트

자유와 질서의 조화를 중시하는 기업은 픽사만이 아니다. 세계 최대 호텔 체인 메리어트의 빌 메리어트 John Willard Marriott Jr. 회장은 시장 변화에 어떻게 대처해왔느냐는 질문에 이렇게 대답했다.

"핵심은 질서와 변화다. 질서는 모든 직원이 이해하고 지키려고 하는 잘 갖춰진 표준 절차에서 나온다. 우리에게는 객실 정리를 제대로 하기 위한 66가지 표준 절차가 있다. 조직 내에 질서가 잡혀 있으면 변화에 잘 대응할 수 있다. 집안 정돈을 잘해놔야 미래를 생각할 수도 있는 것이다."

여기서 질서와 변화는 질서와 자유를 달리 표현한 것이라고도 할 수 있다. 메리어트는 어떤 조직보다 인간 중심적인 문화를 갖고 있다. 회장이 전 직원의 이름을 외우고, 벨보이 출신이 호텔 지배인 자리에 오르는 회사다. 그러나 다른 한편으로는 치밀한 관리 시스템을 보유함으로써 사람 중심 문화에서 야기될 수 있는 잠재적 리스크를 보완한다.

메리어트 회장이 가장 좋아하는 말은 철학자 알프레드 화이트헤드 Alfred North Whitehead 의 말이다. "진보의 기술은 변화하는 가운데 질서를 유지하고, 질서 있는 가운데 계속 변화하는 것이다."

화이트헤드의 글은 난해하기 짝이 없는데 『교육의 목적』이라는 책은 비교적 쉬운 편이다. 그 책에서 화이트헤드는 교육에서도 자유와 규율이 근본적인 두 요소라고 강조한다. 여기서 규율은 우리의 표현으로는 질서에 해당한다. 그는 이렇게 말한다.

지혜에 이르는 유일한 길은 자유롭게 지식에 직면하는 것이다. 그러나 지식에 이르는 유일한 길은 규율에 의해 정돈된 사실을 습득하는 것이다. 진정한 요점은, 습득해야 할 사물에 대해 최대한의 진보 속도를 주는, 자유와 규율의 적정한 균형을 학습 실천의 장에서 발견하는 일이다.[30]

다시 빌 메리어트 이야기로 돌아가자. 앞에 소개했던 그의 말을 뜯어보면 자유보다 질서에 방점을 둔 듯하다. 그러나 그는 다른 이야기를 할 때는 사람과 자유를 강조하는 표현도 많이 사용한다.

한 가지 재미있는 점은, '자유와 질서의 조화'라는 주제로 강의를 해보면 경영자들은 질서 부분을 좋아하는 반면, 직원들은 자유 부분을 좋아한다는 것이다. 자신에게 절실하고 필요한 것을 선별적으로 받아들이기 때문이다. 하지만 조직의 성장을 위해서는 경영자는 자유를, 직원은 질서를 음미하는 역지사지가 필요하지 않겠는가.

양극단을 모두 끌어안아라, 이나모리 가즈오

일본에서 경영의 신이라 불리는 이나모리 가즈오 회장 역시 자유와 질서의 조화에 부합하는 사례다.

'경천애인 敬天愛人'으로 요약되는 그의 경영 철학은 기업의 것이라기보다는 국가의 철학이라고 착각할 만큼 폭이 넓고 이타적이다. '자유'를 대변한다고 볼 수 있다. 그러나 그는 다른 한편으로 아메바 경영이라는 엄격한 규율을 갖고 있다. 각 부서가 독립채산제로 운영되며, 매일의 수지가 투명하게 공개되는 시스템이다. 마른 수건도 쥐어짠다고 할 만큼 치밀하고 엄격한 제도다. 삼성에서도 도입하려다가 포기했다. 이는 '질서'를 대변한다고 볼 수 있다.

그런데 이나모리 가즈오의 자유와 질서는 이분법적인 것이 아니라 서로를 내포하고 서로를 촉진한다는 점에 주목할 필요가 있다.

이나모리 가즈오 연구가이며 그의 책을 여러 권 번역한 인천대

양준호 교수의 강의를 들은 적이 있다. 이나모리 가즈오가 인간 본연의 연약함을 깊이 성찰한, 인간에 대한 철학을 갖고 있었기에 혹독할 정도로 강도 높은 소조직별 독립채산제 시스템에 임직원 모두를 참여시킬 수 있었다고 말한다.

다르게 말하면 자유가 있었기에 가능했다는 이야기다. 그는 "아메바 경영은 전원 참가형의 분권적 경영 시스템이다. 여기서 중요한 것은 '분권적'이란 형용사다. '분권'에 의해 담보되는 자율성 또는 자주성이 매우 중요한 인센티브로 작용하면서 강도 높은 독립채산제에 임직원 모두가 열정적으로 임하게 되는 것이다"라고 말한다.

자유와 질서의 조화, 아폴론과 디오니소스의 균형

'자유와 질서의 조화'라는 생각의 시초는 그리스 시대로 거슬러 올라간다. 니체는 그리스 예술의 위대성을 분석한 『비극의 탄생』에서 아폴론적인 것과 디오니소스적인 것 두 가지의 조화라는 개념을 이야기한다. 그는 "(그리스) 예술의 발전은 아폴론적인 것과 디오니소스적인 것의 이중성과 결부되어 있다"고 말한다.

여기서 아폴론은 남성적인 절도와 균형, 엄격함, 질서, 도덕과 법률, 현상을 나타내는 반면, 디오니소스는 여성적인 조화와 일치, 부드러움, 생명력, 의지, 본질을 나타낸다. 크게 보면 아폴론은 질서, 디오니소스는 자유라고 할 수 있다. 니체는 언뜻 아폴론보다 디오니소스를 강조하는 것처럼 보이지만 실은 양자의 역동적인 균형을 강조한다. 그는 이렇게 말한다. "서로 성격을 전혀 달리하는 이 두 종류의 충동은 공공연히 대립하면서 서로가 항상 새롭고 보다 힘 있는 탄생물들을 낳도록 자극하면서 평행선을 이루며 나아간다."

지휘자 레너드 번스타인은 지휘에도 아폴론과 디오니소스의 균형이 필요하다고 말한다. 그는 아폴론적인 지휘자 멘델스존과 디오니소스적인 지휘자 바그너를 대비시킨다.[31]

멘델스존은 명확성을 원칙으로 하는 지휘 방식을 창시했다. 지휘봉을 이용해 자기 앞의 악보를 정확히 구현하는 데 일생을 바쳤다. 그런데 얼마 지나지 않아 바그너라는 이름의 위대한 반역자가 등장한다. 그는 멘델스존과는 정반대로, 지휘자란 자기만의 정서와 자기만의 창조적 충동으로 작품에 개성을 부여해야 한다고 주장했다. 바로 이 두 관점의 충돌에서 지휘의 역사가 탄생했다고 레너드 번스타인은 말한다.

그러나 그는 "실제로 지휘에는 두 접근법이 동시에 요구된다"고 한다. "마치 아폴로와 디오니소스처럼 어느 한쪽만으로는 충분하지 않다"는 것이다. 그래서 오늘날은 두 접근법을 종합한 지휘자를 이상적인 지휘자로 본다고 한다.

어떤가. 창조의 모든 영역에서 자유와 질서의 조화가 요구된다는 사실이 흥미롭지 않은가. 몰입에 대한 연구로 유명한 칙센트미하이는 창의적인 사람들은 혼돈과 질서를 동시에 갖고 있다고 한다. 모두 비슷한 이야기다.

물론 조화란 지극히 어려운 것이다. 레너드 번스타인은 아폴론과 디오니소스의 균형이 이상적이지만 그것을 겸비하는 것은 사실상 불가능하다고 말한다. 기업 경영도 마찬가지다. 자유와 질서의 완벽한 조화란 애당초 불가능한 일인지도 모른다. 그럼에도 그것을 끊임없이 추구하는 것이야말로 경영의 완성을 향해 나아가는 길이다.

경영 사상가 짐 콜린스는 『성공하는 기업들의 8가지 습관』에서 위대한 기업들은 서로 다른 양극단을 끌어안는 특징이 있다고 말한다. 한편으로는 철학적이고 비전을 가진 미래지향적인 기업이면서, 다른 한편으로는 빈틈없이 일상 업무를 수행한다. 또 한편으로는 이윤 추구를 초월한 목적을 갖고 있으면서, 다른 한편으로는 실질적인 이윤을 추구한다. 또 한편으로는 격심한 변화와 변동을 추구하면서, 동시에 핵심 이념은 변함없이 지켜나간다.

중국의 고요皐陶라는 명재상이 인재를 고르는 9가지 방법을 제시했다. 이 9가지 방법 모두 양극단을 끌어안는다는 특징이 있다.[32]

1. 너그러우면서도 엄정해야 한다(寬而栗)
2. 부드러우면서도 꼿꼿해야 한다(柔而立)
3. 질박하면서도 공손해야 한다(愿而恭)
4. 다스리는 능력이 뛰어나면서도 삼가야 한다(亂而敬)
5. 유순하면서도 과단성이 있어야 한다(擾而毅)
6. 곧으면서도 따스해야 한다(直而溫)
7. 털털하면서도 예리해야 한다(簡而廉)
8. 굳세면서도 독실해야 한다(剛而塞)
9. 힘이 세면서도 의리를 따라야 한다(彊而義)

몇 가지 질문을 해보겠다. 당신의 조직은 자유와 질서가 조화를 이루고 있는가? 어느 한쪽으로 편중되어 있지는 않은가? 짐승이 너무 비대해져 아기가 숨을 못 쉬고 있지는 않은가? 픽사의 사례를 떠올리며 곰곰이 답을 찾아보기 바란다.

공감은 원수조차 함께 울게 한다

그리스의 서사시 『일리아스』는 피로 범벅이 된 시다. 알프레드 테니슨의 표현대로 "피 칠갑을 한 이빨과 발톱" 그대로다. 바로 거기에 인간의 원형이 담겨 있는지도 모른다. 그러나 거기에는 극적인 반전이 있다. 그렇기에 수많은 사람들을 매료시키고 스토리텔링의 전범이 될 수 있었다.

이 책에서 가장 감동적인 대목 중 하나는 트로이의 프리아모스가 아들 헥토르를 죽인 아킬레우스를 찾아가 아들의 시신을 내어 달라고 간청하는 부분이다. 영화 〈트로이〉에도 나오는 장면이다.

아킬레우스는 헥토르와의 일대일 결투에서 승리한 뒤 헥토르의 시신을 마차 뒤에 매달고 돌아옴으로써 트로이 사람들을 한껏 능욕한 터였다. 아들을 죽인 원수에게 피의 복수를 해도 시원찮을 마당에 프리아모스는 제 발로 그를 찾아간다. 시신이라도 거두길 소망해서였다. 사랑하는 아들을 품에 안고 실컷 울 수만 있다면 아킬레우스에게 당장 죽임을 당해도 좋다고 생각했다. 프리아모스는 결국 자신을 가련하게 여긴 신들의 도움으로 변장을 하고 적장 아킬레우스의 막사까지 몰래 들어가는 데 성공한다.

프리아모스는 아킬레우스 가까이 다가가 두 손으로 그의 무릎을 잡고 자기 아들들을 죽인 그 무시무시한 두 손에 입 맞췄다. 당시 신이나 권위자에게 무언가 부탁을 할 때는 무릎을 잡고 이야기하는 것이 관행이었다.

프리아모스의 모습에 아킬레우스와 부하들은 깜짝 놀란다. 프리아모스는 이렇게 애원한다.

> 신과 같은 아킬레우스여, 그대의 아버지를 생각하시오! 나와 동년배이며 슬픈 노령의 문턱에 접어든 그대 아버지를. (…) 나는 그분보다 동정받아 마땅하오. 나는 세상 어떤 사람도 차마 못할 짓을 하고 있지 않소! 내 자식들을 죽인 사람의 얼굴에 손을 내밀고 있으니 말이오.[33]

프리아모스는 아킬레우스의 발 앞에 쓰러져 흐느껴 울었다. 그러자 의외의 일이 벌어졌다. 아킬레우스도 따라서 울기 시작한 것이다. 그들의 울음소리가 온 집 안에 가득 찼다. 피해자와 가해자의 구별이 사라지는 순간이다. 울음을 그친 아킬레우스는 프리아모스를 위로하기 시작한다.

> 아아 불쌍한 분이여! 감히 그대의 용감한 아들들을 수없이 죽인 사람의 눈앞으로 혼자서 찾아오시다니! 자, 아무튼 의자에 앉으시오! 아무리 괴롭더라도 우리의 슬픔은 마음속에 누워 있게 내버려둡시다. 싸늘한 통곡은 아무런 도움이 되지 않을 테니까요.
> 신들은 비참한 인간들의 운명을 정해놓으셨소. 괴로워하며 살아가도록. 하나 그분들 자신은 슬픔을 모르지요.[34]

아킬레우스는 원수로 만났지만 '한낱 필멸의 인간'이라는 숙명의 멍에를 지고 있다는 점에서는 매한가지임을 상기시킨다.

> 제우스의 궁전 마룻바닥에는 두 개의 항아리가 놓여 있는데, 하나는 나쁜 선물이, 다른 하나는 좋은 선물이 가득 들었지요. 천둥을 좋아하시는 제우스께서 이 두 가지를 섞어서 주시는 사람은 때로는 궂은 일을, 때로는 좋은 일을 만나지요.[35]

프리아모스에게, 아킬레우스 본인에게 그리고 우리 모두에게 이 구절은 위안이 된다. 아킬레우스는 결국 헥토르의 시신을 그의 아버지에게 돌려준다.

아킬레우스는 보다 성숙한 영웅으로 거듭난다. 진정한 영웅은 힘이 강한 사람이 아니라 다른 사람의 고통에 공감하며 연민을 느끼는 사람이다. 사람은 저마다 크게 다른 듯하지만 따지고 보면 특별히 다를 게 무엇이겠는가.

"경기를 하면서 심판을 본다"

아킬레우스가 그렇게 프리아모스와 함께 울긴 했지만 싸움은 끝나지 않았다. 헥토르의 장례를 치를 12일 동안만 휴전한 뒤 양측은 다시 창과 칼을 들고 1년여를 더 싸운다. 10년에 걸친 기나긴 싸움은 오디세우스가 꾀를 써서 거대한 목마를 트로이에 선물로 바친 뒤에야 끝난다.

아킬레우스와 프리아모스는 한편으로는 서로를 이해했지만 그래도 싸움을 멈추지는 않았다. 그것이 삶이다. 우리는 삶이라는 이 전투구에서 벗어날 수 없다. 적은 항상 주변에 있다. 그러나 나와 적이 싸우는 모습을 하늘 높이 나는 독수리처럼 내려다 볼 수는 있다. 싸우되 마음의 평정을 얻는 방법이다. 그것이 인간이 동물과 다른 점이다. 조지프 캠벨은 이를 "네트 한쪽에서 테니스 경기를 하면서 동시에 심판의 위치에 서는 것"이라고 표현한다.[36]

적도 이해할 수 있는 마당에 나와 의견이 다른 사람 정도야 이해 못할 일이 무엇이겠는가. 생각의 차이 때문에 서로를 원수처럼 물고 뜯는 사람들이라면 반드시 아킬레우스와 프리아모스가 함께 우는 장면을 묵상했으면 좋겠다.

조성택 교수는 원효의 화쟁和諍 사상을 들어 갈등의 해법을 이야기한다. 그는 우리 사회의 가장 큰 문제점으로 소통의 부재와 갈등의 순환을 꼽는다. 그는 "갈등은 제거되는 것이 아니며, 그것을 상존하는 삶의 조건으로 받아들이라"고 말한다. 그는 장님 코끼리 만지기 우화를 들어 설명한다. 여러 장님이 코끼리를 만지고 있다. 코를 만진 사람은 "길다"고 한다. 배를 만진 사람은 "벽과 같다"고 하고, 다리를 만진 사람은 "기둥 같다"고 한다.

틀린 것인가 하면 꼭 그렇지도 않다. 각자의 입장에서는 다 맞는 말이다. 그래서 원효 대사는 '개시皆是', 즉 '모두가 옳다'고 말한다. 그러나 그들의 대답은 코끼리라는 전체 모습과는 차이가 있다. 그래서 그는 '개비皆非', 즉 '모두 틀렸다'고도 말한다. 원효 대사는 우리 모두 이 장님들처럼 부분적 진리만을 알고 있을 뿐이라고 말한다. 원효 대사가 '개시개비皆是皆非', 즉 '모든 주장이 다 옳다. 그러나 모든 주장은 다 틀리다'고 하는 이유다.

극심한 불통不通의 시대를 살아가고 있는 우리에게 필요한 것이 바로 이 개시개비가 아닐까? 우리는 자기가 만진 것만이 코끼리라고 우기고 있는지도 모른다. 내가 옳으면 너도 옳고, 네가 그르면 나도 그르다는 생각이 필요하다.

   서로 다름은 어떤 의미에서는 선물이기도 하다. 조성택 교수는 『어떻게 살 것인가』에서 "아름다움이란 서로 다른 것들의 어울림"이라고 말한다. 산과 물은 서로 다르지만 다투지 않고, 단풍 또한 빨강과 노랑이 다투지 않는다. 함께 있으니 더욱 아름다운 것이다.

> 넓은 의미에서 우리는 태어난 곳인 동시에 죽은 후 다시 돌아갈 곳이기도 한, 신이나 존재의 근본 자리에서 추방됨으로써 생긴 상처를 깊이 품고 있다. 에덴동산에서 쫓겨난 아담과 이브처럼 우리는 격리되고 상처 입은 채, 우리의 근원으로부터 영원히 분리되어 있다.[37]

   원수의 아픔조차 함께하는 거대한 공감, 이것이야말로 영웅이 마지막에 얻게 되는 위대한 깨달음이다.

Outro

진짜 여행은 지금부터다

이제 여행을 마쳤다. 영웅의 여정을 따라가는 여행이었다. 마치 내가 영웅이 된 양 감정 이입을 하면서 걸어왔다. 무엇을 느꼈는가? 때로는 가슴 벅차기도 하고, 두렵기도 했을 것이다. 때로는 공감하기도 하고, 도무지 이해할 수 없어 고개를 젓기도 했을 것이다.

그러나 여행은 끝나지 않았다. 이제 시작이다. 지금까지의 여행은 어디까지나 도상 여행이었다. 이제부터 우리의 진짜 여행이 시작된다. 우리 스스로 삶 속에서 펼쳐지는 변화무쌍한 여행길을 걸어가야 한다. 이 책은 그 여정의 안내서이고 지도일 뿐이다.

어떻게 보면 우리는 매일 새로운 여행을 떠나는 셈이다. 그러면서 끊임없이 모험의 영역으로 내몰린다. 그때마다 우리는 같은 문제로 주저한다. "모험에 뛰어들 것인가?"

그런 순간에 놓일 때마다 여러분이 모험을 떠날 용기를 갖게 하는 게 이 책의 집필 목적이다.

요즘 '살아보는 여행'이 대세다. 남들이 다 가는 관광지에서 사진

찍고 서둘러 다음 목적지로 가는 여행이 아니라, 여행지에 오래 머물면서 현지 시장에서 장을 보고 밥도 해 먹고 단골 카페를 만들고 이웃과 대화도 나누는 그런 여행이다. 남이 정해준 길을 따라 가는 여행이 아닌 나 자신이 만들어가는 여행이다. 나 역시 종종 그런 여행을 떠난다. 열흘이나 보름 정도 한곳에 둥지를 틀고 살아본다.

여행을 하다 보면 어려움이 닥치기 마련이다. 아프기도 하고, 낯선 장소에 홀로 떨어지기도 하고, 가방을 도난당하기도 한다. 중요한 것은 그런 어려움조차 여행의 한 부분이고, 여행을 의미 있게 만들어준다는 사실이다. 내 경우, 여행 중에 아이가 식중독에 걸려 입원한 적이 있었다. 우리 가족은 그 일을 통해 가족과 건강의 소중함을 절실히 깨달았고, 서로 더욱 가까워졌다. 어려울 때 손을 내밀어주는 이웃의 따뜻함도 새삼 확인했다. 그런 과정 속에서 여행은 나를 성장시키고 깨달음을 얻게 한다.

용기를 내어 모험을 떠나긴 했지만 언제고 위험에 처할 수 있다. 실패의 가능성도 늘 존재한다. 하지만 인생에서 중요한 것은 도전해보는 것, 그리하여 내 안의 경계를 허물고 나를 확장하는 것, 살아 있다는 느낌을 갖는 것이다. 그러니 아무 것도 하지 않는 것보다는 무엇이라도 하는 편이 낫다.

도전이 절실한 시대다. 이 책은 기업가를 염두에 두고 썼지만 도전이 필요한 것은 그들만이 아니다. 누구나에게 그렇다. 무경계, 초연결의 시대이고, 정형성보다 비정형성이 시대정신이기에 더욱 그렇다.

영웅은 따로 있지 않다. 당신이 아침에 집을 나서면서 "오늘은 나 자신에게 더 충실한 하루를 보내야지"라고 생각한다면 당신에게는 이미 영웅적 면모가 있다. 남이 정해준 길을 따르지 않고 내 식대로 나아가겠다고 마음먹는 순간, 당신은 이미 영웅이다.

아메리카 인디언에게는 성인식을 맞이한 청년들에게 마을 원로들이 이런 말을 해주는 풍습이 있다.

"삶의 길을 가다 보면 커다란 구렁을 보게 될 것이다. 뛰어넘으라. 네가 생각하는 것만큼 넓진 않으리라."

성 아우구스티누스는 순례 여행을 예찬하며 말했다. "solvitur ambulando(솔비투르 암블란도)." '걸으면 해결된다'는 뜻의 라틴어다.[1] 나는 머리가 복잡하면 근처 공원에서 산책을 하곤 한다. 걷다 보면 생각지 못한 아이디어가 떠오르기도 하고, 복잡한 머릿속이 정리되기도 한다. 인생이라는 긴 여행도 그럴 것이다.

독자 여러분에게 두 가지 질문을 던지며 이 책을 끝마치려 한다.

당신은 마음의 노래를 부르고 있는가?
당신은 자신도 모르는 내면의 힘을 발견한 적이 있는가?

주석

* 이 글은 안호상 전 국립극장장이 2017년 혼창통 경영 아카데미에서 강연한 내용을 바탕으로 했습니다.
** 이 글은 '최인아책방'의 최인아 대표가 2018년 혼창통 경영 아카데미에서 강연한 내용을 바탕으로 했습니다.
*** 이 글은 나영석 PD가 2017년 혼창통 경영 아카데미에서 강연한 내용을 바탕으로 했습니다.

서문 및 Intro

1. Brene Brown, "The power of vulnerability", TED 강의.
2. "'싱커스50 평생 공로상' 받은 톰 피터스", 조선일보 위클리비즈, 2018.5.5.
3. "마블社 CEO에게 듣는 '빅히트 영화 제작 5가지 비결'", 조선일보 위클리비즈, 2013.11.2.

1막

1. Steven Gilligan, *The Hero's journey: A voyage of self discovery*, CrownHouse Publishing, 2009.
2. 조지프 캠벨, 『천의 얼굴을 가진 영웅』, 이윤기 역, 민음사, 2004.
3. 스기모토 다카시, 『손정의 300년 왕국의 야망』, 유윤한 역, 서울문화사, 2018.
4. 위의 책.
5. 김영하, 『말하다』, 문학동네, 2015.
6. 위의 책.
7. 오프라 윈프리, 『내가 확실히 아는 것들』, 송연수 역, 북하우스, 2014.
8. 조지프 캠벨, 『신화의 힘』, 이윤기 역, 21세기북스, 2017.
9. Massimo Bottura, "The Chef Behind the World's Best Restaurant", New York Times, OCT. 17, 2016.
10. "이탈리아 최고 셰프, 파리에 노숙인 식당 오픈", 경향신문, 2018. 3. 15.
11. "THE PERFORMERS: 마시모 보투라 셰프", GQ코리아, 인터넷 포스팅.
12. 전영수, 『한국이 소멸한다』, 비즈니스북스, 2018.
13. 위의 책.
14. 이를 간파한 팔라메데스는 오디세우스의 아이를 오디세우스와 황소가 지나가는 길에 놓아두었다. 오디세우스는 아기를 피해 지나갔고, 이로써 오디세우스의 거짓말이 탄로났다.
15. 필 나이트, 『슈독』, 안세민 역, 사회평론, 2016.
16. 배철현, 『신의 위대한 질문』, 21세기북스, 2015.
17. 조지프 캠벨·빌 모이어스, 『신화의 힘』, 이윤기 역, 21세기북스, 2017.
18. 토머스 프리드먼, 『늦어서 고마워』, 장경덕 역, 21세기북스, 2017.
19. "매진, 매진 또 매진… 한폭의 名畵처럼 펼쳐낸 한국무용: 국립무용단〈향연〉흥행 비결", 조선일보, 2017. 2. 8.
20. 짐 콜린스, 『좋은 기업을 넘어 위대한 기업으로』, 이무열 역, 김영사, 2005.
21. 슈테판 츠바이크, 『어제의 세계』, 곽복록 역, 지식공작소, 2014.
22. 위의 책.
23. 장자, 『장자』, 오강남 역, 현암사, 1999.

24. 레프 톨스토이, 『안나 카레니나』, 박형규 역, 문학동네, 2010.
25. 장자, 『장자』, 오강남 역, 현암사, 1999.
26. 크세노폰, 『키로파에디아: 키루스의 교육』, 이은종 역, 주영사, 2012.

2막

1. 다른 충고가 무엇이었는지 이 동영상으로 확인하기 바란다. https://www.youtube.com/watch?v=D9VLhgicErU
2. 토니 골스비 스미스·로저 마틴, "경영은 과학 그 이상이다", HBR코리아, 2017. 9.
3. 조지프 캠벨, 『천의 얼굴을 가진 영웅』, 이윤기 역, 민음사, 2004.
4. 배철현, 『신의 위대한 질문』, 21세기북스, 2015.
5. "국경절 연휴에 비친 중국의 신 4대 발명", 조선비즈, 2017. 10. 10.
6. 엘레나 리키나 보텔로·킴 로센코터 파월·스티브 킨케이드·디나 왕, "CEO 게놈 프로젝트: 성공하는 CEO는 무엇이 다른가", HBR코리아, 2017. 6.
7. 위의 책.
8. 잭 웰치·수잔 웰치, 『잭 웰치, 위대한 승리』, 김주현 역, 청림출판, 2005.
9. "소프트뱅크 투자 대성공 비결은… 3가지 승부수", 조선닷컴, 2018. 2. 27.
10. 데니스 N. T. 퍼킨스, 『불가능에 도전하는 섀클턴의 파워 리더십』, 최종욱 역, 뜨인돌, 2001.
11. 장병규, 『장병규의 스타트업 한국』, 넥서스BIZ, 2018.

3막

1. 조지프 캠벨, 『천의 얼굴을 가진 영웅』, 이윤기 역, 민음사, 2004.
2. 조지프 캠벨·다이엔 K. 오스본, 『신화와 인생』, 박종서 역, 갈라파고스, 2009.
3. 발뮤다에 대해서는 테라오 겐의 자서전 『가자, 어디에도 없던 방향으로(行こう゛どこにもなかった方向で)』(新潮社)와 모리야마 히사코의 『0.1밀리미터의 혁신』(다산4.0), 《매거진 B》의 '발뮤다 편' 등을 참고했다.

4. 전용욱·양채열·김주헌·전병준, 『경영학 산책』, 북넷, 2016.
5. 크세노폰, 『키루스의 교육』, 이동수 역, 한길사, 2015.
6. 위의 책. '역자 서문'에서 인용.
7. 위의 책.
8. 위의 책.
9. 위의 책. "이런 식으로 너는 그들과 동행해야 한다"는 이은종의 번역(『키로파에디아: 키루스의 교육』, 주영사, 2012.)을 따랐다. 이동수의 번역에는 "어쨌든 이런 점에서 그들과 제휴해야 한다"고 되어 있다.
10. 크리스티안 코레아, 『드림 빅』, 이미숙 역, 나무한그루, 2015.
11. 레너드 번스타인, 『레너드 번스타인의 음악의 즐거움』, 김형석·오윤성 역, 느낌있는책, 2014.
12. 서광원, 『사장의 길』, 흐름출판, 2016.
13. 이소크라테스, 『이소크라테스』, 한기철 역, 한국문화사, 2016.
14. 크세노폰, 『아나바시스』, 천병희 역, 단국대학교출판부, 2001.
15. 플루타르코스, 『플루타르코스 영웅전』, 천병희 역, 숲, 2010.
16. 위의 책.
17. 플루타르코스, 『수다에 관하여: 플루타르코스의 윤리론집』, 천병희 역, 숲, 2010. 『윤리론집』(혹은 『도덕론』) 중 일부를 발췌해 엮은 책이다. 그러나 아토스 산에 편지를 썼다는 일화는 헤르도토스의 『역사』에는 나오지 않는다.
18. 나심 니콜라스 탈레브, 『행운에 속지 마라』, 이건 역, 중앙북스, 2016.
19. 슈테판 츠바이크, 『어제의 세계』, 곽복록 역, 지식공작소, 2014.
20. 위의 책.
21. "권력 잡으면 腦가 변해… 터널처럼 시야 좁아져 獨走할 가능성 커져", 조선일보 위클리비즈, 2014. 7. 5.
22. 대처 켈트너, "권력이 당신을 타락시키지 못하게 하라", HBR 코리아, 2016. 10.
23. 엘레나 리키나 보텔로 외 3인, "CEO 게놈 프로젝트: 성공하는 CEO는 무엇이 다른가", HBR 코리아, 2017. 6.
24. 루키우스 안나이우스 세네카, 『세네카의 대화 : 인생에 관하여』, 김남우·이선주·임성진 역, 까치, 2016.

25. 위의 책.
26. 이병구, 『경영은 관계다』, 세종서적, 2015.
27. 우종민, "분노 폭발, 15분만 참아라 화의 폭풍이 지나갈 테니", 동아비즈니스리뷰, 2014. 9.
28. Jennifer S. Lerner · Katherine Shonk, "How anger poisons decision making", HBR, 2010.
29. 조슬린 데이비스, 『인문학 리더십』, 김지원 역, 반니, 2016.
30. 알랭 드 보통, 『불안』, 정영목 역, 은행나무, 2011.
31. "혼다 소이치로, '세계의 혼다(本田宗一郎 世界のHONDAを作り上げた男)'를 만들어낸 남자", NHK.

4막

1. 조지프 캠벨, 『천의 얼굴을 가진 영웅』, 이윤기 역, 민음사, 2004.
2. 이사벨라 버드 비숍, 『조선과 그 이웃 나라들』, 신복룡 역, 집문당, 2000.
3. "최승노 박사의 시장경제 이야기(4) 재산권은 경제행위의 근본", 한국경제신문, 2017. 5. 22.
4. 이사벨라 버드 비숍, 『조선과 그 이웃 나라들』, 신복룡 역, 집문당, 2000.
5. 조지프 캠벨, 『신화와 인생』, 박중서 역, 갈라파고스, 2009.
6. 하레사쿠 마사히데, 『나를 살리는 말』, 가톨릭출판사, 2013.
7. 위의 책.
8. 마스다 무네아키, 『취향을 설계하는 곳, 츠타야』, 장은주 역, 위즈덤하우스, 2017.
9. 블레이크 스나이더, 『Save the cat: 흥행하는 영화 시나리오의 8가지 법칙』, 이태선 역, 비즈앤비즈, 2014.
10. 앨런 랭어 · 앨리스 비어드, "복잡한 시대에 주목할 만한 마음 챙김의 미학", HBR코리아, 2014. 3.
11. 잭 웰치, 『잭 웰치 승자의 조건』, 윤여필 역, 청림출판, 2007.
12. 레이 크록, 『로켓 CEO』, 김재현 역, 지식공간, 2016.
13. 플루타르코스의 『도덕론』은 78편의 에세이로 구성되었으나 우리말로 번역된 것은 일부에 불과하다. 『수다에 관하여: 플루타르코스의 윤리론집』

이라는 책에 6편, 『플루타르코스의 모랄리아』라는 책에 5편이 번역되어 있을 뿐이다. 여기서 살펴본 '적에게서 어떻게 이익을 얻을 수 있는가'는 번역되지 않았다.

14. 사실 아킬레우스는 치료를 거부했다. 그러자 오디세우스가 꾀를 냈다. '텔레푸스에게 상처를 입힌 것은 아킬레우스가 아니라 아킬레우스의 창이 아닌가. 그러니 아킬레우스의 창에서 녹을 약간 떼어내 텔레푸스의 상처에 발라주면 고쳐질 것이다.' 오디세우스는 시치미를 떼고 아킬레우스에게 가서 창을 좀 보여달라고 했다. 동료가 창을 보여달라는 말에 아킬레우스는 큰 의심 없이 창을 내주었고, 녹을 떼어낸 오디세우스는 텔레푸스의 다리 상처에 이를 발랐다.

15. "Adam Etinson, Is a life without struggle worth living?(Adam Etinson, NYT, Oct 2, 2017.)"과 네이버 지식백과 중 서울대 철학사상연구소의 '존 스튜어트 밀' 편을 참고했다.

16. 알베르토 망구엘, 『일리아스와 오디세이아 이펙트』, 김헌 역, 세종서적, 2012.

17. 나심 니콜라스 탈레브, 『행운에 속지 마라』, 이건 역, 중앙북스, 2016.

18. 마키아벨리, 『군주론』, 강정인·김경희 역, 까치, 2015.

19. 나심 니콜라스 탈레브, 『행운에 속지 마라』, 이건 역, 중앙북스, 2016.

20. 조지프 캠벨, 『천의 얼굴을 가진 영웅』, 이윤기 역, 민음사, 2004.

21. 위의 책.

22. 신동흔, 『스토리텔링 원론』, 아카넷, 2018.

23. 로런스 레비, 『실리콘밸리의 잘나가는 변호사 레비 씨, 스티브 잡스의 골칫덩이 픽사에 뛰어들다!』, 강유리 역, 클레마지크, 2017.

24. 서광원, 『사장의 길』, 흐름출판, 2016.

25. "윤종용 고문이 털어놓은 '삼성전자 CEO 12년'", 조선일보, 2010. 2. 20.

26. 이청준, 『당신들의 천국』, 문학과지성사, 1996.

27. 에드윈 캣멀·에이미 월러스, 『창의성을 지휘하라』, 윤태경 역, 와이즈베리, 2014.

28. 스토리보드를 사용해 제작한 초벌 영상. 연출자의 의도를 실무진에게 전달하기 위해 제작한다.

29. 조슬린 데이비스, 『인문학 리더십』, 김지원 역, 반니, 2016.

30. 알프레드 화이트헤드, 『교육의 목적』, 유재덕 역, 소망, 2009.
31. 레너드 번스타인, 『레너드 번스타인의 음악의 즐거움』, 김형석·오윤성 역, 느낌이있는책, 2014.
32. 이한우, "엄정하되 너그러워야 사람의 마음 보인다", 조선일보 위클리비즈, 2015. 1. 31.
33. 호메로스, 『일리아스』, 천병희 역, 도서출판숲, 2015.
34. 위의 책.
35. 위의 책.
36. 조지프 캠벨, 『블리스, 내 인생의 신화를 찾아서』, 노혜숙 역, 아니마, 2014.
37. 크리스토퍼 보글러, 『신화, 영웅 그리고 시나리오 쓰기』, 함춘성 역, 비즈앤비즈, 2013.

Outro

1. 폴 서루, 『여행자의 책』, 이용현 역, 책읽는수요일, 2015.

이 책에 인용된 저작물 중 일부는 저작권자를 확인할 수 없어 정식 협의 절차를 진행하지 못했습니다. 추후라도 연락 주시면 저작권 협의 후 합당한 조치를 취하겠습니다.

KI신서 7487
결국 이기는 힘

1판 1쇄 인쇄 2018년 6월 15일
1판 4쇄 발행 2021년 1월 18일

지은이 이지훈
펴낸이 김영곤 **펴낸곳** ㈜북이십일 21세기북스
출판사업본부장 정지은
책임편집 윤홍 **디자인 표지** 어나더페이퍼 **본문** 씨디자인
영업팀 한충희 김한성 이광호 오서영
제작팀 이영민 권경민

출판등록 2000년 5월 6일 제406-2003-061호
주소 (10881) 경기도 파주시 회동길 201(문발동)
대표전화 031-955-2100 **팩스** 031-955-2151 **이메일** book21@book21.co.kr

㈜북이십일 경계를 허무는 콘텐츠 리더

21세기북스 채널에서 도서 정보와 다양한 영상자료, 이벤트를 만나세요!
페이스북 facebook.com/jiinpill21 **포스트** post.naver.com/21c_editors
인스타그램 instagram.com/jiinpill21 **홈페이지** www.book21.com
유튜브 www.youtube.com/book21pub
서울대 가지 않아도 들을 수 있는 명강의! 〈서가명강〉
네이버 오디오클립, 팟빵, 팟캐스트에서 '서가명강'을 검색해보세요!

ⓒ 이지훈, 2018
ISBN 978-89-509-7534-0 03320

책값은 뒤표지에 있습니다.
이 책 내용의 일부 또는 전부를 재사용하려면 반드시 ㈜북이십일의 동의를 얻어야 합니다.
잘못 만들어진 책은 구입하신 서점에서 교환해드립니다.